本书受到江苏高校"青蓝工程"、国家社科基金项目（1
资助。

高新技术产业创新生态系统研究

Research on the Innovation Ecosystem of High-tech
Industry

尹 洁／著

经济管理出版社
ECONOMY & MANAGEMENT PUBLISHING HOUSE

图书在版编目（CIP）数据

高新技术产业创新生态系统研究/尹洁著. —北京：经济管理出版社，2022.8
ISBN 978-7-5096-8655-3

Ⅰ.①高…　Ⅱ.①尹…　Ⅲ.①高技术产业—产业发展—研究—中国　Ⅳ.①F279.244.4

中国版本图书馆 CIP 数据核字（2022）第 138803 号

组稿编辑：王　洋
责任编辑：王　洋
责任印制：黄章平
责任校对：董杉珊

出版发行：经济管理出版社
　　　　　（北京市海淀区北蜂窝 8 号中雅大厦 A 座 11 层　100038）
网　　址：www. E-mp. com. cn
电　　话：（010）51915602
印　　刷：唐山玺诚印务有限公司
经　　销：新华书店
开　　本：720mm×1000mm/16
印　　张：14
字　　数：244 千字
版　　次：2022 年 10 月第 1 版　　2022 年 10 月第 1 次印刷
书　　号：ISBN 978-7-5096-8655-3
定　　价：88.00 元

前　言

创新是引领发展的第一动力，创新发展是国际竞争的大势所趋，是民族复兴的国运所系。推动产业创新是国家创新驱动发展战略的主要任务之一。作为国家创新体系的基础与依托，培育具有国际竞争力的产业集群对落实建设创新型国家以及实施创新驱动发展战略具有极其重要的支撑作用。伴随创新范式从线性创新、创新系统进入创新生态系统时代，高新技术产业创新生态系统建设成为产业创新研究领域热点。

产业创新系统是国家创新驱动发展战略的载体，是国家创新体系的重要组成部分。随着创新范式的变革，国家越来越注重产业创新系统的生态性，越来越强调创新及创新管理遵循生物学规律的重要性。建立高效开放的创新网络，完善创新驱动发展的实践载体、制度安排和环境保障，形成各创新主体高效协同、各创新要素优化配置的产业创新生态系统，对于提升高新技术产业创新效率、增强产业国际市场竞争力、推动产业快速且可持续发展具有重要意义。

本书将高新技术产业创新生态系统作为研究对象，针对高新技术产业创新生态系统的结构与特征、群落内部及群落间的竞争合作演化机制、群落与环境适宜度、创新效率评价等问题进行系统、深入的研究，主要研究内容包括：

（1）采用生态学理论，界定了高新技术产业创新生态系统的要素与结构。高新技术产业创新生态系统内部包含研究群落、开发群落、应用群落三大创新群落，政府、金融机构、中介、行业协会等创新辅助种群，市场、政策、资源、文化等环境要素。

（2）基于生态系统内部生物竞争与合作关系，研究了高新技术产业创新群落内部个体、种群层面的竞争与合作演化机制。通过改进 Tilman 集合种群多物种竞争共存模型，构建了高新产业创新生态系统群落内部创新种群层面竞争共存模型，仿真分析了高新产业创新群落内部创新种群间的竞争与共存演化情况。

（3）基于生态创新链理论，研究了高新技术产业创新群落间个体、种群层面的合作演化机制。采用改进的 N 人雪堆博弈模型，构建高新技术产业创新群落间种群层面的共性技术研发合作模型，仿真分析在收益成本比、种群规模、时间成本、政府补贴等不同因素影响下，高新技术产业创新种群间多主体的共性技术合作研发演化。

（4）基于创新生态位适宜度，研究了高新技术产业创新群落与创新环境的关系。基于高新技术产业创新生态位的超体积模型，构建了高新技术产业创新生态位适宜度模型及评价指标体系。以我国光伏产业为例，分析我国光伏产业创新生态位适宜度与光伏产业创新产出之间的关系，识别影响我国光伏产业创新产出的关键因素，提出我国高新技术产业创新群落与创新环境适宜度提升的相关策略。

（5）基于自然生态效率视角，研究了高新技术产业创新效率评价。分解高新技术产业创新效率为生态同化效率、生态生产效率、生态利用效率，构建了高新技术产业创新效率评价指标体系。选取我国 15 个高新技术产业为样本，利用 DEA 全效率评价方法计算了各高新技术产业的狭义创新效率和生态创新效率，对比了不同视角下我国高新技术产业的创新效率。利用 Malmquist 指数分析方法，研究了我国高新技术产业创新效率的动态变化情况。

（6）以我国光伏产业为例，系统性地研究了我国光伏产业创新系统的结构、竞争与合作演化机制、群落与环境适宜度、创新效率评价及影响因素等问题。详细分析光伏产业的发展背景及趋势，明确光伏产业的组成与结构；分析我国光伏产业创新生态系统竞争与合作演化机制；研究我国光伏产业创新生态系统群落与环境的适宜度；根据高新技术产业创新效率评价体系，对我国光伏产业创新生态系统创新效率进行评价，通过回归分析，探索影响我国光伏产业创新效率提升的关键因素，提出我国光伏产业创新管理的对策及建议。

本书基于创新生态系统视角，研究高新技术产业创新生态系统的结构与特征、群落内部及群落间的竞争合作演化机制、群落与环境适宜度、创新效率评价等问题，探索了创新生态系统理论、方法在高新技术产业创新管理领域的应用与实践，为提升我国高新技术产业创新能力及效率、推进产业高质量发展提供政策建议及管理策略。

本书在编写过程中受到江苏高校"青蓝工程"、国家社科基金项目（项目编号：19CGL010）的资助，在此表示感谢！

目　录

第一章　绪论

一、研究背景及问题提出

（一）创新成为引领发展的第一动力

创新驱动是国家命运所系，创新强则国运昌，创新弱则国运殆。国家力量的核心支撑是科技创新能力。中共中央、国务院于 2016 年 5 月发布《国家创新驱动发展战略纲要》，明确指出必须坚持"创新是引领发展的第一动力"，确保我国"如期进入创新型国家行列"，推动我国建成世界科技强国。国务院于 2016 年 7 月发布《"十三五"国家科技创新规划》，进一步树立了科技创新在国家发展全局中的核心地位，从创新主体、创新基地、创新空间、创新网络、创新治理、创新生态六个方面明确了建设国家创新体系的要求。

（二）高新技术产业是创新驱动发展的重要载体

以高技术含量、高经济增加值为主要特征的高新技术产业发展水平成为各经济体发展的质量、效益决定性因素，也是各经济体核心竞争力培育的关键所在。高新技术产业是落实创新驱动发展战略、建设创新型国家的基础和依托，高新技术产业发展水平体现了国家的科技实力，高新技术活动是国家创新体系发展的动力，关系到国家的创新供给水平。为"建设世界科技强国"和"全面提高创新供给能力"，高新技术产业肩负着重要使命。

目前，我国科技、经济发展处于重要战略机遇期，高新技术产业发展进入关键期。必须尽快推进高技术产业、战略新兴产业等高新技术产业从数量扩张型向质量效益型转变，从投资驱动型向自主创新型转变，构建结构合理、技术先进、开放自主并具有国际竞争力的高新产业技术体系，以技术的群体性突破支撑、引领高新技术产业发展，不断加强自主创新能力建设，推进产业质量升级[1]。与此同时，应引导传统要素主导发展转向创新要素主导发展，推动产业价值链分工的高端化，推进高新技术产业进入全球价值链中高端，提升我国高新技术产业的国际竞争力。

（三）高效协同的创新生态系统是产业发展的动力源泉

通过深化产学研、上中下游、大中小企业的紧密合作，促进产业链和创新链的深度融合，搭建高效开放的创新网络，完善创新驱动发展的载体、制度和环境等保障体系，构建主体互动协同、要素配置高效的创新生态系统，是促进产业发展、推动产业核心竞争力形成的动力源泉[2]。

近年来，创新生态系统研究成为热点。2011 年，科技部和中国科技发展战略研究院联合举办"创新圆桌会议"，专题研讨创新生态系统的内涵、特征、结构、功能及相关政策等内容。2013 年，《哈佛商业评论》刊登了题为《拥抱创新3.0》的文章，作者将创新模式的演化脉络分为封闭式创新（1.0 阶段）、开放式创新（2.0 阶段）、共生式创新（3.0 阶段）。跟随着创新模式的变化，创新范式从线性创新、创新系统，进入创新生态系统时代[3,4]。

高新技术产业是以高新技术为基础的知识密集、人才密集、资金密集的现代产业。与其他产业相比较，高新技术产业内部研究与开发的强度更大，其创新系统更复杂，产业发展对创新的要求更高，高新技术产业创新生态系统体现出内部创新要素更加多样性、创新活动更加密集与复杂、需要更广泛的开放式协同等特征。因此，采用生态学的理论与方法研究高新技术产业创新系统更具典型性和代表性。

基于生态系统视角，围绕高新技术产业，构建由不同环节的研发机构、生产企业、供应商、经销商甚至是竞争对手所构成的产业创新生态系统，研究整个产业创新生态系统内部竞争、合作、共生等协同演化规律，以推动高新技术产业通过创新进而形成核心竞争力，以及通过对高新技术产业创新生态系统的创新效率评价，以促进产业提升创新效率，并在此基础上基于创新生态系统视角探讨我国高新技术产业创新能力的提升策略尤为迫切与重要。

综上，本书将高新技术产业创新生态系统作为研究对象，通过引入生态系统理论及方法，研究高新技术产业创新生态系统内部创新主体的组成、结构及特征，研究系统内部创新主体间竞争合作、协同演化机理，分析系统创新主体与创新环境适宜性情况，评价高新技术产业创新生态系统创新效率，识别影响创新效率的关键因素，为加强高新技术产业创新生态系统协同治理、优化产业创新生态系统创新要素配置、提升产业创新生态系统创新效率提供管理对策和政策建议，为高新技术产业高质量发展、培育壮大经济发展新动能、建设世界科技创新强国提供理论支持与实证补充。

二、研究意义

（一）学术价值

（1）基于创新生态系统，拓展了高新技术产业研究视角。本书通过借鉴、对比自然生态系统，界定与分析我国高新技术产业创新生态系统，系统研究其结构与特征、群落内部及群落间的竞争合作演化机制、群落与环境适宜度、创新效率评价等问题，为提升我国高新技术产业的创新水平、促进产业内部协同创新、推动高新技术产业可持续发展提供支持。创新生态系统的理论、方法、成果运用于高新技术产业领域研究，进一步丰富和拓展了高新技术产业领域的研究视角与研究内容。

（2）以中国情境下的高新技术产业为具体应用领域，为创新生态系统研究提供了理论补充与数据支持。以高新技术产业为研究对象，对我国高新技术产业创新生态系统开展系统性的研究，形成较为完整的、面向中国情境的高新技术产业创新生态系统研究体系，扩展了创新生态系统研究范围，丰富了创新生态系统尤其是产业创新生态系统领域的研究成果。

（二）应用价值

基于创新生态系统视角，系统研究我国高新技术产业创新生态系统的结构、协同演化机制、环境适宜度、创新效率等相关内容，帮助我国高新技术产业创新生态系统优化治理机制，构建高新技术产业创新体系，提升我国高新技术产业整体创新能力及创新效率，试图为我国高新技术产业创新过程面临的实际问题提供解决方案，为我国制定有关高新技术产业创新政策提供决策借鉴，为我国构建创新支撑体系提供理论依据和实证支持，为增强我国高新技术产业创新能力、推动产业转型升级、促进产业可持续发展、提高国际市场竞争力提供科学指导。

三、国内外研究动态

（一）创新生态系统源起及概念研究

1. 创新生态系统源起

面对知识经济时代，创新对经济与社会发展的驱动力凸显，创新范式进入3.0阶段，从线性创新（1.0）、创新系统（2.0）到目前的创新生态系统（Innovation Ecosystem，3.0），从关注系统内部的要素组成向更加关注要素之间、要素与系统外部环境之间的动态过程转变，从关注创新系统内部相互作用向更加关注系统与环境间交互与适应转变[5,6]。创新生态系统范式用系统方法实时地分析现实创新体系的有效性，同时实施必要的政策或制度措施，以此确保创新主体间、创新主体与外部创新环境间的互通关系，将创新要素间复杂、动态、交互型的关系组合，看作一个有生命活力的生态系统[7]。创新生态系统为创新系统的研究提供了全新的视角及方法。

Moore 最早将生态理论引入创新系统中，他从自然生态系统的视角，系统论述了企业生态系统：一种由供应商、生产商、客户、政府、投资商、标准制定机构、工会、社会公共服务机构及其他利益相关者等具有一定利益关系的组织或群体所构成的动态结构系统，是一种"基于组织互动的经济联合体"，企业与其所在生态系统除竞争与合作外，还应该共生进化[8]。Iansiti 等从生态位视角出发，指出相互之间相关却生态位不同的组织构成了创新生态系统[9]。Adner 等指出创新离不开生态系统内部成员的共同努力，同时应当密切关注系统外部的环境变化[10]；他认为作为协同机制，创新生态系统把系统内部的个人彼此联合，以此创造出其他组织难以达成的共同价值；并且具有开放式创新、战略支配等其他组织无法比拟的诸多长处[11]。Thompson 等阐述了创新生态系统的构成要素以及要素间的关系，认为创新生态系统由技术交互网络、政府组织、交流机制等方面所共同组成[12]。

国内学者黄鲁成等以生态学的理论与方法为指导，定义区域技术创新生态系统为"在一定的空间范围内，技术创新复合组织与技术创新复合环境通过创新物质、能量和信息流动而相互作用、相互依存形成的系统"[13,14]。张运生等认为高科技企业以配套技术为基础，并且通过技术标准的联系构建起一个协同演化、竞合共生的创新体系，即创新生态系统[15,16]。曾国屏等认为"日本追赶"和"美国再度振兴"的实践历程，是从"创新系统"到"创新生态系统"的进展过程，两者高度关联；其本质性目的是将创新管理有机融合于基础设施、需求、投入等方面，推动创新不断产生[5]，并将人类的创新活动结合演化经济学，用生物学进行了隐喻和对比，以生物学隐喻来揭示创新的系统范式，如表1.1所示。

表 1.1　创新生态系统要素的生物学对比

创新生态系统要素	生物学对比
创新活动或创新行为主体	物种
创新主体的同类集合	种群
多类别创新主体的共生群居	群落
新颖模式、思想、体系、技术	变异
创新主体间的模仿、学习	繁殖
市场竞争关系	选择
资源禀赋	生存环境

创新生态系统研究体现了创新范式的改变，过去的创新研究主要着眼于静态的结构性研究，如构成要素、资源配置等方面，创新生态系统研究则更关注于创新活动主体协同创新行为的动态演化机制，更强调系统的生长性、栖息性及动态性，更突出各个系统创新要素的协同与整合关系[5]。李万等指出，基于信息流、能量流、物质流间传导联络，在一定区间范围内，由各创新群落以及外部创新环境所组成的共同进化、共生共存的复杂、开放系统，即创新生态系统[6]。吴金希结合诺基亚衰败案例，认为企业创新的成败越来越依赖其所在的生态体系，企业

之间的竞争演变为其所在生态体系的竞争，指出创新生态体系的创新元素包括人才、技术、市场、文化、规则、运作模式等诸多方面，基于若干创新行为主体，由以上创新元素共同构成一个彼此依存、共赢共生、相对独立、稳定的组织体系，即创新生态体系[17]。陈健等从网络主体间关系界定了创新生态系统概念，指出创新生态系统是一个创新网络，它通常基于一个或者若干的核心企业，由多个创新主体及网络外部创新环境彼此关联、协同演化所形成，并且具有利益共享、风险共担、价值共创等特征[18]。栾永玉认为跨国创新生态系统是在世界范围内，高科技企业基于技术标准化战略的联结，通过开展协作研发、知识产权许可、技术标准合作等所形成的配套性技术创新体系[19]。

创新生态系统理论的起源基于现实实践。2003年初，美国总统科技顾问委员会开始研究美国创新领导力以及国家创新生态面临的挑战，在2004年公开了研究报告《维护国家的创新生态体系、信息技术制造和竞争力》《维护国家的创新生态系统：保持美国科学和工程能力之实力》，两个研究报告的发布是将"创新生态系统"正式列为核心、总括性概念的重要标志。其中，报告《维护国家的创新生态体系、信息技术制造和竞争力》指出，在国家层面，技术与创新领导地位并非依靠于机械终端的对接，而依靠于动态且充满活力的"创新生态系统"[20]。此外，该报告还基于国家研究开发能力提升等途径，提出了美国创新生态系统有序、健康以及持续运作的建设与保障要求。报告《维护国家的创新生态系统：保持美国科学和工程能力之实力》则高度认同了在稳固美国的全球经济领导地位以及促进美国经济繁荣等方面，创新生态系统所发挥的重要作用，并从国家层面描述了创新生态系统的结构，其中包括人才、全球高水平研究性大学、活力十足的风险资本产业、成效卓著的研究开发中心以及政府所资助建设的致力于高潜力研究领域的基础研究中心。驱动国家创新生态系统的核心要素在于数学、科技、工程技能及技术等方面的国家实力[21]。美国国家经济委员会和科技政策办公室在2009年公开发布了研究报告《美国创新战略：推动可持续增长和高质量就业》，该报告强调了创新生态系统的基础性及引领性作用和使命。2011年，美国国家经济委员会和科技政策办公室发布《美国创新战略：确保我们的经济增长与繁荣》报告，该报告指出国家应更新"国家创新支柱"的投资战略，以此维护和促进创新生态系统。2012年，美国科学院公布了《崛起的挑战：美国应对全球经济的创新政策》报告，该报告认为美国创新生态体系特征包括了高校及企业间的有效合作、个人及公共的风险投资等方面。此后，美国科学院在2013

年公布了报告《国家与区域创新系统的最佳实践：在 21 世纪的竞争》，该报告认为国家层面竞争力的形成，其重点在于创新生态系统。美国国家经济委员会联合科技政策办公室在 2015 年公布了新版的《美国国家创新战略》，该报告指出创新环境是创新生态系统高效运转的关键因素，而创新环境则主要包括有助于创新成果产出的知识产权制度以及反垄断执法等诸多方面，并指出友好的外部环境有助于提升创新主体从事创新活动的主观积极程度，是培育创新成果的土壤，应高度重视创新环境建设。综上所述，创新生态系统建构等相关问题一直贯穿着美国政府十余年来的政府报告，是美国创新战略乃至构筑国家竞争力的核心所在。

2005 年，日本产业结构委员会发布《创新 25 战略》，明确提出"国家创新生态系统"的概念，并建议日本政府将政策的着力点从技术政策向基于"生态系统概念"的创新政策转变[22]。2006 年 1 月，日本国家科学技术政策研究所与美国科学技术政策研究院在"美国和日本的 21 世纪创新系统"学术会议上，在创新及创新生态系统的概念上一致认为：创新是指在思想、产品、服务等方面，某个改进的或者全新的分配、制造过程，或者是提供新的社会服务方法的转变。而这种转变需要相应的适应性机构网络，涵盖正式及非正式的各种程序及规则，即国家创新生态系统。国家创新生态系统直接影响着个体、组织和公司如何创造知识、如何通过合作而产生能够进入市场的新产品、新服务。个体、组织和公司在创新生态系统中协作创新的能力非常重要，因为创新能够帮助其在全球经济环境中拥有竞争力，即基于附加值进而能够得到比其他行动者更多的市场份额。基于这一点，各国政府都在制定增强国家创新生态系统建设的各项政策，以提高该国的国家竞争力[23]。日本政府于 2011 年部署了改良版的"科技政策学"项目，进一步推进向基于生态概念的创新政策的重大政策转向，并特别强调"创新生态"将是国家维持可持续创新能力的根本。

2013 年，欧盟发布《都柏林宣言》，实施全新的创新政策。宣言以开放式创新 2.0 为核心，更加注重协调与依赖、互惠互利、非线性混搭，焦点是建设"政府（公共机构）—用户（民众）—大学（科研）—企业（产业）"四重螺旋式创新生态系统，宣言还为创新生态系统的推进提出了 11 项具体策略与政策。

我国同样敏锐地认识到构建创新生态系统的重要意义。2011 年，科技部举行专题讨论创新生态系统的"创新圆桌会议"；2012 年，科技部与上海市政府联合举办"浦江创新论坛"，"创新生态"成为论坛主题；同年，"积极构建充满活力的创新生态体系"要求出现在深圳市政府工作报告中。2016 年，国家发布《国家创新驱动发展战略纲要》《"十三五"国家科技创新规划》，主旨在于构建国家创新体系，界定系统内部创新主体的定位与功能，具体包括企业、大学、科研院所以及社会组织等，指出应建设开放、高效的创新网络，形成创新主体能够协同互动、创新要素能够流动顺畅的生态系统。未来 10 年，中国将进一步实施创新政策的转向，推进国家创新体系向国家创新生态系统升级，建构优良的制度框架，为我国科技创新水平从跟跑、并跑进而领跑，提供强有力的政策支持。

2. 创新生态系统主要研究流派

创新生态系统研究主要以共生演化为核心特征，以案例研究为主流研究方法，学者基于不同的理论视角，形成新制度经济学、创新管理、战略管理等研究流派[24]。

基于新制度经济学的视角，创新生态系统研究主要关注生态系统中要素与过程的互动演化。演化经济学主要研究事物随时间发展而不断运动与随机变化的过程。创新生态系统中成员与环境动态性交互强化的情境下，若依旧单纯关注自身的生存及发展，忽视与系统其他利益相关者共生发展、共同繁荣，已经无法满足企业发展需要；对企业而言，必须把自身命运与所在生态系统紧密关联并共生演化[25]。黄海霞等基于协同网络的角度，从创新主体间的节点协同、创新群间协同演化、创新环境交互协同等层面，认为创新主体为了追求创新价值最大化而从事创新活动，由此形成了由创新群与内外部环境协同的创新生态系统[26]。欧忠辉等通过解构创新生态系统内部主体、环境和演化模式选择的关系，利用描述有限资源约束下种群增长规律的 Logistic 方程，构建共生演化模型，并求出演化均衡点及稳定性条件，研究结果表明创新生态系统单元演化最优方向是互惠共生[27]。张仁开认为作为一个复杂适应系统，创新生态系统的"演化"是指创新生态系统在与外部环境交互过程中，系统内部组成机构、要素、功能等随着时间和空间的变化而持续发展的过程，其演化过程具有不可逆性、协同性、路径依赖性和周期性等特征，组织自身进化因素、经济社会因素、政策及体制因素、创新文化环境因素等均影响着创新生态系统的演化[28]。

创新生态系统在创新管理理论视角方面的研究，集中在组织突破边界，实现组织间互相支持、功能互补等方面。Rohrbeck 等以德国电信公司作为案例，研究开放式创新生态系统，分析开放式创新范式在跨国公司内部被接受的程度，研究了影响企业创新能力的各个关键因素[29]。Shapiro 等认为信息流动是企业与外部组织进行联系的本质，企业必须在信息流动过程中进行有效率的评估，通过企业与外部组织网络完成信息的合作与兼容[30]。Tiwana 基于创新生态平台视角，认为创新生态系统是建立在由服务、工具、技术等所构建的平台上，核心企业是平台的中心，生态系统其他成员围绕核心企业，完善平台功能，推动平台内部形成互相依存但又相对独立的模块，为生态系统内部成员创造价值、提高绩效，促进生态系统层面形成架构创新[31]。

创新生态系统在战略管理理论方面的研究，主要关注系统内部产业和资源对企业获取竞争优势的影响。对生态系统而言，其竞争优势体现在资源的特有属性、系统与环境的共生共存关系上。在企业商业生态系统的竞争战略方面，Moore 认为企业商业生态系统作为一个经济联合体，包含生产商、供应商、主要竞争者及相关风险承担者等成员，以个体、组织间互相作用为基础，产出对消费者有一定价值的产品和服务[32]。Clarysse 等以 138 家创新型初创企业为样本，研究结果表明商业生态系统基于构建价值网络，为生态系统中的每个伙伴带来竞争优势[33]。张利飞等以背光模组集成创新企业为对象，研究在创新生态系统技术依存结构中企业外部零组件、互补配套技术两种不同类型的技术体系，指出核心竞争能力提升的关键在于分工合作、协同创新[16]。Dyer 等基于组织关系视角，指出创新生态系统组织层面的竞争优势资源主要包括生态系统的高效治理、知识共享路径、系统成员的特殊关系资产、互补性资源与能力[34]。

（二）创新生态系统运行与演化研究

对于创新生态系统而言，组织成员与系统外部环境的动态性交互、创新主体与生态系统的利益一致性是创新生态系统正常运转的重要保障。系统内所有成员将自身命运与整个生态系统紧密联系在一起，推动创新生态系统内部由简单的联合作业转向系统的协作，从产品竞争转向平台竞争，从各自发展转向协同共生，以此推动生态系统持续运转。

1. 创新生态系统结构及运行机制研究

合理的结构是保障创新生态系统持续运转的重要基础。生态系统动态性及开放性等固有特征，决定了创新生态系统具有要素复杂、主体多变、边界模糊等结构性质[18]。Moore 提出创新生态系统结构"层次论"，将创新生态系统分解为核心层、扩展层、外围层等层次，并进一步划分企业创新生态系统包括核心企业、创新平台、辅助企业等层次[35]。Adner 等则认为创新生态系统呈网状结构，以核心企业为中心，由上游供应商、下游互补件商及集成商组成，价值创造过程从供应商向核心企业提供产品组件开始，进而核心企业基于产品组件而得到创新产品，到产品提供给用户为终止[10]。陈健等研究发现创新生态系统结构既可以是基于互补性的多层次网络，也可以是围绕核心企业或平台的架构设计，系统具有跨区域、跨产业的开放模糊边界[18]。相较于传统双边合作关系，系统网络结构能够推动系统保持自身核心业务，持续整合、重组资产及创新能力。网络结构促进系统内部企业或平台集成核心资源，控制技术架构，提供其他参与者所需的服务、工具及技术，成为协调、管理生态系统的核心。

在创新生态系统的实际运行过程中，Adner 等提出创新生态系统的真正创新过程是系统内各个成员的积极合作与紧密配合，以此促进创新价值的最大化，拓展技术创新的价值链；协同整合是创新生态系统运行的重点，基于协同进而提升整体创新能力，提高企业的市场开发绩效[10]。Fukuda 等提出了系统的创新生态原理，对生态系统的共生共存、技术扩散等生态机理进行了系统研究[36]。Makinen 等指出供应商、分销商等创新主体在商业生态系统内部持续提升性能，以此维持并优化了整个生态系统的竞争能力[37]。黄鲁成率先引入生态系统理论对区域技术创新生态系统调节机制进行研究[38]，并研究了创新生态系统的生存机制，包括反馈调节机制、鲁棒调节机制和多样性调节机制[39]。贺团涛等认为，高科技园区所在区域内部高校的空间扩展、科研院所所具有的知识优势、园区影响力等共同推动产业内部形成知识创新生态系统，知识创新生态系统的运行机制主要包括非线性机制、线性机制及生态机制[40]。刘志峰研究区域创新生态系统的控制机制、动力机制、复制机制、重组机制及变异机制，指出区域创新生态系统的运行依靠以上机制的共同作用[41]。赵伟峰研究了装备制造业协同创新生态系统的运行机制，具体包括资源供给机制、动力机制等[42]。张利飞界定高科技企业创新生态系统是面向客户需求，以技术标准为纽带，基于配套技术，由高科技企业在全球范围内形成的共存共生、共同进化的创新体系，并深入分析了高科技企业创新生态系统基于平台的开放式创新机制、技术标准推广机制、企业生态位决策机制及利益协调机制[43]。

2. 创新生态系统协同演化研究

创新生态系统的核心特征是共生进化。自然生态系统的演化过程包括形成、发展、成熟、衰退等若干阶段[44]。物种间存在共生、竞争等生存关系，同时物种必须与相关物种建立资源互补的持续合作关系，才能在群体中占据有利的地位，进而推动群体持续向前演化。作为一种生态学隐喻的系统架构，创新生态系统遵循于自组织演化，随着系统内合作主体关系的不断发展，各主体之间开始显现出类似于生物学上的"共生"特征。创新生态系统的成员通过创新资源流动、整合而相互联系、影响、依赖，由独立的发展向共生演化转变。协同演化成为创新生态系统持久生存、发展、繁荣的根本依据和立足点。目前，创新生态系统演化研究主要集中在系统演化模式、演化周期及演化路径等方面。

创新生态系统演化模式方面，现有研究认为创新生态系统演化过程中，系统持续将外部输入的能量、物质及信息进行有机结合，孕育新的"物种"，不断优化生态系统，促进生态不断升级，实现系统从量变发展到质变，进而形成新系统；类似于自然生态系统，创新生态系统存在着遗传、变异、衍生、选择等演化机制。就"遗传"而言，其动力来自创新生态系统的"创新惯性"，变异的力量主要来自用户和新创企业，衍生的动力来自企业、政府和其他利益相关者[45]。Bendis 认为创新生态系统中创新主体与环境进行频繁的反馈，系统内部通过信息与知识的扩散，从而推动系统内部竞争演变为创新链、产业链、价值链、创新网络之间的争夺[46]。Still 等基于社会网络分析方法构建了企业创新生态系统演化框架，揭示了创新生态系统演进过程中重要行动者之间关系的变化[47]。Adner 等认为，半导体光刻设备产业新技术替代旧技术仍然遵循了 S 形曲线特征，只是这种替代过程是新的创新生态系统替代旧的创新生态系统的演进过程，而新技术替代挑战和旧技术拓展机遇则是决定产业技术更新速度的关键维度[48]。梅亮等从演化经济学、经济活动嵌入性理论的视角解释了生态系统的共生演化[24,49]。黄海霞等认为创新主体为追求创新价值最大化而进行创新活动，由此形成了由创新群体、内外部环境共同构成的创新生态系统；系统协同创新主要涉及三个层面：创新主体间的节点协同、创新群间的关系协同、内外部创新环境协同[26]。黄鲁成应用生态学种群理论研究行业内技术创新种群数量发展变化趋势，并分析了不同技术创新种群间的协同演化关系[13]。吴绍波聚焦于战略新兴产业创新生态系统的运行机制和治理模式相关研究，通过案例分析、理论研究探索产业创新系统的演化模式[50]。在 Logistic 模型基础上，李煜华等提出了创新生态系统中企业与科研机构合作创新演进模型，并对其合作创新的稳定性及其条件进行了分析；结果显示，创新生态系统合作创新稳定性的决定因素包括共生单元、共生模式、共生环境和共生界面，提高合作创新稳定性的实现路径可以围绕上述要素予以设计[51]。王霞等设计了文化产业创新生态系统模型，并将政府引导力度、教育投入水平、科研支出水平、文化投入水平、人口规模等作为动力因素，分析其与上海文化产业发展水平之间的因果关系以及要素之间的耦合机制[52]。李金玉等研究了战略网络的结构、特性和演化过程，着重分析了核心企业对战略网络演化的作用，发现处于合作竞争关系中心的核心企业，不仅有责任创造共享的战略合作模式，而且有责任构建兼具彼此信任与互相合作特征的战略合作机制；在核心企业主导的集群中，核心企业处于集群中的支配地位，非核心企业为核心企业提供专门化的产品或服务[53,54]。王子龙等构建了集群企业生态位协同演化模型，分析了集群企业间的协同竞争生态关系[55]。

在创新生态系统演化周期方面，Rohrbeck 等以德国电信为例，认为创新生态系统需经历四个演进阶段，依次为创意产生、研究、开发及产品商业化[29]。孙冰等通过对新能源汽车创新生态系统进行深入研究，认为创新生态系统演化周期可分为技术保护期、市场选择期、竞争扩散期等阶段[56]。Chen 等分析了风力涡轮机制造业创新生态系统追赶过程，探讨了各演进阶段的技术累积模式、不同主体间作用关系以及演进动力[57]。

在创新生态系统演化路径方面，宋之杰等认为在创新生态系统中存在着技术、专利和信息的贮存和转移，在创新系统内部知识的转移构成了创新生态系统的演进[58]。赵放等从微观、中观和宏观三个层面，分析了不同层次间产品和服务、技术、创新能力的产生和演化过程，研究发现创新演化路径逐步从技术替代转化到消费者偏好、基础设施和文化等，通过这种更具广泛性的转化完成创新技术形式和功能的扩展与适应，实现从生境水平向体系水平的扩展[59]。赵树宽等基于 Logistic 模型对企业生态系统演化过程进行了描述，并基于系统演化过程提出了企业生态系统的演化策略[60]。陈瑜等研究了复制、竞合与重组机制对光伏产业创新生态系统演进的影响，并指出其主要演化方向为后向捕食和前向捕食战略[61]。欧阳桃花等以小卫星龙头企业 DFH 为案例研究对象，发现了创新生态系统从中心轮辐式到共生式的动态演化过程[62-65]。王宏起等以比亚迪汽车为案例，指出其创新生态系统沿着"小生境—开放式平台—全面拓展"的路径演进，并具有创新链和采用链的协同演进机理[66]。刘友金等基于行为生态学原理，对集群式创新进行深入研究，构建产业集群技术创新研究分析框架，并从行为生态学视角对集群中创新单元聚集行为进行了系统分析，研究了集群模式下创新单元聚集的一般过程模式，构建创新单元聚集行为博弈模型，探讨了聚集行为产生的基本条件[67-70]。

（三）创新生态系统创新效率研究

创新生态系统作为多要素投入及多变量产出的复杂动态系统，其创新过程本身就是创新投入向创新产出转变的动态过程，投入向产出转化始终贯穿于创新的整个过程。目前，通常使用创新效率来反映创新系统投入与产出间的关系，而创新效率通常利用计算在一定要素投入下创新产出与生产前沿面的距离来进行衡量[71]。目前，关于创新效率的研究可分为创新效率评价体系、创新效率评价方法、生态视角的创新效率评价等方面。

1. 创新效率评价体系研究

创新系统的创新效率主要是通过计算创新产出投入比而得到，评价指标主要包括投入指标和产出指标[72]。关于创新投入与产出的具体指标选择，目前主要将人力、物力和财力等作为创新投入指标，将经济效益、社会效益和环境效益等作为创新产出指标，如表 1.2 所示。除用产出投入比来计算创新效率外，过程效率也被考虑进来。高建等研究认为创新效率既包括创新过程效率、成果产出率及商业贡献率。创新过程效率是企业创新管理水平的直接反映，创新项目的运作管理水平影响创新产出，进而影响企业商业绩效[73]。

表 1.2 创新投入、产出主要指标体系

来源	投入指标	产出指标	评价对象
池仁勇等[74]	R&D 经费投入强度、R&D 人员投入强度、创新管理资本	产业集群度、出口指数、名优产品指数、全员劳动生产率、高新技术产业比重	区域创新效率
虞晓芬等[75]	研发支出额、研发全时人员当量数	专利数量、新产品产值、产品出口额、高技术产业增加值	区域创新效率
李婧等[76]	R&D 经费支出、R&D 人员投入	发明专利申请授权量	区域创新效率
白俊红等[77]	R&D 资金投入强度、R&D 人力资源投入强度	万名就业人员专利授权量、万名 R&D 活动人员科技论文数、万人科技成果成交额、亿元投资新增 GDP	区域创新效率
颜莉[78]	人力资源、创新资金、创新环境	科技成果、经济效益、社会效益、环境绩效、区域竞争力	区域创新效率
官建成等[79]	研发经费、研发人员、新产品经费、技术改造经费	发明专利、新产品销售收入、新产品出口收入	产业技术创新效率

来源	投入指标	产出指标	评价对象
郑坚等[80]	人员投入、资金投入、技术投入	专利数量、新产品	产业技术创新效率
韩晶[81]	科技经费支出总额、研究与发展人员全时当量	新产品销售收入和申请专利数	产业创新效率
池仁勇[71]	新产品研发经费投入、新产品开发人员、总资产	新产品销售份额、新产品增长率、主要产品更新周期、重大产品创新比重	企业技术创新效率
李洁琳[82]	生态创新资金投入、人员投入、能源投入、原料投入	经济产出、社会产出、环境产出	企业创新效率

从投入产出主要指标体系中可以看出，投入指标中，主要包括人力资源、物力资源、资金资源等投入情况。R&D 活动人员折合全时当量、R&D 人员投入强度等指标反映研发人员的投入情况；总资产、能源投入等指标反映物力资源的投入情况；R&D 经费内外部支出、新产品经费、技术改造经费等指标反映资金投入情况。产出指标中，主要包括技术知识类产出、经济效益类产出。发明专利申请授权量是技术知识的最主要反映，出口指数、新产品产值、产品出口额、高技术产业增加值、新产品销售收入等指标反映创新的经济效益。

2. 创新效率评价方法研究

投入产出效率的计算通常分为参数法和非参数法。

（1）参数法。

参数法主要适用于多投入且单产出的相对效率测算，参数法需要设定一个投入产出函数，根据产出函数误差项目的分布假设不同，采用合适的方法估计生产函数中的相关参数，进而计算投入产出效率。参数法的优点在于结合产出函数估计，进而描述投入产出的过程，实现控制投入产出的效率估计。随机前沿分析法（Stochastic Frontier Approach，SFA）是常用的计算投入产出效率的参数方法。

随机前沿分析（SFA）始于对生产最优化的研究[83]。比利时学者 Meeusen 等[84]、美国学者 Aigner 等[85]、澳大利亚学者 Battese 等[86] 相继发表了 3 篇关于随机前沿分析的论文，标志着随机前沿方法的诞生。之后，学者们对其进行了不断的拓展，不断提高随机前沿模型的灵活性和适用性。国内学者何枫等运用随机前沿分析方法，测算了我国各地区自改革开放以来的技术效率变迁情况[87]；刘新梅等建立了以市场结构为解释变量的 SFA 模型，对中国电信业市场结构与效率进行了实证研究[88]；岳书敬使用随机前沿函数模型，研究了我国 1998~2005 年省级区域研发效率情况及相关影响因素[89,90]；李向东等应用随机前沿分析，利用 1995~2006 年中国高技术产业 17 个细分行业的研发数据，对我国高技术产业研发创新效率进行了测算[91]；张宗益等运用基于对数型 C-D 生产函数的随机前沿生产函数，研究了我国 31 个省级区域的技术创新效率[92]；邬龙等结合我国战略性新兴产业创新研究中长期忽略创新效果和产业竞争力的问题，应用 SFA 方法将创新效率分为技术创新效率和创新产品转化效率两个阶段，以北京市信息技术和医药两大代表性战略性新兴产业为例对其创新效率进行了比较分析[93]；白俊红等运用随机前沿分析方法，对我国 30 个省份的研发创新效率进行了测算，探索了区域创新系统内部创新主体要素及主体间联结关系对创新效率的影响[94]。随机前沿分析法能够有效降低生产前沿对随机误差的敏感度，但随机前沿分析方法需要提前假定生产前沿函数，产出指标只能有一个，因而方法的适用性受到了一定的限制。

（2）非参数法。

与参数法只能计算单产出指标的效率相比，非参数法可测算多产出指标、多投入指标的投入产出效率。非参数法根据所有个体投入和产出，构建能够包容全部个体生产方式的最小产出可能性集合（即产出前沿面），在最小可能性集合基础上，计算投入产出效率。与参数法相比，非参数法不再对投入产出生产函数进行估计，这样就避免了函数形式不合理给效率计算所带来的问题。数据包络分析（Data Envelopment Analysis，DEA）是最常用的非参数方法。

DEA 运用线性规划方法对效率进行计算，只需知道投入产出数据即可，无须知道生产前沿的具体形式。数据包络分析方法中的 CCR 模型由 Charnes 等于 1979 年提出[95,96]，CCR 模型是其他数据包络分析模型的基础。1984 年，Banker 等将 CCR 模型中假定的规模报酬不变放宽为规模报酬可变，提出了 BCC 模型[97]。1993 年，Andersen 等提出超效率模型[98]，该模型能够计算 CCR 和 BCC 模型中效率计算结果为 1 的决策单元效率，能够对处于前沿面上决策单元的效率水平进行区分。

DEA 方法具有综合性和可比性的优势，被广泛应用于各种领域的效率评价[99]。吴杰等针对含有成本型指标、效益型指标和固定型指标的多指标评价问题，利用 DEA 方法进行评价，提出了多指标评价的 DEA 模型[100]。虞晓芬等利用 DEA 方法，测算了我国 30 个省级区域的技术创新效率，研究结果发现我国区域技术创新效率所存在的差距是经济区域发展不平衡的重要表现与深层原因[75]。张亚明等运用基于 DEA 理论的规模收益 BCC 模型，计算了我国 30 个省份在

2014 年的环境效率，并采用多元回归方法对环境效率影响因素进行了实证分析，挖掘了影响环境效率的关键因素[101]。李鸿禧等以企业作为科技投入和产出的主体，通过数据包络分析中 CCR 模型和 BCC 模型测算了中国 15 个省级城市科技创新的总体投入产出效率、纯技术效率和规模效率[102]。何丽娜通过建立数据包络分析模型，评价了民营性质的创业板上市公司工业和信息技术两组样本的企业融资效率[103]。陈宗富等基于数据包络分析方法，采用 2010 年 2 月至 2011 年 3 月对西部某县 170 个苗族村进行实地问卷调查所得到的截面数据，对苗族农业生产效率进行了测算[104]。宋砚博结合政府管理的职能、政府管理效率的内涵以及 DEA 方法原理，分析总结了政府管理效率评价指标体系设计原则，并在收集专家意见的基础上建立了一套合理有效的评价分析指标体系，为 DEA 方法在我国地方政府管理效率评价分析中的应用提供了参考[105]。邱林等在详细分析众多城市供水效率评价因素的基础上，建立了基于数据包络分析的城市供水效率评价模型[106]。

DEA 主要运用于静态创新效率计算，计算动态的创新效率通常采用 DEA 与 Malmquist 指数结合的方法。Malmquist 指数法基于不同的生产技术假定，分解若干个子效率指标，多用于动态创新效率方面的评价。全炯振运用 SFA 与 Malmquist 相结合的生产率指数模型，测算我国各省级地区的农业全要素生产率变化情况，研究了各地区农业全要素生产率时序增长及空间分布特征[107]。刘凤朝等采用 Malmquist 指数方法测算了我国科技创新效率的变动趋势，并把科技创新效率的增长分解为技术进步和资源配置效率变化两个部分[108]。徐小钦等以重庆市为例，运用 DEA 方法结合 Malmquist 指数分析了一个区域内不同性质的企事业单位的科技创新效率，研究了整个区域的科技创新效率情况[109]。王锐淇等从内外生视角，利用 Malmquist 指数分析技术创新效率的影响因素，发现我国区域基础设施建设、市场开放度和人力资本禀赋均对区域技术创新效率产生了显著影响，但高新技术产业由于规模和发展速度的限制仍未对区域效率的提升产生明显的推动效果[110]。陈伟等运用 DEA 与 Malmquist 指数相结合的方法，利用我国知识密集性产业的专利时序数据，分析我国整体、省级区域、综合经济区等不同层面的专利创新效率，研究知识密集型产业专利创新效率随时间变化的规律，研究创新过程中的技术变化率和资源变化率，探索知识密集型产业专利创新效率的关键影响因素[111,112]。席增雷等建立了区域性科技创新评价指标，采用 Malmquist-TFP 模型评价了京津冀三地的科技创新效率[113]。刘锦志通过 DEA-Malmquist 指数模型，对我国十大高专利密集度产业的技术创新效率进行了评价研究[114]。

3. 生态视角的创新效率评价研究

随着生态系统理论在创新系统中的应用，生态效率也被引用到创新效率的评价研究中。生态效率原是指生态系统中任何一个能流参数在营养级之间或同一营养级内部的比值关系。生物体内和生物体间按照顺序和阶段流动能量，不同阶段生态效率连接后能够形成多过程的生态效率。随着研究的深入，通过对生态效率过程与阶段、宏观与微观的结构拆分，生态效率被引入创新系统的创新效率中来。

根据生态效率的定义，生态视角的创新效率研究首先要将创新过程进行分解，计算各分解阶段的效率，然后通过阶段效率连接，计算整体创新效率。郭燕青等从生态系统视角将企业技术创新效率分解为能量传递效率、报偿反馈效率，基于生物能量传递过程（摄取—同化—生长—利用）将创新效率分解为同化、生长及利用效率，将正向的能量传递效率和反向的报偿反馈效率分解为创新能量循环的 6 个阶段，实现基于生态学的技术创新效率重构[115,116]。刘志春等构建了包含创新态、系统流动以及势能的科技园区创新生态系统综合评价指标体系，以创新态作为创新投入，以势能作为创新产出，应用超效率 DEA 方法对同期园区创新效率进行了评价[117]。总体而言，目前从生态视角对创新效率评价的研究才刚刚起步，在评价体系、评价方法以及具体产业应用等诸多方面有待进一步的深入研究与探索。

（四）高新技术产业创新生态系统研究

产业创新生态系统是参照生态学的生态系统概念，对产业创新系统研究范式的进化与更新，从生态学层面诠释产业创新系统互惠共生、协同竞争、结网群居、领域共占等类似于自然生态系统的特征[118]。创新生态系统研究体系可分为企业创新生态系统、产业创新生态系统、区域创新生态系统及国家创新生态系统等不同层面，产业创新生态系统是国家地理范围内面向产业的相关技术创新系统的有机结合体[119]。

高新技术产业，是以高新技术为基础的知识密集、人才密集、资金密集的现代产业。经济合作与发展组织（OECD）出于国际比较的需要，使用研究与开发的强度定义及划分高新技术产业。1994 年，经济合作与发展组织重新提出了高新技术产业的分类法，选择 R&D 总费用占总产值比重、直接 R&D 经费占产值比重和直接 R&D 占增加值比重 3 个指标来进行划分。

高新技术产业在国民经济中具有重要的战略地位，全球各国均把发展高新技术及其产业作为一项重要的基本国策，并以高新技术的研发作为主攻方向，以高新技术产业的发展和占领国际市场作为基本目标，力争取得最有利的国际竞争地位。2016 年，全球名义 GDP（Nominal GDP）中高新技术产业增加值为 1.62 万亿美元，占全球 GDP 的 2.16%。主要经济体中，高新技术产业增加值占 GDP 比重最高的是中国，占 5%，其次是韩国占 4%、美国占 3%，德国、日本和英国各占 2%。

发达国家普遍将高新技术产业视为命脉，美国、德国、荷兰、英国、日本等国在部分高新技术产业的高端环节保持着较强的竞争优势，高新技术产业占制造业比重达 20% 左右。在高新技术产业发展战略方面，经济规模较大的国家，如美国、中国、日本等采取均衡战略，参与、发展各类高新技术产业，突出优势，兼顾其他；经济规模较小的国家，如瑞典、荷兰、以色列、新加坡等国大多采取专一战略，聚焦少数高新技术产业。

20 世纪 80 年代中期，我国高新技术产业开始起步，经过 30 余年的发展，从无到有、从小到大、从大到强，我国高新技术产业创新成效显著，在多个行业和领域达到了国际领先水平。相对于发达国家，我国高新技术产业起步晚、发展迟、底子薄，部分研究开发领域尚处于引进、模仿阶段，技术集约化程度不强、自动化程度不高。目前，我国高新技术产业正进入快速发展时期，我国高新技术产业正从产业价值链的低端向中高端发展，逐步缩小与发达国家的差距。

1988 年，我国实施高新技术产业指导性计划项目"火炬计划"，重点发展生物技术、电子与信息、光机电一体化、高效节能与环保、新材料、新能源等产业。在高新技术产业中，光伏产业作为新能源产业中的重要组成部分，随着近年来产业技术的快速发展、光伏制造行业规范条件的不断提升，摆脱了以往依靠低成本和快速生产而获利的野蛮生长阶段，太阳能设备和生产装备制造、太阳能材料制造、太阳能发电运营维护等关键技术的发展，推动"高技术+新能源"成为光伏产业的主要特征，光伏产业已真正进入高新技术产业行列。太阳能产业作为新能源产业之一被列入国家 2018 年战略性新兴产业类别中，光伏设备及元器件制造被江苏、浙江、山东等省明确列入高新技术产业统计分类目录中，科技部先后批准建立无锡、苏州、邢台、上饶、洛阳、新余等国家光伏高新技术产业化基地。光伏产业已成为我国当今发展最迅速的高新技术产业之一。

作为推动区域自主创新和产业结构升级的关键力量，高新技术产业在促进传统产业改造提升、引领新兴产业发展方向等方面发挥着重要作用。作为产业创新生态系统的一部分，高新技术产业创新生态系统引起了广泛关注。

1. 高新技术产业创新生态系统概念研究

产业创新系统的研究成果是研究产业创新生态系统的基础。产业创新系统是指与产业相关的知识及技术创新组织组成的网络系统，该网络体系以创新性技术产出为核心，以政策调控为导向，以企业活动为中心，以市场需求为动力，以良好的国内外环境为保障，实现产业创新的特定目标[119]。产业创新系统中创新参与者既包括高校、企业、政府机构，也包括客户、行业协会等。Malerba认为产业创新系统由知识与技术、行为者与网络以及制度等模块组成[120]。产业创新系统活动的根本目的是提高产业的创新能力，提升产业竞争能力[121-123]。

在产业创新系统研究基础上，生态系统理论被引入产业创新系统研究中。Gawer定义产业创新生态系统是提供产业基础性创新支撑的产品或服务的技术平台，产业创新主体基于平台开发相关的产品或服务[124]。何向武等认为产业创新生态系统是指在相关物质、文化、环境条件下，产业创新群落间及产业创新群落与创新环境间，通过知识传递、信息共享、技术转移，形成具有生态修复与适应功能的复杂开放系统[125]。林婷婷认为产业技术创新生态系统以实现产业可持续发展为目标，以政策调控为导向，市场需求为动力，优良的创新环境为保障，是产业技术创新群落与创新环境利用创新信息、能量及物质流动而形成的互相依存、彼此作用的系统[126]。

高新技术产业创新生态系统即为面向高新技术产业的产业创新生态系统。张利飞等定义高科技产业创新生态系统为面向客户需求，在全球范围内基于高技术企业技术标准化战略实施创新耦合，进而形成基于模块、构件的知识异化、协同共生、共存进化的技术创新系统，其显著特征包括核心技术模块化、创新集群虚拟化、界面技术标准化、创新合作关系的固化、跨区域的创新协同等。从本质上来说，创新生态系统其实主要就是面向高科技产业的创新生态系统[16,127,128]。

2. 高新技术产业创新生态系统结构研究

产业创新生态系统构成及结构研究方面，Martin认为产业创新生态系统由5个要素构成：产业体系、创新型人才、软件、硬件、外部环境。产业体系主体是产业整体战略，其中产业整体的战略定位构成了产业体系的主体；产业人才培训机构构成创新型人才条件；技术是软件条件的基础；硬件条件主要是指基础设施；政府对于产业创新的支持及产业整体发展趋势构成了产业创新生态系统的外部环境[129]。在此基础上，王娜等认为，产业创新生态系统形成的关键要素是核心企业，产业体系是产业创新生态系统的核心组成部分[130]。郑家霖从生态学的视角，揭示了增材制造产业创新生态系统的结构及资源流循环过程，分析了增材制造产业创新生态系统的构建方式，对增材制造产业创新生态系统构建提出了具体的政策建议[131]。吴绍波等认为产业创新生态系统是产业内部核心创新企业与竞争对手、销售商、供应商及产业其他相关配套主体之间，所形成的互相依靠的协同合作关系。核心创新企业通常负责产业核心技术研发，相关配套产品的研发主要依靠代理组织来完成，核心企业与代理组织之间利用契约来保证及激励代理组织的知识及创新投入，激励代理组织在外围配套产品研究与开发阶段的知识投入[50,132-134]。吴宸雨对产业技术创新生态系统结构与功能进行深入研究，结合当前我国风电发展现状，构建了我国风电生态系统发展的体系框架，为我国风电产业的可持续发展提供了借鉴[135]。

3. 高新技术产业创新生态系统演化研究

创新生态系统的研究视角影响着高新技术产业组织理论和企业战略的发展，研究者更加关注高新技术产业内部网络主体间以竞争与合作为主要特征的协调与演化过程，更加关注内部创新主体之间的相互作用过程，把研究情境置于双边关系、产业背景，乃至整个产业生态系统等不同层面[136]。

在高新技术产业创新生态系统协同演化机制研究方面，陈瑜等引入生态 LV 竞争模型，深入研究我国光伏产业生态系统演化机制，研究复制、适应、竞争与合作等演化机制对我国光伏产业创新系统运行的影响，研究结果认为我国光伏产业需调整到系统内各物种协同平衡发展的系统思维模式[61]。单蒙蒙等对我国生物医药产业创新生态系统的协同演化机制及过程进行了深入研究，提出了我国生物医药产业创新生态系统可持续发展的优化路径[137]。张笑楠通过分析战略性新兴产业创新生态系统内部创新种群间关系，研究了系统内部的竞争与共生演化机制，研究发现竞争演化能够有效提升创新主体的适应与生存能力，加强合作、建立联盟等协同共生模式能够提升产业整体创新能力[138]。张利飞等利用生态学模型，研究产业内部企业的进入与退出市场情况，探讨企业种群演化过程及种群间协同演化情况[127]。

在高新技术产业创新路径研究方面，Geroski 等通过构建负反馈模型及传染病模型，对美国汽车产业创新生态系统内部种群的演化过程进行了深入研究[139]。王宏起等以比亚迪汽车为案例，对新能源产业创新生态系统进行了深入研究，认为新能源产业创新生态系统沿着"小生境—开放式平台—全面拓展"的路径演进，并遵循创新链和采用链的协同演进机理[66]。韩树清利用我国 2004~2016 年三个地区的面板数据，运用哈肯模型分析系统演化序参量研究了航空产业创新生态系统的演化路径[140]。周叶等通过构建战略性新兴产业创新生态系统熵变模型，研究系统非平衡态与开放性的特征，分析系统演化动力来源于随机涨落属性及非线性机制，利用熵变分析，研究战略性新兴产业创新生态系统分阶段演化的路径[141]。李其玮等研究发现高新技术产业创新生态系统演化过程与系统知识优势的演化过程同步，呈现点、链、网的立体演化状态[142]。

在高新技术产业创新生态系统内部协同演化模式方面，吴绍波等认为战略性新兴产业创新生态系统内部的协同演化模式以构建技术标准为基础，利用协作研发、专利授权与许可、技术标准扩散等方式形成技术标准，并以此获得技术开放性及兼容性扩大、消费者群体增加等竞争优势[143]。张利飞、张运生认为高新技术产业创新生态系统同样依靠技术标准来实现产业内部创新协同与耦合，以客户需求为导向，在全球范围内利用基于模块、构件的知识异化实现高新技术产业创新生态系统的协同、共生及进化[128,144]。

4. 高新技术产业创新生态系统创新效率评价研究

与创新生态系统创新效率评价类似，高新技术产业创新生态系统创新效率同样用在一定要素投入下创新产出与生产前沿面的距离来进行衡量。目前，高新技术产业创新生态系统创新效率评价通常根据高新技术产业创新价值链，从技术开发和技术成果转化两个阶段分解产业创新过程。技术开发阶段主要以知识技术类为主要创新产出，包括专利和非专利（主要包括不便公开的技术诀窍及工艺配方等）；技术成果转化阶段则以知识技术转化的经济收益为产出[145]。对产业创新生态系统技术开发和技术成果转化的两阶段评价分为独立评价和关联评价，既分别评价各个子阶段的效率，同时也评价系统整体创新效率，可更精确地发现低效率环节。

孟维站等在两阶段效率评价模型基础上，运用三阶段 DEA 模型对我国高技术产业创新效率进行分阶段评价，发现对于高技术产业来说，纯技术效率是综合效率提升的关键动力[146]。汪锦熙等界定高新技术产业创新生态系统态势概念，建构高新技术产业创新生态系统创新态势评价体系，以河北 11 个地市的高技术产业为例，测度了高新技术产业创新生态系统创新"态"与"势"[147]。范德成等基于两阶段效率评价模型，运用随机前沿模型，分别对我国 30 个省份 2009～2015 年高技术产业的技术研发效率、经济转化效率进行了测度，研究结果表明高技术产业技术研发效率和经济转化效率区域间差异较大，空间效应对技术研发效率和经济转化效率分别呈正向和负向影响[148]。在利用生态效率理论研究创新效率方面，李爽从生态系统视角对新能源汽车企业技术创新效率进一步分解为能量传递效率、报偿反馈效率，基于生物能量传递过程（摄取—同化—生长—利用）将创新效率分解为同化、生长及利用效率，正向的能量传递效率和反向的报偿反馈效率分解为创新能量循环的 6 个阶段[149]，实现基于生态学的技术创新效率重构，推动了生态效率评价方法在高新技术产业创新生态系统创新效率评价中的应用。

（五）研究现状述评

在创新系统理论的基础上，创新生态系统研究引入生态学理论和方法，研究内容从关注创新主体间关系拓展到更加关注创新主体与环境的互相作用，研究方法实现从静态均衡分析到动态演化分析的转变，更深入地研究创新过程及系统发展演化规律。目前，高新技术产业创新生态系统研究主要运用种群及系统生态学中的相关概念和动态模型，基于群落、种群、个体的不同生态层次及规律，研究高新技术产业创新生态系统的动态特征、构成、演化等问题。作为一种新的创新研究视角，创新生态系统以及产业创新生态系统的研究正逐步深入，取得了丰硕成果，但在高新技术产业创新生态系统研究方面仍存在以下问题：

（1）高新技术产业创新生态系统研究成果相对分散，高新技术产业创新生态系统的系统性研究尚待进一步开展。

现有研究中，高新技术产业创新生态系统特征、运行、演化等基础问题的研究成果之间的结构性和协调性不足。因此，有必要对高新技术产业创新生态系统的行为描述、演绎方式、创新效率评价等问题开展相对系统性的研究，以进一步明晰高新技术产业创新生态系统内在运行规律，解答高新技术产业创新生态系统的形成机制、动力因素和系统运作原理等相关问题。

（2）高新技术产业创新生态系统研究已初显成果，为本书的研究奠定了良好基础，但高新技术产业创新生态系统的协同演化机制研究相对缺乏。

尽管高新技术产业创新生态系统研究中，系统结构、特征等基础问题已经取得了一定成果，但高新技术产业创新生态系统内部异质性创新主体间竞争、合作、协同、互利共生等演化行为、规律以及创新主体与创新环境间适应、改进机制等相关问题的研究较少，尚不够深入。因此，需要进一步明晰高新技术产业创新系统内部不同类别、不同角色创新主体间的竞争与合作关系，探索高新技术产业创新生态系统内部主体与主体间、主体与环境间的协同演化机制，以推进高新技术产业创新生态系统保持良性运行，促进高新技术产业创新生态系统核心竞争力的不断提升，推动高新技术产业高质量发展。

（3）目前关于创新效率评价的模型及方法已比较成熟，从生态效率评价的视角，对高新技术产业创新生态系统创新效率评价的研究有待进一步深入。

目前关于产业创新效率评价的研究主要运用两阶段模型，基于 DEA 或 SFA 等方法的产业创新效率评价研究已相对成熟，但具体针对高新技术产业创新生态系统创新效率的评价研究还不够深入。因此，鉴于创新生态系统与自然生态系统的类比性，可以把生态效率理论与高新技术产业创新效率评价相结合，进一步优化高新技术产业创新生态系统的创新效率评价体系中创新投入和产出的指标选取，更加注重创新过程效率的评价，以期更全面、更科学地反映高新技术产业的创新效率及可持续发展潜能。

（4）光伏产业作为典型的高新技术产业，目前针对我国光伏产业创新研究的实证分析相对缺乏，诸多描述性研究缺乏实证研究的支持，在一定程度上影响了相关研究成果实际应用于我国光伏产业的创新管理实践。

近年来，我国光伏产业从跟跑到并跑、领跑，产业链各环节产量稳居全球首位，技术水平明显提升，逐步取得并不断巩固了国际竞争优势，成为我国同步参与国际竞争、居世界先进水平的产业之一。其他产业的创新生态系统研究成果并不能完全适用于光伏产业。基于中国情境的光伏产业的实证研究，以及基于创新生态系统视角对我国光伏产业创新效率与能力提升的实证性指导尚待补充。

四、研究内容、技术路线与研究方法

（一）研究内容

第一章：绪论。主要阐述研究背景、研究意义、国内外研究动态、主要研究内容和研究方法、技术路线。

第二章：高新技术产业创新生态系统要素、结构与特征。从生态学视角，对高新技术产业创新系统结构进行分解，从创新群落、创新种群及创新个体等不同生物层级，构建高新技术产业创新生态系统的网络结构，其中包含研究、开发、应用三大创新群落，政府、金融机构、中介、行业协会等创新辅助种群，市场、政策、资源、文化等环境要素，完成高新技术产业创新生态系统界定研究。

第三章：高新技术产业创新生态系统群落内部竞争与合作演化机制研究。基于群落内部创新主体生态位的构建、重叠与分离，以及生物间亲缘选择、直接互惠、间接互惠等合作模式，研究高新技术产业创新生态系统群落内部创新主体间个体层面竞争与合作机制。通过改进的 Tilman 集合种群多物种竞争共存模型，构建了高新技术产业创新生态系统群落内部创新种群层面竞争共存模型，仿真分析了高新技术产业创新生态系统群落内部创新种群间的竞争与共存演化情况。

第四章：高新技术产业创新生态系统群落间合作演化机制研究。基于产业创新链视角，主要面向高新技术产业创新生态系统群落间合作的基础任务——共性技术研发，研究高新技术产业创新生态系统群落间个体及种群层面的合作与共生演化。采用两人雪堆博弈模型，研究高新技术产业创新生态系统群落间个体层面的共性技术合作研发。利用改进的 N 人雪堆博弈模型，构建高新技术产业创新生态系统群落间种群层面共性技术合作研发模型，仿真分析在收益成本比、种群规模、时间成本、政府补贴等不同因素影响下，高新技术产业创新生态系统种群间多主体共性技术合作研发演化情况。

第五章：高新技术产业创新生态系统创新群落与创新环境适宜度研究。基于高新技术产业创新生态位的超体积模型，构建高新技术产业创新生态位适宜度模型及评价指标体系，表达创新生态系统群落与创新环境关系。以我国光伏产业为例，分析我国光伏产业创新生态位适宜度与光伏产业创新产出之间的相关关系，分析我国光伏产业创新产出的关键影响因素，提出提升我国高新技术产业创新生态系统群落与创新环境适宜度的管理策略和建议。

第六章：高新技术产业创新生态系统创新效率评价研究。通过对高新技术产业创新价值链与生物能量传导链类比分析，按照创新价值创造过程分解高新技术产业创新生态系统创新效率为生态同化效率、生态生产效率及生态利用效率，并且构建了高新技术产业创新效率评价指标体系。选取我国 15 个高新技术产业为样本，利用 DEA 全效率评价方法计算高新技术产业创新生态系统的创新效率。利用 Malmquist 指数分析方法，对我国高新技术产业创新生态系统创新效率动态变动情况进行了全面分析。

第七章：我国光伏产业创新生态系统演化机制及创新效率评价案例研究。以我国光伏产业为例，详细分析光伏产业的发展背景及趋势，明确光伏产业的组成与结构；分析我国光伏产业创新生态系统竞争与合作演化机制；研究我国光伏产业创新生态系统群落与环境的适宜度；结合高新技术产业创新效率评价方法，对我国光伏产业创新生态系统的创新效率进行了评价，通过回归分析，探索影响我国光伏产业生态创新效率提升的关键因素，提出我国光伏产业创新管理的对策及建议。

（二）技术路线

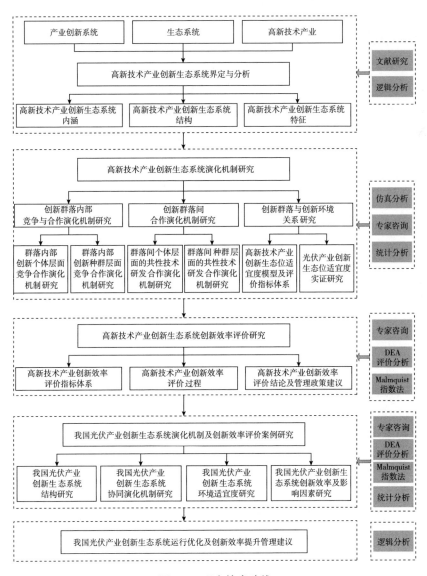

图 1.1 研究技术路线

（三）研究方法

（1）文献研究：广泛收集、阅读数字资源、网络资源、图书情报、行业分析报告、统计年鉴等文献资料，全方位、多视角分析与归纳高新技术产业、光伏产业、生态学、协同学等相关研究领域文献，为本书研究提供必要的理论素材与文献依据。

（2）逻辑分析：通过概念、判断、推理、归因等逻辑分析法的思维形式，类比分析高新技术产业创新系统与自然生态系统，界定与分析我国高新技术产业创新生态系统，解读我国高新技术产业创新生态系统的内涵、结构、特征，深入探讨我国光伏产业创新生态系统运行优化及创新效率提升的管理建议。

（3）仿真分析：采用改进的 N 人雪堆博弈模型，构建了高新技术产业创新生态系统群落内部创新种群竞争共存模型，运用 MATLAB 软件仿真分析了在收益成本比、种群规模、时间成本、政府补贴等不同因素影响下，高新技术产业创新生态系统种群间多主体的共性技术合作研发演化，探索了我国高新技术产业创新生态系统的演化规律。

（4）专家咨询：在仿真分析模型参数设置、创新生态位适宜度评价指标体系构建及光伏产业实测数据采集、高新技术产业创新效率评价产业样本选择、光伏产业创新生态系统创新效率影响因素变量选取等方面，广泛征询高新技术产业相关企业的骨干人员、行业专家，高校及科研机构产业相关科研人员的意见与建议，多轮征询、评价、归纳、修改，直至专家意见趋于一致和集中，确保研究的可靠性与有效性。

（5）统计分析：利用 SPSS 软件进行多元线性回归、相关分析等数据统计分析，实证分析我国光伏产业创新生态位适宜度与产业创新产出关系，识别影响我国光伏产业创新生态系统生态创新效率的关键因素，为本书研究提供实证分析数据支持。

（6）DEA 评价分析：选择我国 15 个典型高新技术产业作为样本，利用 DEA 全效率评价方法计算了各高新技术产业的创新效率，基于计算结果，对比了我国高新技术产业的狭义及生态创新效率。

（7）Malmquist 指数法：采用 Malmquist 指数分析法，基于我国高新技术产业整体全要素生产率变动及其分解、分产业全要素生产率变动的 Malmquist 指数计算结果，系统分析了我国高新技术产业 2009~2017 年的创新效率动态变化情况，为评价我国高新技术产业创新生态系统创新效率、提出相应管理建议提供了数据支持。

第二章 高新技术产业创新生态系统要素、结构与特征

产业创新系统是由与产业紧密关联的知识及技术创新组织构成的复杂网络系统。高新技术产业创新系统与自然生态系统在构成要素、运行过程等方面具有相似性，呈现出许多生态学特征。因此，可以依据生态学的理论与研究方法，借鉴创新生态系统的已有成果来研究我国高新技术产业的创新系统问题。此外，创新生态系统研究范式的发展，也推动了创新生态系统理论应用到产业层面。本章从生态系统的视角，对高新技术产业创新生态系统的组成要素、结构及特征进行研究，为后续更深入地研究高新技术产业创新生态系统演化奠定了基础。

一、产业创新系统

（一）产业创新系统内涵

产业创新是产业及关联产业通过重组关联要素，推动产业内部企业突破已结构固化的产业约束框架，运用产品创新、技术创新、市场创新或三者之间进行组合创新等，推进现有产业结构改变甚至新产业产生的过程[119]。产业创新从狭义上讲是以技术创新为核心，产业内部创新主体通过协作实现技术的创造、发明、应用，进而推动新产业的产生、企业核心竞争力的提升、产业技术的整体进步。从广义来看是创新主体充分利用创新资源，运用产品创新、技术创新、市场创新或三者之间进行组合创新等，促进产业实现区域内处于领先地位，或推动产业技

术实现突破性进展，或促使全新产业的产生，推动产业实现高质量发展的系统创新活动[150]。

产业创新活动依托产业创新系统而开展，产业创新系统是创新系统理论在产业层面的具体应用，强调通过强化创新主体互动协作、完善创新制度、建设创新系统、优化产业技术结构等举措，进而提升产业核心竞争力。从网络的视角来界定，产业创新系统是产业内部积极开发创新产品、创造创新技术、推进创新技术实现产业化的异质创新主体，包括由个人、机构、组织所构成的网络系统，创新主体为实现创新通常需要开展市场或非市场的复杂交互行为[120]。张凤等认为，产业创新系统是指与产业紧密关联的知识及技术创新机构、组织构成的复杂网络系统[122,151]。冯志军指出产业创新系统是相关知识生产组织、企业、政府和中介机构等创新主体，以知识、技术创新为目标，基于价值链互相协作而形成的动态网络系统，旨在实现产业创新绩效及产业核心竞争力的提升[152]。张治河认为产业创新系统围绕创新性技术的供给，以国内外政策为导向，以市场需求为动力，以良好的国内外环境为保障，其系统核心目标是实现产业创新[153]。

产业创新系统作为创新系统的一部分，定位在宏观层面的国家创新系统及微观层面的企业创新系统之间的中观层面（见图2.1）。国家创新系统由众多区域创新系统、产业创新系统组成；在微观层面，主要包括企业创新系统、产品创新系统及技术创新系统。

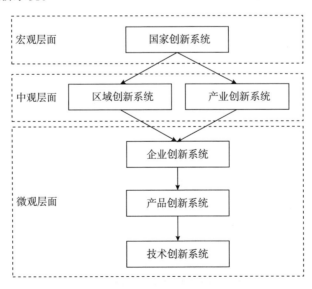

图 2.1　产业创新系统在创新系统中的定位

钱学森界定系统为具有特定功能、由互相作用和依赖的若干组成部分结合而形成的有机整体，且是它所属的更大系统的组成部分。基于此，本书界定产业创新系统为：作为国家创新系统的重要组成部分，以提升产业核心竞争力和创新绩效为目标，由产业内部具有知识及技术创新功能的相关组织、机构等创新主体基于价值链互相协作而形成的动态网络系统。

从上述定义可看出，产业创新系统包含如下具体含义：①系统具有明显的动态网络特性；②创新的主体要素基于价值链互相联系、互相作用而形成系统结构；③系统的特定功能是实现知识及技术的创新，系统一致的目标是提升产业创新绩效和核心竞争力；④产业创新系统是国家创新系统的一部分，且是重要的组成部分之一。

（二）产业创新系统结构

产业创新系统包括产业技术创新系统、产业创新参与者网络系统、产业创新外部环境支持系统、产业创新绩效评价系统等组成部分[154]，其中产业技术创新系统是产业创新系统的核心组成部分。如图 2.2 所示，产业创新系统以创新参与者网络为载体，以外部环境支撑为保障，以实现产业创新为目标，以创新性技术供给为核心，以创新绩效评价为控制工具。

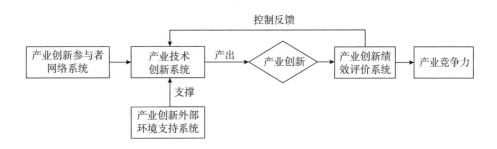

图 2.2 产业创新系统基本框架

按照上述产业创新系统的基本框架，本书对产业创新参与者网络系统、产业技术创新系统、产业创新绩效评价系统、产业创新外部环境支持系统等进行分解得到各系统构成要素，对系统构成要素进行凝练、筛选及组合，得到产业创新系统的主要组成要素：参与者、技术、环境和联结等要素。

1. 参与者要素

参与者是指创新系统中的创新行为者，既包括开展创新活动的主体，也包括辅助创新活动的支持者，具体包括企业、高校和科研机构、政府、中介机构、金融机构等，创新系统参与者通过分工合作、协同互动，影响和决定着创新产出。产业创新系统的参与者要素结构，如图 2.3 所示。

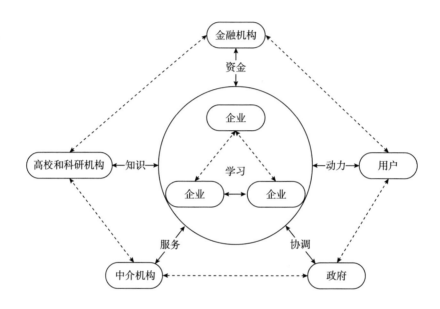

图 2.3　产业创新系统参与者要素结构

（1）企业。

企业是产业创新系统中的关键创新主体，企业既可以投入资金开展创新活动，也可以实施研发具体工作，以实现创新技术的商业化、产业化。企业作为产业的重要组成部分，负责推进产业创新转化为市场价值，以此来检验产业创新内容的正确性及可行性。

按照产业链方向，一般把产业内部企业分为两类：一类是产业供需链上的企业，主要包括原料供应商、零配件供应商、核心企业、销售商及用户等，构成了产业链主体；另一类是协作竞争链上的企业，主要包括拥有相似技术和企业战略并共享劳动力市场的竞争型企业以及产业的配套企业，这部分企业是核心企业在产业内部的同类型企业。

产业链中的企业结构如图 2.4 所示。

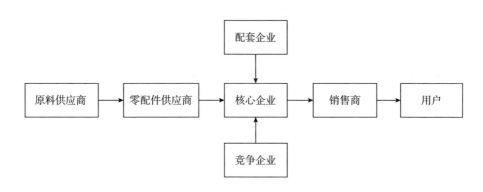

图 2.4　产业链中企业结构

（2）高校和科研机构。

高校在产业创新中承担人才培养、研究开发等任务，高校对产业创新起到基础性的作用，为产业提供创新人才，承担产业相关研究与开发任务，并且为产业提供培训等知识传播类服务。

科研机构主要包括科研院所、技术开发专门组织等，科研机构的核心功能是展开基础性技术研发、应用技术开发，为产业创新提供知识和技术支撑。产业创新体系中的高校、科研院所是知识和技术的提供方，结合产业研发的特色和主攻方向，充分发挥高校、科研机构对组织创新的功能与作用，才能避免盲目重复建设，促进整个产业组织的协调发展。

（3）政府。

政府作为产业创新系统的主体要素，制定规划以引导产业创新方向，完善政策制度以保障产业创新顺利进行，提供产业创新所需的基础技术（产业共性技术等）和设施（土地等），为产业创新及产业发展提供良好的环境。对于地方政府而言，既要贯彻国家宏观政策，负责制定所属区域产业创新体系规则，又要直接参与本区域相关产业的创新活动，组织开展产业内部所需、具有较大外溢性、前期投入成本较大、单个企业无法或不愿承担的基础技术研发工作。

（4）中介机构。

中介机构主要负责联结和沟通产业相关创新主体，主要包括工程中心、产业研基地、技术咨询机构、技术交易市场等。中介机构是产业创新系统中的重要组成部分，通常以市场机制高效协调政府、企业、高校、科研机构等创新主体间关系，促进创新主体间交流与沟通，加快创新技术实现商品化、产业化进程。

（5）金融机构。

产业创新中研发、基础建设、人才培训与引进等都需要资金的投入，金融机构可以为产业提供资金来源，通过风险投资等形式为产业顺利开展创新活动提供金融服务，特别针对高新技术类产业的新企业来说，投资大、周期长，风险投资者的及时介入，能够有效解决资金短缺难题；由于产业创新活动成功与否存在一定风险，金融机构在获得中长期资本增值收益的同时还需在一定程度上分担产业创新活动的失败风险。

（6）行业协会。

行业协会在产业内部起到服务企业发展、提供决策咨询、强化行业自律及完善产业创新治理体系等功能。作为非营利性社会组织，行业协会协助政府制定产业政策、行业发展规划、产业创新路线，协调行业内部成员间的技术创新合作，建立企业间沟通与交流的平台，制定并在行业内部推行行业规范及标准，推动行业技术水平提升。此外，行业协会还开展行业技术发展情况的研究，为行业和企业明确技术发展面临的问题，提供可行的解决方案，指明未来的发展方向。

（7）用户。

用户是产业创新的需求来源和创新产品的使用者，是产业创新系统重要组成部分之一，用户是通过各种方式与生产者产生交互作用的各类异质的行为者的集合，具体包括个体消费者、企业、公共机构等，通常具有不同的规模、知识、能力和消费习惯。

2. 技术要素

技术要素指产业内相关的知识和技术。产业技术要素主要包括产业共性技术及关键技术。产业关键技术是对产业发展有重大约束作用的瓶颈技术。产业共性技术是指可被广泛应用于产业内部诸多领域，技术研发成果可共享且能够对产业整体或多个产业产生重大影响的技术[155]。主要由技术要素构成的产业技术系统是产业创新系统的关键、核心组成部分。技术要素在产业技术创新系统内，综合利用产业技术包括共性及关键技术等研发体系、知识转移机制、创新动力机制、创新网络联结机制等，实现从技术、工艺、产品、组织、制度到市场创新等一系列创新技术供给。

3. 环境要素

环境要素主要包括政策制度、创新文化、人才资源、基础设施等。其中政策制度主要包括产业政策、规划、技术性法规等，引导和调节产业创新系统内其他要素的演化和互动。通常，最重要的产业政策包括金融、财税、补贴优惠等政策，这类政策能够规范经济体系、引导产业发展方向、间接影响科技发展环境。

4. 联结要素

联结要素是指产业创新系统中创新参与者间呈网络状的联结关系，其已成为当今技术创新的必要条件，具体形式如金融投资、产业供应链体系、技术合作、产业集聚、技术合作等。联结要素通过推动资金、技术、信息、人才等方面的互动，将要素与要素、要素与环境联结起来，促进产业创新活动的顺利开展及创新效率的提升。

二、生态视角的产业创新系统

在经济全球化、产业供应链体系逐步完善、生态系统理论不断发展的形势下，创新理论研究、创新活动组织形态及创新政策实践都在快速地转变。创新系统研究正跨入创新生态系统的研究范式，从关注系统要素的构成及资源配置问题，主要研究、分析创新系统静态结构性问题，向更关注要素间、要素与环境间协同整合转变，向更加关注系统内部创新主体间竞争与合作动态演化机制转变，向更加注重市场用户的深度参与转变，从根本上改变了创新范式的内在结构。

（一）生态系统理论的适用性

生态学是一门研究特定环境范围内不同生物族群、生物族群与外在环境互相影响关系的科学，生态学理论常常被引入不同学科中，研究系统内要素间、要素与环境间互相影响的问题。从生态学视角看，任何一个特定范围的系统均可看作一个生态系统，系统内部的组成元件可看作生物系统中的种群。生态系统的概念被生态学家 Tansley 于 1935 年第一次提出，他认为生态系统是由有机复合体、形成环境的物理因子复合体等组成的一个系统的整体，生态系统是自然界的基本单元，大小不等、类别不同的各种生态系统存在于自然界中。根据生态系统的概念，可以看出生态系统主要包括生物群落和无机环境，其中生物群落属于有机复合体部分，无机环境奠定了整个生态系统存在的基础，决定了生物群落的生命力和整个生态系统的复杂程度。生物群落与无机环境之间存在适应与改变的交互作用，生态系作为开放性的系统，必须从内外部摄取能量、交换资源，以维护系统稳定性。

对于创新系统而言，创新组织作为社会组织，具有一定的生物性，符合生态规律；创新过程可视为创新群落、创新种群、创新个体与环境变迁的交互过程，创新过程符合生物学的基本规律，用生物学理论能够更深入、更清晰地表达创新过程。因此，将自然生态系统理论引入创新系统，形成创新生态系统是适用的。

按照生态系统理论，创新生态系统中，创新主体数量众多、种类多样、主体间关系复杂，创新要素共生需要的基础条件相对稳定、相互依赖，创新环境为创新主体提供资源、政策、基础设施等外部支持，构成了创新生态系统的基本框架。

与自然生态系统更为类似的是，创新生态系统中创新主体间、创新主体与创新环境之间，利用资金、信息、技术、人才等类似于生物能量的流动，形成互相影响、互相制约、协同演化的复杂系统；同时创新生态系统同样是开放的，创新生态系统与系统外部持续进行信息、物质、能量的交互。从系统整体来看，创新生态系统内创新要素间的制约与协同以及系统内外的信息、物质、能量的交流，推动创新生态系统内部创新要素始终处于动态之中，整个系统也同样处于动态之中。创新生态系统与自然生态系统对应关系如表2.1[156]所示。

表2.1　创新生态系统与自然生态系统对应关系

对应类别	创新生态系统	自然生态系统
构成主体与对应层次	创新个体	物种（有机体）
	创新种群（主体的集合）	种群（同种生物的集合体）
	创新群落（种群的集合）	群落（不同生物种群的集合体）
	创新网络（主体之间的创新关系）	食物链（生物的营养位置关系）
	创新环境（主体所处的创新环境）	自然环境（生物的生活环境）
	创新系统（创新组织与环境作用系统）	生态系统（群落与环境相互作用系统）
能量流	知识流、信息流	物质流

续表

对应类别	创新生态系统	自然生态系统
能量传递	创新链、服务链、资金链、行政链	食物链
功能	物质流动、创新扩散、价值流动、信息流动、生产活动	物质流动、能量循环、生产、资源分解
更迭机制	渐进性创新、颠覆式创新	进化、变异、突变
主体活动	互惠共生（创新主体的交流机制）优胜劣汰、适者生存（竞争法则）技术创新（渐进性创新/根本性创新）	互惠共生（共生单元的利息交流机制）优胜劣汰、适者生存（生存法则）生物演化（进化/突变）
系统特征	开放性 非线性 自组织 随机涨落	适应性 非线性 自组织 耗散性
可持续发展	创新生态平衡 知识的积累与更新 创新活动与市场需求同步协调	自然生态系统平衡 资源的持续供给 与自然和谐共存

（二）生态视角的高新技术产业创新系统界定

1. 从创新生态系统到产业创新生态系统

根据前文研究，创新生态系统是基于信息流、能量流、物质流间传导联络，在一定区间范围内，由各创新群落以及外部创新环境所组成的协同进化、共生共存的复杂、开放系统。在创新生态系统内部，创新主体开展创新活动的目标和愿景一致，即通过整合和优化配置创新资源，构建科技创新平台，优化创新环境，彼此制约又互相影响，互惠互利，共同发展，实现创新共赢、持续发展。

产业创新生态系统既是生态视角下的产业创新系统，也是创新生态系统在产业层面的实例化。产业创新生态系统是区域或跨区域内部，在相关物质、文化、环境条件下，产业创新群落间及产业创新群落与创新环境间，通过知识传递、信息共享、技术转移，形成具有生态修复与适应功能的复杂、开放系统。产业创新生态系统作为生态系统，更加强调技术创新、体系共生、共同进化，创新主体间的交互模式主要包括共享专利、共同开展技术研发、以问题或技术难题为导向构建联合团队等。产业创新生态系统作为协同网络系统，主要由产业纵向生态链和产业横向生态链交叉融合而成，产业纵向生态链主要由产业供应链上的企业组成，通过关联企业的紧密联系与高度协作，与自然生态进化形式类似，促进生态链上所有企业同步发展；产业横向生态链主要包括企业及产业相关机构，如政府、高校、科研机构、中介机构等，企业与其竞争企业、配套企业通过契约关系，实现协同共生，企业与产业相关机构实现和谐共进。

2. 高新技术产业创新生态系统概念界定

从本质上来说，创新生态系统其实主要就是面向高科技产业的创新生态系统。在创新生态系统的概念基础上，本书对高新技术产业创新生态系统进行概念界定：围绕高新技术产业，基于信息流、能量流、物质流间传导联络，由各创新群体以及外部创新环境所组成的协同共生、动态演化的复杂、开放系统。

三、高新技术产业创新生态系统构成要素

从高新技术产业创新生态系统概念中可知，高新技术产业创新生态系统的组成部分主要包括创新主体和创新环境。创新群落和协助创新种群构成了创新主体要素；创新群落间、创新群落与创新环境间通过类似于食物链结构的联结关系，传导信息、物质及能量，形成产业创新系统内部的创新知识链和创新价值链，创新主体、创新环境、创新链共同构成了高新技术产业创新生态系统的网络结构体系。

（一）创新主体

1. 创新群落

生物群落是指在一定时空范围内分布的各物种种群的集合，包括植物、动物、微生物等种群，生物群落是生态系统中的有机主体部分。关于创新生态系统中的群落划分，朱迪·埃斯特琳把创新生态系统的有机主体按照不同功能分为研究、开发及应用三大创新群落，研究群落负责发现新知识、新观点和新思想，开发群落负责推动产品和服务的生产与交付，应用群落负责将承载技术进步的产品和服务散布到世界各地[157]。

自然生态系统中的生物成分根据角色和承担功能的不同，主要分为生产者、消费者、分解者。在高新技术产业创新生态系统中，研究群落、开发群落和应用群落同样承担着类似生产者、消费者、分解者的角色。例如，自然生态系统中生

产者负责通过光合作用将太阳能吸收后转为化学能，将无机物转化为有机物，为其他生物种群提供食物和能量，生产者包括各种光合细菌、绿色植物及化能合成菌等。在产业创新生态系统中，科研机构、高校、研发企业等研究者通过知识创新、技术研发，为产业其他创新种群提供创新知识和技术，提供产业技术创新的来源，与自然生态系统中的生产者存在着相似之处。

（1）研究群落。

研究群落是指在产业创新的生态群落里，进行创新成果生产的群体，是创新技术相关知识的发明者。研究群落通常拥有雄厚的智力资源、充足的科研投入及先进的科研设备，担负基础研究、应用研究等研发环节的工作，为产业创新提供原动力。研究群落主要负责提供创新技术，是创新的动力来源，同时接受应用群落的创新需求反馈信息，增强创新的实用性。

研究群落主要包含高校种群、科研院所种群、研发企业种群等。其中，高校种群开展的科研主要包括基础研究和应用研究，高校是创新知识的重要源泉，处于高新技术产业技术创新生态系统的上游，通过知识的生产、创新、扩散及应用，为产业创新活动提供智力资源，为其他创新群落提供原始创新成果；科研院所种群、研发企业种群包括专注基础研究和应用研究的研究院所以及企业内部研究部门。高新技术产业创新生态系统内，研究群落的创新水平直接能够体现系统的整体技术创新水准，后续创新成果的产业化和商业化水平首先取决于研究群落的创新水平。

（2）开发群落。

高新技术产业创新生态系统中，研究群落产出的创新知识无法直接应用于市场，必须通过开发群落将创新知识转化为技术、产品及服务，供消费者使用。高新技术产业创新生态系统中，开发群落是指进行技术、知识的转换和转移，实现创新知识及技术产品化，推动产品和服务生产与交付的种群。这一群体的主要成员包括生产型企业等技术开发种群。产业创新生态系统中，生产型企业负担着将创新技术转化为产品和服务主体、面向市场化的创新活动重任，是创新生态系统中的关键环节，其功能是接收研究群落的创新技术和理念，对其进行消化和降解，生产出新颖且实用的产品。

（3）应用群落。

应用群落主要包括依赖研究群落、开发群落的创新成果生存的群体，如用户、市场等。用户中不仅包括个人，同时还包括部分企业用户，该类型的企业一般是大型公司，通过购买或吸收消化市场上的初级产品或者收购高校与科研院所的创新成果而成为创新成果消费者，同时后续其融合自身企业的物质、信息和能量，对所收购的初级创新成果进行升级、改造和二次开发，开发新的产品与服务，提升初级创新成果的品质，改善用户体验，基于自身的核心竞争力把初级创新成果转化为更高层级的产品与服务，实现再创新和再增值。

2. 协助创新种群

种群（Population）是指在一定时间内占据一定空间的同种生物的所有个体，是进化的基本单位。结合生态系统中个体与种群的概念，参与者要素在整体系统中通过集聚而形成相应的种群，如中介种群、金融机构种群、政府种群及行业协会种群，其概念界定与产业创新系统中基本一致，不再赘述。他们协助研究、开发、应用群落中的各个种群从事产业创新活动，为研究、开发、应用群落提供有关政策导向、行业规范约束、金融及中介服务等诸多方面的创新辅助，可以界定为高新技术产业创新生态系统内部的协助创新种群。

（二）创新环境

高新技术产业创新环境是产业创新硬件环境、软件环境的有机结合。硬件环境是高新技术产业创新的物质基础，软件环境则包括创新政策、市场、创新文化等因素。

1. 硬件环境

高新技术产业创新硬件环境是指创新主体所需物质实体所组成的物质基础的集合。物质基础由资金或其他价值可度量的形式，如土地、建筑、大型设备、基础设施等组成，这些物质基础是创新活动能够顺利开展的基本保障，是创新生态系统存在的先决条件。高新技术产业创新硬件环境的集中体现方式之一是大型的产业生态园区。

2. 软件环境

高新技术产业创新软件环境是指教育、管理、文化等受人为因素影响、无法以具体价值衡量的环境因素集合。主要表现为创新主体多方共同作用、经过一段时间自适应与修复后相对稳定的产业创新环境因素，包括政府政策及政策影响下的产业转型、产业发展情境或趋势等，产业所面对的国内外市场环境也是创新软件环境的要素之一。

四、高新技术产业创新生态系统结构

（一）概念模型

生态系统是由生物群落与它的无机环境相互作用而形成的统一整体。非生物成分和生物成分都是生态系统的重要组成部分，缺少非生物环境，生物成分就没了能够获取物质和能量的空间和场所，如果仅有环境而没有生物成分也不能称之为生态系统。

自然生态系统生物群落按照生物能够发挥的作用及在系统中的地位划分为三种类型：生产者、消费者和分解者[158]。生产者负责通过光合作用将太阳能吸收后转为化学能，将无机物转化为有机物，为其他生物种群提供食物和能量，它是自养生物，也是生态系统中最基础的成分。生产者包括各种光合细菌、绿色植物及化能合成菌等。消费者是异养生物，必须依赖生产者转化生成的有机物质，对初级生产物进行加工和再生产，形成能量更高一级的有机物质，自然生态系统中的消费者又细分为初级消费者（草食动物）、二级消费者（以草食动物为食的捕食性动物）、三级消费者（以一级肉食动物为食的动物）。分解者又称为还原者，它在生态系统中具有连续的分解作用，把复杂的有机物质逐步分解为简单的无机物。无机环境主要包括无机化合物和无机元素、联系非生物及生物成分的气候及其他物理条件。

根据上述对自然生态系统的分解，可得到自然生态系统的结构模型主要由生产者子系统、消费者子系统、分解者子系统和无机环境系统等部分构成。图 2.5 显示了自然生态系统组成成分间的主要相互作用。

参考自然生态系统结构模型，高新技术产业创新生态系统由创新生产者、创新消费者、创新分解者和创新环境组成。高新技术产业创新生态系统中除物质、能量流动外，还包括知识流，且知识的流动具有双向性。因此，在高新技术产业创新生态系统结构中，生产者、消费者、分解者与环境之间的交互具有双向性，各子系统间、各子系统与环境的交互相对多元。高新技术产业创新生态系统结构概念模型如图 2.6 所示。

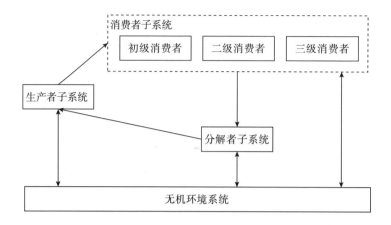

图 2.5　生态系统结构概念模型

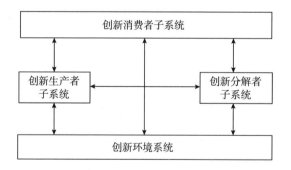

图 2.6　高新技术产业创新生态系统结构概念模型

（二）链式结构

生态系统内部储存于有机物中的能量在生态系统中层层传导，是各种生物通过一系列食用与被食用的关系彼此联系起来的食物链。高新技术产业创新生态系统通过系统内部创新主体，包括创新个体、创新种群、创新群落间及创新主体与创新环境间的信息、物质及能量的流动与交换，维系创新系统的稳定和高效。信息流主要包括产业政策、市场信息、专利信息等信息的传播，物质流主要包括实物及人力资本等资本的流动，能量流则主要包括金融资本、知识资产等价值的流动。高新技术产业创新生态系统中各创新种群间同样存在着类似食物链的产业创新知识链、产业创新价值链。

1. 高新技术产业创新知识链

高新技术产业创新是产生概念、形成专利、转化为产品的过程，本质是知识流动的过程，高新技术产业创新过程一直伴随着知识的创造、转移、存储及转化，创新知识流动推进创新要素在生产系统中有效组合，直接推动产业创新的效率。借鉴生态系统中食物链形式，高新技术产业创新生态系统内部的知识链主要有以下几种：核心企业间利用知识资产流转、技术共享与扩散、人才流动等渠道推动知识流动，进而形成知识链；核心企业和配套企业间，通过接收对方转移过来的新知识，融入企业的知识结构，提升企业的知识存量，完成知识的转移、重组及存量提升，进而形成知识链；在大学、科研院所与企业间，在中介机构的推动下，形成知识的创造、转移，进而形成知识链，促进产业升级或新产业的产生。

产业创新知识链由产业形成知识创新整个周期内的交互衔接的系列活动组成，包括知识获取、知识选择、知识生成、知识内化和知识外化5个部分（见图2.7）。从外部获得有用的知识并为己所用（获取），选择适用且确有价值的知识并为己所用（选择），从自身现有的知识中分化、识别出新的知识（生成），将获取或生成的新知识进行重组，改变知识资源状态（内化），把知识转化为产品与服务（外化），各环节相互衔接、互相作用、交互渗透。知识在知识链的流动过程中不断增值，结合市场需求和产品供给情况，产生知识的需求，促进知识生产者通过获取、选择、生产等方式，形成新知识，由知识分解者通过转移渠道转移给知识消费者，知识消费者通过知识内化提高自身的知识资源水平，应用知识开发出相应的产品与服务，从而实现知识的外化。

图2.7　高新技术产业创新生态系统内部产业创新知识链

2. 高新技术产业创新价值链

高新技术产业创新价值链可类比为生态系统中存储于有机物中的能量传导链，实现产业创新群落内部种群之间的价值传递，主要包括基础研究成果、应用研究成果、中间实验成果、小批量生产产品、产业化生产产品、投放市场等步骤（见图2.8）。

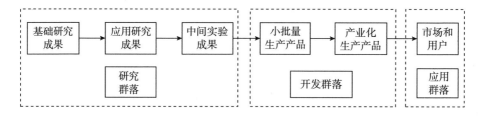

图 2.8　产业创新生态系统内部产业创新价值链

高校、科研机构及研发型企业等创新主体结合自身的技术和研究人才的优势，开展科学研究，研究出基础研究成果；基础研究成果同企业生产经营、市场价值进行联系，逐步发展得出应用研究成果。一般而言，研究群落中高校及科研机构偏重于基础研究，研发型企业偏重于应用研究；应用研究成果是否具备实用性、是否能够直接转化和融入生产技术流程等问题需要经过反复的试验，从而得出中间研究成果。中间研究成果经生产制造企业等开发群落带入商业生产中，经过反复的实验调试，成为能够进行小批量生产的产品，随着产品技术的成熟，生产产量逐步上升，产品实现产业化生产，最后投入市场，到达用户手中。

高新技术产业创新价值链中还存在信息及资金的反向流动，社会对新产品、新技术的需求企业最为敏感，利润机制和供求机制推动企业通过产业价值链逆向传递给研究群落，进一步保障研究群落的创新研究成果能够真正地满足社会需要，提升研究的市场针对性和现实适用性。开发群落利用产品或服务创新以此降低成本、拓宽市场、提高利润，进而从应用群落中获取经济收益。开发群落会通过产业价值链逆向给研究群落提供研发资金和设备，帮助研究群落中的创新主体顺利开展科学研究、知识创新及人才培养。

（三）网络结构

高新技术产业创新生态系统内部创新群体间通过知识、价值的流动而形成类似食物链的链式结构，链式结构与高新技术产业创新生态系统所处环境相结合，形成了多层次的高新技术产业创新生态系统网络结构，如图 2.9 所示。

在图 2.9 中，对应自然生态系统的是非生物成分、生物成分，可将高新技术产业创新生态系统分解为非生物成分即创新环境、生物成分即创新种群。依据创新种群的不同功能，可以划分为研究群落、开发群落、应用群落[157]，其功能类似于自然生态系统中的生产者、消费者、分解者。研究群落主要包括高校种群、

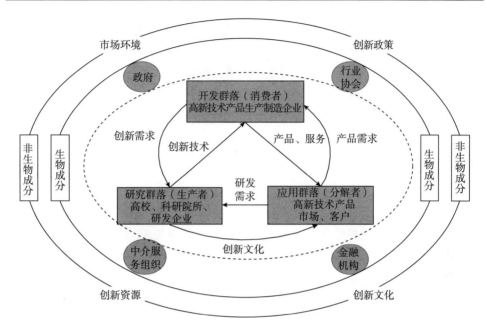

图 2.9　高新技术产业创新生态系统多层次网络结构

科研院所种群、研发企业种群，作为创新生产者，他们承担了新技术研究工作；开发群落主要包括高新技术产品的生产制造企业种群，作为创新消费者，他们购买、使用创新生产者输出的新技术，负责同化新技术，最终把新技术转化为新产品和服务；应用群落则主要指市场、客户种群，他们作为新产品、服务的使用者可以视为创新分解者，负责购买和使用新产品，直至新产品最终被损耗殆尽。高新技术产业创新生态系统内部创新活动实际上遵循了"货币→技术→产品→货币"的价值循环过程，与自然生态系统内部"无机物→有机物→无机物"的物质与能量循环过程极其相似。

诚然，现代企业往往同时具备研究、开发等功能，本书对研发企业种群、生产制造企业种群进行群落划分的目的是探索企业在参与研究、生产等不同阶段的创新活动时，与其他创新主体间的合作、竞争关系。

此外，高新技术产业创新生态系统的生物成分还包括政府种群、金融机构种群、中介服务组织种群、行业协会种群等协助创新种群，他们主要协助系统内部研究群落、开发群落、应用群落中的各个种群实施创新行为，为他们从事产业相关创新活动提供政策引导及支持、行业规范及业界交流、金融及科技中介服务等诸多方面的创新辅助与支持。因此，可以界定为高新技术产业创新生态系统内部的协助创新种群。

高新技术产业创新生态系统的非生物成分即创新环境，包括创新政策、创新资源、市场环境、创新文化等创新环境组成部分。高新技术产业创新生态系统创新主体在创新环境的作用和影响下，开展各种创新活动，形成一个开放的、有机统一的整体。各创新主体既要通过自身的创新行为实现价值创造，也需要高度关注与系统中其他创新主体交互与协作，实现创新主体间资源共享、优势互补、利益共赢。

高新技术产业创新生态系统内部创新活动实质是创新主体基于初始创新投入或从上一营养级的创新群落摄取能量产出，自身同化吸收后产出新的创新成果，供下一营养级创新群落使用的能量循环过程。与此同时，后一营养级对前一营养级的能量补偿也普遍存在。在生态学视角下，高新技术产业的价值创造过程可以视为生产者群落、消费者群落、分解者群落基于能量传递和能量反馈机制所形成的动态、双向的能量流循环过程（见图2.10）。

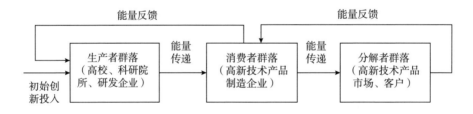

图 2.10　高新技术产业创新生态系统内部价值循环过程

五、高新技术产业创新生态系统特征

高新技术产业创新生态系统相较于高新技术产业创新系统，系统创新主体动态演化的特征更加显著[159,160]。相较于其他产业创新生态系统，其除具备典型的开放、复杂、自适应演化等共性特征外，同时具备自身的独特特征，表现如下：

（1）高新技术产业创新生态系统内部创新要素更加多样性。

高新技术产业创新生态系统内部创新主体以技术、人才、知识及资本为主要纽带形成复杂的价值网络，系统内部呈现多要素、多主体、多层关系等特征，创新要素包括"政产学研用金"等方面，创新平台包括产业链条、加速器、产业园区、高新技术开发区等多种形式，它们共同推动高新技术产业创新生态系统内部科研院所、高校、政策、金融服务、成果转化等要素协同交互，形成复杂、动态的网络系统。

（2）高新技术产业创新生态系统具有更快的自组织演化速度。

结合创新生态系统理论，创新生态系统的良性运转需要系统内部要素、物种、种群、群落等在相互作用、相互适应中不断发展变化，持续接近动态最优目标。产业创新生态系统需要充分进行创新资源的优化配置，促进创新生态系统内部创新主体间进行竞争与合作、协作与共享的动态演化，以推动系统达到动态平衡，推进创新成果不断产出。高新技术产业相较于传统产业而言，受创新效率及创新价值的影响，其内部创新主体间竞争性更强，系统价值网络及共生关系更容易被打破，创新主体间、创新主体与环境间存在更加频繁的交互与适应，竞争、合作、共生更加快速地演化，以促进系统达到新的平衡，达到最适宜、最优化程度。

（3）高新技术产业创新生态系统需要更广泛的开放式协同。

基于生态系统视角，处于开放环境中的创新系统，不断加入外来创新物种，系统内部物种竞争、群落演替持续进行，推进系统规模及总量的整体涨落，推动生态系统持续向前发展。随着全球化的不断加剧，产业创新生态系统不再是孤立封闭的"生态圈"，它不断突破地理、区域、国家边界，实现产业链、创新链、价值链的协同演化，推进根本性创新和颠覆式创新的不断形成，以此保证产业整体结构不断优化、产业创新效率有效提升、产业持续健康发展。高新技术产业创新生态系统则需要更为广泛的开放式协同，高新技术产业对技术、资金、人才的需求比传统产业更高端、更多、更精，高新技术产业创新需要"政产金学研"多方的跨界协同，以推动高新技术企业、高校和科研院所形成面向产业创新和技术转化的利益共同体、命运共同体和责任共同体，实现政策、人才、技术、资金等要素配置优良、高效协作、高质量耦合，共同推进高新技术产业创新生态系统形成"成长快""活力强""业态新""环境优"的发展态势。

六、本章小结

本章系统梳理了产业创新系统的概念、组成、结构及特征，引入自然生态系统理论，对高新技术产业创新生态系统的概念进行了界定，从生物成分和非生物成分方面对高新技术产业创新生态系统组成要素进行了分解，其中生物成分包括创新群落（研究群落、开发群落、应用群落）和协助创新种群（主要包括政府种群、金融机构种群、中介服务组织种群、行业协会种群等）。非生物成分即创新环境，主要包括创新政策、创新资源、市场环境、创新文化等环境要素。本章对高新技术产业创新生态系统特征进行了研究，与其他产业创新生态系统和高新技术产业创新系统相比，高新技术产业创新生态系统呈现创新要素更加多样性、具有更快的自组织演化速度、需要更广泛的开放式协同等特征。

第三章　高新技术产业创新生态系统群落内部竞争与合作演化机制研究

自然生态系统群落内生物种群、个体的竞争与合作，促进了系统资源的优化配置以及生态系统的协同进化。本章主要研究高新技术产业创新生态系统群落（研究群落、开发群落、应用群落）内部的竞争与合作机制，分别从创新个体、创新种群两个不同层面，研究高新技术产业创新生态系统群落内部竞争与合作的演化行为与规律。

一、高新技术产业创新生态系统群落内种群及个体关系

（一）自然生态群落的等级结构及关联性

生物群落是在相同时间聚集在同一空间内的各物种种群的集合。群落中各种群之间以及种群与环境之间相互作用、相互制约而形成物种有序分布的状态。群落作为种群与生态系统之间的一个生物集合体，具有许多自身独有的特征，例如由不同种类组成、具有一定的结构、群落内各物种之间相互联系、具有一定的动态特征及分布范围、群落中各物种具有同等的群落学重要性等。

1. 群落的等级结构

生物群落的结构表现为空间上的成层性（包括地上和地下）、物种之间的营养结构、生态结构以及时间上的季相变化等。一个特定的等级水平由相互影响和相互作用的实体所组成，而该水平又是更高组织水平的整合组成部分。

从生态等级结构来看，完整的等级关系如图 3.1 所示，主要包括原子、细胞、器官、个体、种群、群落、生态系统、景观、生态区、生态圈 10 个等级，在生命系统中甚至存在 19 个等级水平之多，但是由于缺乏数据和对自然的总体认识，要在一个生态模型中包含所有的等级水平是不可能的，通常图 3.1 所示的生态等级水平是绝大多数生态模型所包含的。

图 3.1　生态等级水平

通常情况下，越高水平的生态等级，受环境干扰后造成的影响就越小，在机能失常时越容易调整与修复。等级结构的明显优势是要恢复某个水平上的机能失常，通过取代较低水平的若干组成成分即可。例如，生物体通过更新若干细胞，就能改善一个器官的功能；通过物种个体层面的交换，生态系统能够更好地发育，更好地适应新出现的环境条件。

选择核心等级水平以及考虑所需模型的复杂性是非常重要的问题，对于产业创新生态系统而言，主要问题是在"种群"等级水平上。因此，本书所研究的重点内容主要在种群等级水平运行，研究范畴主要涉及群落、种群和个体三个等级水平。三个等级水平之间的相互关系如图 3.2 所示。在三个等级水平中，种群决定个体的行为规律，个体决定种群的性质和特征，例如，鹿种群决定其中的个体应该去哪里取食和躲避捕食者，而个体决定种群所喜欢的食物类型。

确定核心水平等级后，比核心等级低一个层级的水平决定了各个过程的影响范围，比核心等级高一个层级的水平决定了许多限制条件。如图 3.3 所示，如果没有较高和较低水平上的行为，就很难确定生态系统在特定水平上的特定行为。对于产业创新生态系统种群等级水平的研究而言，主要关注两个或多个物种个体的相互作用，同时从物种个体的层面以及群落的层面开展研究。此外，研究对象还包括对生态系统中种群产生影响的若干非生物因素。

2. **群落内部的关联性**

群落内部种群间的关联关系主要包括正关联和负关联。同一个群落内部的两个种群同时出现的频次高于一定期望值，就说明两者之间具有正关联关系。两个种群同时出现的原因可能是一个种群需要依靠另一个种群才能生存，也有可能是

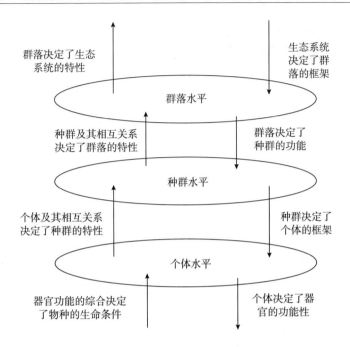

图 3.2　群落、种群、个体三个等级水平之间的关系

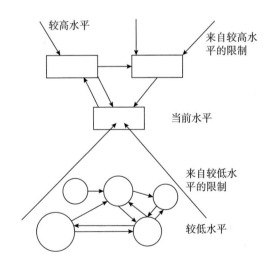

图 3.3　核心等级水平与较高、较低水平间的关系

受到环境的影响而在一起生长。同一个群落内部两个种群间的负关联关系是指两者共同出现的频次低于一定的期望值。负关联关系的产生原因可能是两个种群的空间竞争、排挤等，也有可能是两者对环境的要求不同。种间是否关联，常采用关联系统来表示，一般形式如表 3.1 所示。

表 3.1　种群间关联系统

		种群 B	
		+	−
种群 A	+	a	b
	−	c	d

表 3.1 中 a 是两个种群均出现的样方数，b 和 c 是仅出现一个种群的样方数，d 是两个种群均不出现的样方数。如果两个物种是正关联的，那么绝大多数样方为 a 和 d 型；如果属于负关联，则为 b 和 c 型；如果是没有关联的，则 a，b，c，d 各型出现概率相等，即完全是随机的。

在自然界中，绝对的正关联关系很少，一般只出现在某些寄生物与单一宿主间，或单食性昆虫与单食植物间。完全的竞争排斥关系在自然生物群落中也不多见。在自然生态群落中，最常见的关系是部分依存关系，因为自然界中绝大多数物种生存不会全部依存于其他单一物种。Whittaker 等认为，群落中全部物种间的关系都处于绝对的正关联和完全的竞争排斥关系之间，关系类型分布呈正态分布状[161]。

（二）高新技术产业创新生态系统群落内部结构与关系

参考自然生态系统的群落结构，高新技术产业创新群落结构主要包括种群和个体两个层面，对于个体不再进行细分，因为每个个体所组成的生态系统研究属于企业创新生态系统的范畴，这不是本书的研究重点。

某个高新技术产业创新群落内部存在不同的创新种群，如研究群落内部，包括高校种群、科研院所种群及研发企业种群等，种群层面的关系主要包括竞争和合作互利两种。竞争情境下，有可能会出现部分种群灭绝的情况，但竞争的结果大多还是会形成竞争共存的局面；在合作互利关系下，种群的规模会相应发生变化，最后形成合作互利共存的结果。

个体层面，在同一创新群落内部，个体之间的关系包括竞争和合作关系，通过生态位衡量两者的竞争关系，竞争的结果可能出现一方消亡或者一方走向差异化的道路，最后形成两者生态位分离的结果。基于利益共享、资源互补、风险分散等驱动，合作行为主要通过亲缘选择、直接互惠、间接互惠等模式，推动着创新群落内部个体合作行为的演化与发展。

二、高新技术产业创新生态系统群落内部个体层面竞争与合作演化研究

（一）高新技术产业创新生态系统内部创新主体生态位

个体生态位是组织生态学理论的重要概念。生态学家奥德姆将个体生态位定义为一个生物在群落和生态系统中的状态和地位，生物的状态及地位取决于该生物的生理反应、形态适应及特有行为，如学习及本能行为[162]。关于个体生态位被广泛接受的定义是生物个体在生物群落中的时空位置及其机理关系，也是生物群落内部生物个体与其他生物个体的相对位置。

在自然生态系统中，个体生态位反映了生物个体在自然生态环境里的位置，反映生物个体生存与发展所需要的环境因素和资源基础。因此，每个生物个体都有自身特定、唯一的生态位。生态位主要包括基础生态位、潜在生态位及实际生态位[163]。基础生态位是在自然生物群落中生物个体能够占用的最大空间。潜在生态位是存在于一定时空中，生物却还没有利用到的生态位，是生物可利用时空的潜在形式。实际生态位指生物个体实际占有的时空位置，只要存在竞争者，物种个体仅能占据基础生态位的其中一部分。因此，通常情况下，实际生态位小于基础生态位，竞争越激烈，物种个体所占据的实际生态位越小。

企业生态位是企业在整个生态资源空间中所能获得并予以利用的资源空间部分。在生态环境中存在经济、政治、社会、自然及文化等因素，企业必须拥有特定的生态位才能维系企业的生存与发展。从生态位的视角来看，企业竞争本质是对稀有生态资源的竞争。企业生态位可从宏观和微观两个层面进行分析，宏观生态位称为种群生态位，将多家企业组成的企业种群作为基本单元，研究同一环境内的企业种群对环境变化的适应与改变，及环境对企业种群的选择与影响。微观生态位研究企业种群内企业个体间的作用机制，分析企业个体与环境的交互影响。

（二）基于生态位理论的创新主体间个体层面竞争演化研究

在高新技术产业创新生态系统群落内部，创新主体只有不断获取资金、技术、人力、市场等资源才能发展。产业创新生态系统内部各创新主体资源需求类型十分相似，创新主体争夺资源而形成竞争的局面。同物种生物的生态位相似，在稳定的创新群落内部，每个创新个体都有特定的生态位，在一个稳定的创新群落内部不会存在两个创新主体占据完全相同生态位的情形，否则必会引发一个创新主体从原生态位中退出，也就是说有完全相同资源需求的两个创新主体不能在同一环境中生存。

从生态位的视角来看，群落内部创新主体间的竞争反映为双方占据生态位的重叠情况，确定两者重叠度的衡量标准是双方生态位宽度的交叉情况。创新主体生态位宽，双方交叉多，则表明创新主体间竞争程度较大，形成生态位的重叠；相反，创新主体生态位较窄，相互交叉少，则说明创新主体间竞争程度较小。创新主体间的竞争关系会促进创新主体的分化与差异，形成双方生态位的分离。在保证资源总量与外在环境因素固定不变的条件下，高新技术产业创新生态系统创新群落内部创新主体间的竞争与合作演化过程，本质上可视为创新主体生态位重叠到分离的循环变化过程。

高新技术产业创新群落内的核心创新主体包括高校、科研院所及创新性企业等，专利技术是高新技术产业内部衡量创新主体竞争力的核心标志。高新技术产业创新群落内部创新主体生态位的重叠与分离决定了创新主体间的竞争与合作关系。对于高新技术产业中的创新个体，可以从三个维度界定创新主体在产业创新生态系统中的生态位：通过不同类别的专利数量，可以得到不同创新主体间的生态位宽度；创新主体在同一类别专利分类号上拥有的专利数量，确定了创新主体间的生态位重叠程度；结合专利的时序分析，可确定创新主体生态位的分离情况。

1. 创新主体生态位宽度

对于高新技术产业创新主体而言，每个创新主体拥有专利发明的总集可看作创新主体的生态位宽度，反映创新个体在专利发明所代表的创新技术上的多样化程度。如果创新个体生态位宽度较大，说明创新主体技术创新的范围较广，技术泛化度较大，具有更强的竞争能力；宽度较小，则说明技术创新范围较窄，"特化"程度更大，竞争能力偏小。

Levins 模型是经典的生态位宽度测度模型[164]，Levins 模型常用于测度生物个体在资源位之间的分布，即资源利用的宽度，以此作为生态位宽度的指标。本书基于经典的 Levins 模型，结合高新技术产业及专利分析特点，采用如下模型表示、计算技术主体的生态位宽度：

$$B_i = \frac{Y_i^2}{\sum\limits_{j=1}^{n} N_{ij}^2} = \frac{\left(\sum\limits_{j=1}^{n} N_{ij}\right)^2}{\sum\limits_{j=1}^{n} N_{ij}^2} \tag{3.1}$$

式(3.1)中 B_i 表示创新主体 i 的生态位宽度；N_{ij} 是指创新主体 i 在第 j 种技术分类下的专利数量；Y_i 表示创新主体 i 拥有的专利数量；n 为技术类别数量。

B_i 的值越大，代表生态位宽度越大，反映创新主体的专利种类更多，技术创新范围更宽泛，适应生态环境变化的能力更强，竞争能力也更强。

B_i 的值越小，表示生态位宽度越小，说明该创新主体涉及的专利类目更小，更集中于某个类别，研发范围较窄，对生态环境变化的适应性不够强，竞争能力也更弱。

2. 创新主体生态位重叠

创新主体生态位重叠度反映创新主体生态位相似程度，主要包括双方技术或产品上的相似度、利用同类资源的程度及市场需求空间的相似度等。

创新主体生态位重叠度越高，表明创新主体在某个技术领域的相似越高，则双方竞争程度就越大。反之，创新主体生态位重叠度越小，则说明双方的差异性越大。产业创新群落内部，对于同一种群而言，创新主体之间的相似性很大，所以才能组成一个种群，但又必须保持相当的差异性。稳定状态下的产业创新群落内部，创新主体间保持适度的生态位重叠，能够维系创新群落内部创新主体的多样性，提升创新群落整体产出效率及经济效益。

对高新技术产业创新生态系统内部创新主体生态位来说，基于专利分析的视角，创新主体生态位重叠度是指在相同的技术领域下，不同创新主体所拥有的专利重叠程度，能够反映创新主体在该技术领域的竞争激烈程度。创新主体生态位重叠度大，表明两个创新主体技术研发领域接近，对资源的需求更相似，对资源的争夺激烈程度会更大。

物种生态位重叠度主要利用物种在资源总量中的相似程度来进行评测。本书基于 Levins 的重叠指数，结合高新技术产业及专利分析特点，采用如下模型来评测创新主体生态位重叠度[164]：

$$O_{ik} = \frac{\sum_{j=1}^{n}(P_{ij}P_{kj})}{\sum_{j=1}^{n}(P_{ij})^2} \quad O_{ik} \in [0, 1] \tag{3.2}$$

式（3.2）中 O_{ik} 是创新主体 i 和 k 的生态位重叠值，P_{ij} 为主体 i 第 j 种技术分类下专利数量占其所有技术分类下专利数量的比例，P_{kj} 为主体 k 第 j 种技术分类下专利数量占其所有技术分类下专利数量的比例，n 为技术分类数量。

O_{ik} 值表明两个创新主体生态位重叠程度，其值越大，说明两者之间专利技术交叉程度越高，研发创新更侧重同一领域，两者之间的竞争比较激烈，在创新资源有限的情况下，两者之间的竞争更加激烈。其值越小，说明两者之间专利技术交叉程度越低，研发创新各自侧重于不同的领域，在争夺资源时，两者的竞争较小。

3. 创新主体生态位分离

创新主体间的竞争与进化，体现在创新主体生态位的重叠与分离过程中。如果创新主体生态位宽度逐渐变大，推动创新主体生态位逐步靠近，扩大创新主体生态位的重叠度，加剧双方的竞争。根据竞争排除原理，创新主体生态位随着双方竞争的加剧又开始逐渐分离。在现实环境下，资源的多元化及动态性，促使创新主体间的生态位分离程度不会稳定在一个最佳状态，而是不断处于生态位重叠与分离的动态变化中，推动着创新主体间共存发展。

产业创新生态系统内部创新主体要保持竞争优势，降低与其他创新主体的正面竞争强度，需要把自身的创新技术或产品定位于生态位重叠部分之外的位置，摆脱同质竞争、单纯价格比拼等不良竞争，推进形成差异化战略的良性竞争。

差异化的竞争推动了创新主体去研究、开发或应用"特化"的技术或产品，而取代"泛化"的创新模式，减少创新主体间生态位重叠度。独特创新的技术和产品，一方面能够避开与其他创新主体的正面竞争，增加自身创新收益；另一方面也可以激励其他创新主体深入拓展特质化创新，推动双方共存共赢。产品差异化和资源异质性的差异化竞争，促进产品和资源形成互补态势，推动群落内部创新主体间合作与共享，提升系统整体创新能力。

基于生态位视角，对创新种群内部创新个体间的竞争总结如下：

（1）一个稳定的创新种群内部，每个创新主体都有自己特定的生态位；

（2）一个稳定的创新种群内部，两个创新主体不可能占据完全相同的生态位，竞争必然形成其中一个创新主体退出的结果；

（3）创新种群内部创新主体间的竞争能够促进群落内部创新的分化和差异。

（三）　基于生态位理论的创新主体间个体层面合作演化研究

群落内部创新主体间个体层面开展合作创新，主要驱动力是利益共享、资源互补和风险分散，首要原则是经济利益的共享与非经济利益的共享。合作过程中，各个创新主体间建立起有效的价值创新机制，整合彼此资源，形成资源互补，提高竞争优势。各主体全面评估自身资源的优劣势，结合其他合作主体资源的优劣势信息，确保在资源总量和资源结构方面均能满足群落内部各主体的需求，通过资源互补，弥补双方的资源势差，避免协同创新过程中出现优势资源同质化，为创新提供有效的资源补充。在群落内部创新主体间开展合作创新过程中，基于利益共享和资源互补的准则，各主体结合自身优势，解决合作内容中自身最善于解决的关键问题，将该主体不可控的风险交由合作主体去规避，从而实现风险分散。

从生态学角度来看，种群的性质以个体的特征为基础。在种群的进化过程中，尽管进化的驱动力主要源于变异和选择，但在生命有机体的每一个层面，合作都是一个基本的原则，可以说进化就是建立在合作基础上。合作行为模式主要包括亲缘选择、直接互惠、间接互惠、网络选择及群体选择。在一定条件下，任何一种模式都能促进合作行为。在创新主体个体层面，主要考虑前三种合作行为模式。

1. 亲缘选择

亲缘选择理论由 Hamilton 最早提出[165]，Hamilton 认为，如果贡献者和接收者间遗传亲缘系数 r 大于贡献者成本 c 与接收者收益 b 之比（r>c/b），自然将会选择利于亲缘个体的合作行为，这意味着生物体之间的许多合作行为都发生在亲缘关系较近的个体之间。

在产业创新生态系统中，创新主体间通过亲缘选择开展合作的情况不在少数。家族企业群或亲缘性的企业群体，如同属一个集团的下属企业或区域相同、互相熟悉的企业，企业创始人之间具有亲属关系的企业等，该类企业间文化背景相似，彼此间信任，合作风险较低，合作成功率较高。亲缘主体间选择合作策略，有利于吸引关系亲近的创新主体进入产业创新生态系统。

2. 直接互惠

自 Robert Trivers 在 20 世纪 70 年代提出互惠利他行为观点[166]，人们认识到除了亲缘利他行为，还存在非亲缘关系的利他行为，主要分为直接互惠和间接互惠。直接互惠意味着个体间直接相互博弈，囚徒困境博弈是典型的直接互惠博弈现象。

囚徒困境博弈模型中，两个参与主体只有合作和背叛两个选项，如果两人都选择合作，就将分别获得收益 R；如果两人都选择背叛，就将分别付出代价 P；如果两人分别选择合作与背叛，那么合作者付出代价 S，而背叛者获得收益 T，通常定义 T>R>P>S。同时，假设在一个有合作者和背叛者构成的群落里，并假定任意个体的收益是由该个体与群落中其他个体的随机相互作用所决定。假设群落中合作者所占的比例为 x，背叛者的比例为 1-x。根据随机相互作用假定，合作者的期望收益为 $f_C=Rx+S$（1-x），背叛者的期望收益为 $f_D=Tx+P$（1-x）。显然无论是个体还是群落而言，背叛者的期望收益都大于合作者的期望收益，对于非重复的囚徒博弈模型来说，背叛是最好的理性选择，背叛者最终淘汰合作者。

但如果博弈是可以重复地进行，合作行为会被保留下来。ALLD 代表始终选择背叛对策，GRIM 代表先选择合作，在对方背叛后则选择背叛，并一直选择背叛的对策。假定两个体间的博弈局数为 m，如果两个 GRIM 个体相遇，则两个个体收益均为 mR。假定一个 ALLD 对策者与一个 GRIM 对策者博弈，ALLD 对策者收益为 T+（m-1）P。如果 mR>T+（m-1）P，ALLD 对策则不能在一个 GRIM 的人群中扩散，也意味着合作依然会在 GRIM 中保留。在已知可重复的博弈局数条件下，最优对策是在最后一轮选择背叛。故，假定博弈重复的概率为 ω，当 ω>（T-R）／（T-P）时，ALLD 对策则不能在一个 GRIM 中扩散，从而实现稳定性进化。

囚徒困境博弈模型合作者付出成本 c 使对方获得收益 b，背叛者对对手的贡献为零，根据博弈模型的规则，则 T=b，R=b-c，P=0，S=-c，只有 b>c，则由参数 b 和 c 所描述的博弈就是所有可能的囚徒困境问题的一个子集，如果不等式 ω>c/b，ALLD 就无法成功入侵 GRIM，即博弈重复的概率 ω 大于利他行为的成本/收益率，合作将在系统中持续下去。当 ω>c/b 时，博弈对策中还存在的 TFT（针锋相对）、GTFT（宽容的针锋相对）等，都会促进合作行为的进化，最终转变为 ALLC（All Cooperate，总是合作）。但是，合作行为并不是进化的最终阶段，它总是在一段时间后被背叛取代，随后又被重新建立起来，进化动态过程呈现周期性特征：从 ALLD 到 TFT，到 GTFT，再到 ALLC，最后又重新回到 ALLD。

产业创新生态系统中创新主体间关系错综复杂，业务联系紧密，部分主体地理邻近且创新的方向基本一致，创新主体并不能做到绝对的理性，双方考虑的往往是长期的潜在利益。产业创新生态系统主体个体间直接互惠的合作是主要形式，即使出现部分主体选择背叛行为，创新主体间在新一轮的创新博弈中，仍会以一定的概率选择合作。相对宽容的系统环境中，直接互惠政策能够对合作行为的进化起到促进作用。

对于产业创新生态系统创新主体，主体间应当建立透明和宽容的关系，促进对方持续进行合作；如果对方选择背叛，就应当对其施加短暂性的惩罚，这样有利于双方的合作策略在创新系统中得以遗传，形成一段时间内的进化合作稳定策略。

3. 间接互惠

间接互惠是指利他者为受惠者提供帮助，得到的报答并不是来源于直接受惠者，而是来自被其他利他者帮助的受惠者[167]。间接互惠是通过群体内部第三方成员代为做出奖励或惩罚，以维持群体合作行为。间接互惠以名誉为基础，解释了源于道德情感而引发的合作行为。

通常在一个流动性较弱的群体中，人们彼此熟悉、关系紧密，间接互惠引发的合作才会得到发展。假定在一个充分混合的群体中，个体随机相遇进行竞争，其中一个作为潜在的贡献者，另一个作为潜在的受益者。在每轮竞争或合作中，个体会以某种角色与不同的对手相遇，个体既可以采用一直选择合作或背叛的无条件对策，也能选择根据对手过去的行为去发现潜在受益者的有条件策略，贡献者只帮助那些分数达到一定限制条件的受益者。假设每个个体在出生时的初始分数为零，当他帮助其他个体时将获得加分，而若拒绝将被扣除相应的分数。在知晓某个体的分数概率大于利他行动的成本/收益率的条件下，就会形成间接互惠基础上的合作行为，这也是间接互惠的演化稳定条件[168]。

在产业创新生态系统中，系统成员间持续进行竞争与合作，创新个体可选择无条件的合作或背叛，也可根据其他成员过去的行为选择对应的策略。当个体选择合作与否时，会根据对方过往创新合作行为中所形成的声誉来决定。如果系统成员间处于相同环境中，流动性较弱，主体间创新互动较为频繁，那么，创新主体的历史合作行为会为自己获得良好声誉，帮助自身未来获得更多的合作，由间接互惠引发的合作行为便可以得到良好的发展。

产业创新生态系统内部创新个体合作行为的演化过程中，基于亲缘选择的简单合作，也可泛化为近邻选择而产生的简单合作，逐渐转向基于直接和间接互惠的更为复杂、更加精细的合作。亲缘选择引发的合作行为都发生在亲缘关系较近的个体之间。直接互惠要求能够精确识别其他个体，能够记住历史上与这些主体的相互作用，并且能够有足够的智力去不断重复过去的一切。间接互惠则要求密切关注其他个体间的相互作用，尽可能地对他们之间的关系做出评价，并能跟踪社会网络的每一个变化，在间接互惠中，个体的声誉不仅取决于自身的行为，还取决于他与其他个体的关系。在市场机制下，产业创新生态系统创新主体内部基于亲缘选择、直接互惠、间接互惠等不同类别的协同合作模式的广泛应用，推动着产业创新个体合作行为的不断演化。

三、高新技术产业创新生态系统群落内部种群层面竞争与合作演化研究

（一）集合种群特征分析

生物群落是指在特定空间或特定生境下，由存在着一定结构与外貌，且含某些特定功能的多个生物种群共同组成的一个集合体。结合生物群落的概念，产业创新生态系统内以各创新主体种群在创新活动中发挥的作用为切入点，根据各个种群发挥作用类型的不同，构成了相对稳定的创新群落：研究群落（生产者）、开发群落（消费者）、应用群落（分解者）三大创新群落。

1969 年，Levins 首次提出了集合种群的概念[169]，即由经常局部性灭绝，但又重新定居而再生的种群所组成的种群。集合种群可以理解为若干个局域种群所构成的一个超种群，而这若干个局域种群可以认为是传统概念里的个体，集合种群可以认为是传统概念里的种群。也可以认为，集合种群是一个种群的种群，是由大量在空间呈斑块状离散分布的小局域种群通过迁移连接而成的一个局域种群集合。集合种群与种群的关系如图 3.4 所示。

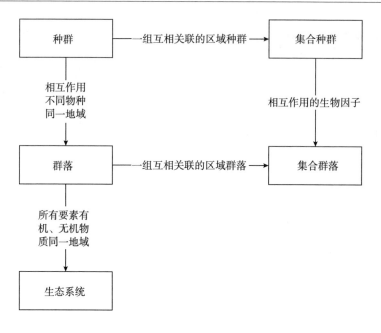

图 3.4　集合种群与种群的关系

产业创新生态系统内部的各个群落包含了若干异质的产业创新种群，各个创新种群的竞争、演化扩散能力有所差异，它们之间相互协同演化并形成了动态的平衡状态。对于同一创新群落内部的创新种群来说，以研究群落为例，它们的创新目标基本一致，其彼此之间互惠共生、竞争协同、知识资源互补，依托知识的创造与共享，获得集中竞争优势，从功能性的角度来看，多个异质的产业创新种群又构成了产业创新集合种群。

同属于研究群落内部的创新种群大多存在于不同的位置，创新种群可能靠近某个市场或资源，或是因竞争被其他替代种群分散到其他的若干市场，与自然生态中的生物种群类似，也是生存在充满缀块性（Patchiness）与破碎化的景观中。同一群落内的创新种群虽分散，但由于资源需求相同，受市场机制和技术亲和性影响，依然存在紧密的合作与联系，因此，在产业创新生态系统内部创新资源发生变化的情况下，不同创新种群彼此之间竞争以及合作的演化关系非常类似于自然生态群落中因为自然景观变化所引起的集合种群的演化情况，两者之间具有相似性，遵循相同的规律。

(二) 群落内部多种群竞争合作模型

Lotka-Volterra 竞争模型是最经典的种群竞争与合作模型[170]，模型通过种群密度的变化显示种群的发展与变化，种群密度的变化率依赖于它本身的密度和竞争种群的密度。模型表明，如果某一种群变大或者变小，相应地，它的竞争种群生长率也会出现变小或者变大的情况。Lotka-Volterra 竞争模型的演化假定是产业创新生态系统的资源总量既不变大也不变小，没有变化，但是在现实情况下，在制度、竞争、环境等因素变化的影响下，往往导致创新资源总量有所减少或增加，同时随着研究的深入发现，种群密度的变化对竞争种群生长率的影响并不直接，在自然条件下，这种影响通常是间接发生，种群密度的增加将加大资源的消耗量，减少资源的储备量，从而影响其他种群的生长，在多种群模型中加入资源竞争机制后，Lotka-Volterra 竞争模型已不再适合。综上，当系统内部的创新资源总量发生增加或减小情况时，有必要对系统内部各个种群的竞争与合作演化进行深入的研究。

研究、开发及应用等群落内部的各种群间存在资源利用性竞争，也就是因为共同资源的短缺、限制，引发了群落内部各种群彼此之间的竞争。市场需求可以被认为是创新主体所拥有的一种经济资源形式，因此，创新种群间的竞争可以被纳入资源竞争的一致性研究框架里。创新种群之间的竞争可以认为是产业资源的竞争，而资源的稀缺程度决定了竞争水平。

1994 年，Tilman 首次提出了多物种竞争的集合种群模型[171]，该模型假设了层次竞争关系，它依据各个种群不同的竞争能力，把各个种群以竞争能力的递减关系依次排序，认为竞争能力强的种群必然排斥竞争能力弱的种群，并对无限个数、竞争能力不同的种群模拟预测了它们的竞争共存状态。

对于两个存在竞争层次区分的种群，优势的种群可以排斥、入侵弱势的种群，相反地，情况则不会出现。对于同一空间内的斑块生境，每个斑块至多被一个种群所占据。因此，空斑块可以由某个种群迁移所占据，而弱势种群所占据的斑块可以被优势种群入侵而取代，相反的情况则不会发生。

对于系统中多于两个物种种群的情况，各种群假设可以基于各自的竞争能力依次排序，而群落内部各个种群的共存是各个种群其自然死亡率、迁移繁殖能力和竞争能力彼此间的一种动态平衡，而这种动态平衡要求某一种群如果其竞争能力相对较弱，则具备的迁移繁殖能力较强。那么，如果竞争链有 n 个种群，各种群依据竞争能力的大小，由强到弱依次排列，在前排列的种群可以入侵、排斥排列在后的种群，相反的情况则不能发生。

Tilman模型模拟了集合种群中，因为种群的栖息地毁坏所引起的种群灭绝问题[172,173]，该模型为：

$$\frac{dp_i}{dt} = c_i p_i \left(1 - D - \sum_{j=1}^{i} p_j\right) - e_i p_i - \sum_{j=1, \, j \neq i}^{i} c_j p_i p_j \tag{3.3}$$

其中，D在生态系统中表示毁坏栖息地占总栖息地比例，在产业创新生态系统中，若D>0，表示创新资源减少量占总创新资源的比例；若D<0表示创新资源增加量占总创新资源的比例。根据各个创新种群的创新资源占有率递减排序，i为各创新种群的排序，1，2，…，n分别表示创新资源占有率由最多至最少的各个创新种群。p_i表示创新种群i对资源的占有比例，c_i表示创新种群i的创新主体繁殖率（迁移扩散率），e_i表示创新种群i的创新主体灭绝率（平均死亡率）。

在研究斑块生境中2个物种动态演化过程时，徐彩琳、李自珍等发现如果空斑块以适当的频率产生，竞争能力与扩散能力的互补能够推进逃亡种和强竞争种共存，为表达种群竞争能力，加入种群竞争能力系数a，构建了斑块生境中生物种群逃亡共存模型[174]：

$$\begin{cases} \dfrac{dp_1}{dt} = c_1 \times p_1 (1 - p_1 - a_2 \times p_2) - e_1 \times p_1 - c_2 \times p_2 \times p_1 \times a_2 \\ \dfrac{dp_2}{dt} = c_2 \times p_2 (1 - p_2 - a_1 \times p_1) - e_2 \times p_2 - c_1 \times p_1 \times p_2 \times a_1 \end{cases} \tag{3.4}$$

其中，a_i（i=1，2）表示种群i的竞争能力系数，其余参数与式（3.3）中含义相同。

结合产业创新生态系统自身特点，借鉴其他学者的种群共存模型思想[174-176]，在Tilman的集合种群多物种竞争共存模型中加入竞争系数a，该系数表达了群落内部不同种群的自身竞争能力，所构建的高新技术产业创新生态系统群落内部创新种群竞争共存模型为：

$$\frac{dp_i}{dt} = c_i p_i \left(1 - D - p_i - \sum_{j=1, \, j \neq i}^{n} a_j p_j\right) - e_i p_i - p_i \sum_{j=1, \, j \neq i}^{n} c_j p_j a_j \quad (i, \, j = 1, \, 2, \, \cdots, \, n) \tag{3.5}$$

其中，a_j为种群j的竞争能力系数，D、i、p_i、c_i、e_i等参数与前述模型意义相同。

$c_i p_i (1 - D - p_i - \sum\limits_{j=1, j \neq i}^{n} a_j p_j)$ 是种群 i 个体侵占斑块的速率，$e_i p_i$ 是种群 i 群体死亡率，$p_i \sum\limits_{j=1, j \neq i}^{n} c_j p_j a_j$ 是种群 j 个体侵占种群 i 现占据斑块的速率。

根据 Tilman 的假设，集合种群里各种群具有相等的灭绝率 e，q 是最优势种群的栖息地占有率，也可以理解为创新系统中最强创新种群对创新资源的占有率，q 值不同，则表示集合种群结构不同。当种群栖息地未被破坏，在平衡态时，各种群对资源的占有比例 p_i^0、迁移扩散率 c_i 均为几何级数分布：

$$e_i = e; \quad p_i^0 |_{D=0} = q(1-q)^{i-1}; \quad c_i = e_i / (1-q)^{2i-1} \tag{3.6}$$

方程（3.5）的内部平衡点可以让该方程的右边等于 0 解得：

$$c_i p_i (1 - D - p_i - \sum\limits_{j=1, j \neq i}^{n} a_j p_j) - e_i p_i - p_i \sum\limits_{j=1, j \neq i}^{n} c_j p_j a_j = 0 \tag{3.7}$$

得到该方程的解为 $p_i = 0$ 或 $p_i = \dfrac{1}{c_i} (c_i - c_i D - c_i \sum\limits_{j=1, j \neq i}^{n} a_j p_j - e_i - \sum\limits_{j=1, j \neq i}^{n} c_j p_j a_j)$，其中 p_j 表示方程（3.5）中第 j 个方程的平衡点。当 $c_i - c_i D - c_i \sum\limits_{j=1, j \neq i}^{n} a_j p_j - e_i - \sum\limits c_j p_j a_j \leq 0$ 时，$p_i \leq 0$。p_i 表示创新种群 i 对资源的占有比例，在其 $p_i < 0$ 时，不具有实际意义。方程（3.5）平衡态的解为：

$$p_i = \begin{cases} \dfrac{1}{c_i}(c_i - c_i D - c_i \sum\limits_{j=1, j \neq i}^{n} a_j p_j - e_i - \sum\limits_{j=1, j \neq i}^{n} c_j p_j a_j), \\ \quad c_i - c_i D - c_i \sum\limits_{j=1, j \neq i}^{n} a_j p_j - e_i - \sum\limits_{j=1, j \neq i}^{n} c_j p_j a_j > 0 \\ 0, \quad c_i - c_i D - c_i \sum\limits_{j=1, j \neq i}^{n} a_j p_j - e_i - \sum\limits_{j=1, j \neq i}^{n} c_j p_j a_j \leq 0 \end{cases}$$

该解就是集合种群中各种群竞争共存的基本条件，这表明集合种群中各种群通过竞争实现共存的条件是存在的。

（三）群落内部多种群竞争合作模型仿真分析

结合产业创新生态系统结构，以研究群落为例，选取研究群落中高校种群、科研院所种群和研究型企业种群，运用 MATLAB 模拟集合种群中 3 个种群的动态演化情况。根据李自珍等学者[175-177] 前期研究基础，结合我国高新技术产业实际情况，通过咨询相关产业涉及高校、科研院所及企业专家，确定了高新技术产业创新生态系统群落内部创新种群竞争共存模型中相关参数的数值，用于模型的仿真分析。

按照创新种群的创新资源初始占有率递减排序，定义初始占有创新资源最多的创新种群为最优势创新种群，定义初始占有创新资源最少的创新种群为最劣势创新种群。假设高校种群（p1）、科研院所种群（p2）和研究型企业种群（p3），种群 p1 至 p3 的初始资源占有率逐步下降，三者分别为优势种群、次优种群、弱势种群。

1. 不考虑创新资源的变化（D=0）

假设创新种群灭绝率 $e_i=0.02/d$，种群 j 的竞争能力系数 $a_j=0.3$，最强创新种群对创新资源的占有率 q 分别取 0.1 和 0.3，模拟集合种群中种群动态变化情况，如图 3.5 和图 3.6 所示。

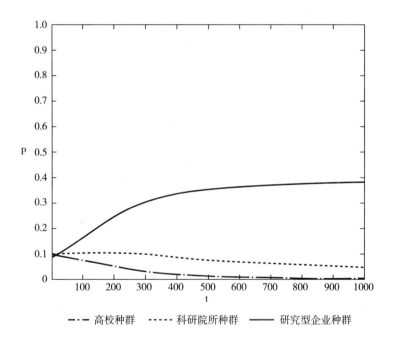

图 3.5　集合种群中种群动态变化模拟图（q=0.1，a1=a2=a3=0.3）

根据模拟结果，在创新资源不变情况下，弱势种群竞争排斥优势种群。根据式（3.6），高校种群（p1）、科研院所种群（p2）和研究型企业种群（p3），同样的 q 值，种群 p1 至 p3 的初始资源占有率逐步下降，也意味着三者分别为优势

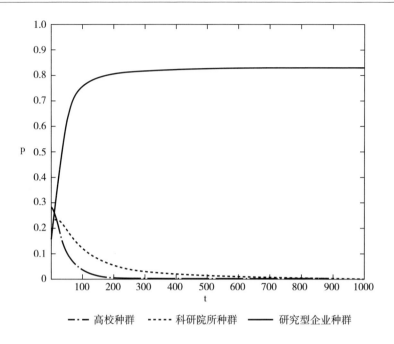

图 3.6　集合种群中种群动态变化模拟图（q=0.3，a1=a2=a3=0.3）

种群、次优种群、弱势种群，对应的各种群迁移扩散率 c_i 逐步加强，即高校种群作为优势种群，其迁移扩散率最低，研究型企业种群作为弱势种群，其迁移扩散率最高。演化结果显示，迁移扩散率高的研究型企业种群强烈排斥其他两个种群，原优势种群高校种群和科研院所种群受到迁移扩散能力强的弱势种群研究型企业种群的竞争排斥作用，致使逐步灭绝，且最具有种群优势的高校种群，灭绝的时间更短，而原来的弱势种群对栖息地的占有率逐渐增大，最终成为新的优势种群。

　　不同 q 值下，从表 3.2 可以看出，集合种群内部种群变化速率不同，在 q 值为 0.1 时，由式（3.6）可得 $c_1=0.022$，$c_3=0.034$，$t=0$ 时刻，p_1 初始占有率为 0.1，在 21d 时刻，其占有率被 p_3 超过，在 987d，其占有率为 0；在 q 值为 0.3 时，由式（3.6）可得 $c_1=0.029$，$c_3=0.119$，$t=0$ 时刻，p_1 初始占有率为 0.3，在 11d 时刻，p_1 占有率被 p_3 超过，在 213d 时刻，其占有率即变为 0，显然 q 值越大时，优势种群初始优势更大，但同时也意味着弱势种群的迁移扩散能力更大。

表 3.2 不同 q 值集合种群中种群动态变化

	时间	p1	p2	p3
q = 0.1	0	0.100	0.090	0.081
	21	0.094	0.094	0.095
	987	0.000	0.045	0.383
q = 0.3	0	0.300	0.210	0.147
	11	0.257	0.228	0.258
	213	0.000	0.046	0.809

假设创新种群灭绝率 $e_i = 0.02/d$，各种群的竞争能力系数 a 不同，最强创新种群对创新资源的占有率 q 分别取 0.1 和 0.3，模拟结果如图 3.7 和图 3.8 所示，通过与图 3.5 和图 3.6 分别进行比较可以看出，虽然各种群竞争系数不同，但迁移扩散能力强的 p3 种群依然成为最强种群，而迁移扩散能力弱的 p1 种群，虽然其初始占有率大、竞争能力强，但依然会逐渐走向衰落。

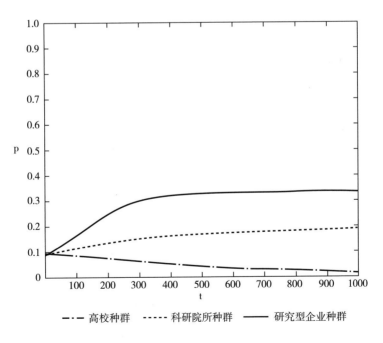

图 3.7 集合种群中种群动态变化模拟图（q=0.1，a1=0.3，a2=0.2，a3=0.1）

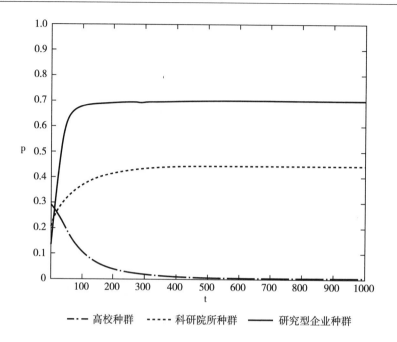

图 3.8　集合种群中种群动态变化模拟图（q=0.3，a1=0.3，a2=0.2，a3=0.1)

　　综合上述模拟结果，可得出创新资源不变情况下：①不同结构的群落（q 值不同），种群之间的竞争排斥作用强度不同，优势种群明显的群落，种群之间的排斥强度大；②相对于竞争能力，种群的迁移扩散能力对种群的竞争起决定性作用。

　　2. 创新资源减少的情况下各创新种群变化情况（D>0)

　　假定在竞争力相等条件下，取 q=0.3，D 分别取 0.2 和 0.4，$a_1=a_2=a_3=0.3$，e=0.02/d，模拟结果如图 3.9 和图 3.10 所示。

　　从模拟结果来看，在考虑竞争能力相等的情况下，总的趋势是随着创新资源减少率的增加，种群对创新资源的占有率逐渐减小，较小的创新资源减少率，对弱势种群（研究型企业种群）更有利，由于其较高的迁移扩散能力，对创新资源的占有率迅速增大。而对初始优势种群而言，随着创新资源减少率的增大，其对创新资源的占有率减少变缓，灭绝时间延长，而弱势种群对创新资源的占有率明显减少（从图 3.9 和图 3.10 中可以看出，随着 D 从 0.2 到 0.4，初始弱势种群研究型企业种群的创新资源占有率从 0.6 水平减少到 0.4 水平），这说明，优势种群慢慢适应了创新资源的变化，而弱势种群对创新资源减少率大幅变动扰动比较敏感。

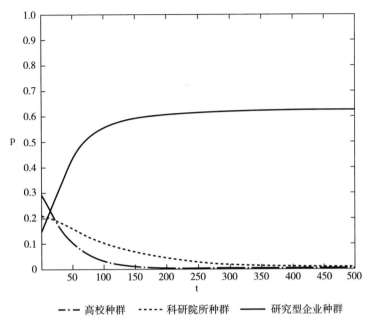

图 3.9 集合种群中种群动态变化模拟图（q=0.3, D=0.2, a1=a2=a3=0.3）

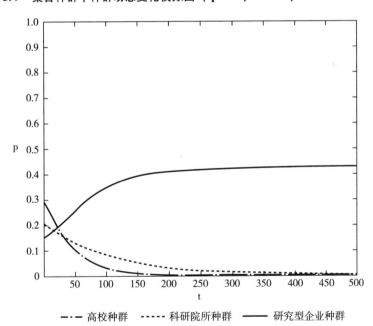

图 3.10 集合种群中种群动态变化模拟图（q=0.3, D=0.4, a1=a2=a3=0.3）

假定竞争力与初始资源占有率相匹配，即初始优势种群其竞争力更大，取 q=0.3，D 分别取 0.2 和 0.4，$a_1=0.5$，$a_2=0.3$，$a_3=0.1$，e=0.02/d，模拟结果如图 3.11 和图 3.12 所示。

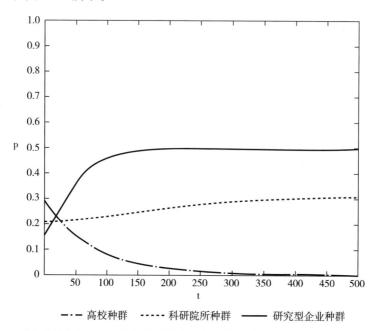

—·— 高校种群   ┄┄┄ 科研院所种群   —— 研究型企业种群

图 3.11　集合种群中种群动态变化模拟图（q=0.3，D=0.2，a1=0.5，a2=0.3，a3=0.1）

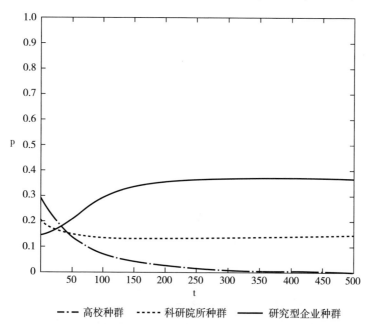

—·— 高校种群   ┄┄┄ 科研院所种群   —— 研究型企业种群

图 3.12　集合种群中种群动态变化模拟图（q=0.3，D=0.4，a1=0.5，a2=0.3，a3=0.1）

从模拟结果来看，在考虑竞争能力不等的情况下，总的趋势随着创新资源减少率的增加，种群对创新资源的占有率逐渐减小，较小的创新资源减少率，对弱势种群（研究型企业种群）更有利，由于其较高的迁移扩散能力，对创新资源的占有率迅速增大。但在考虑竞争力的情况，中间种群科研院所种群可以在系统中稳定共存，这是因为在创新资源减少的情况下，其竞争力和扩散能力居中，因此可以在系统中共存。

综合上述模拟结果，可得出创新资源减少情况下：①在创新资源减少初期，对优势种群影响较大，创新系统中的最强创新种群受到强烈的排斥，由于其转换成本和规模庞大，难以适应环境变化；②在创新资源减少初期，对迁移扩散能力比较强的弱势种群有利，其种群规模超过优势种群；③随着创新资源减少率的增大，在竞争能力相等的情况下，对优势种群有利（D 从 0.2 到 0.4，灭绝时间延长）而对弱势种群不利（D 从 0.2 到 0.4，创新资源占有率增幅水平降低），但创新资源减少到一定程度后，所有种群全部灭绝。

3. 创新资源增加的情况下各创新种群变化情况（D<0）

假定在竞争力相等条件下，取 q = 0.3，D 分别取 -0.2 和 -0.4，$a_1 = a_2 = a_3 = 0.3$，e = 0.02/d，模拟结果如图 3.13 和图 3.14 所示。

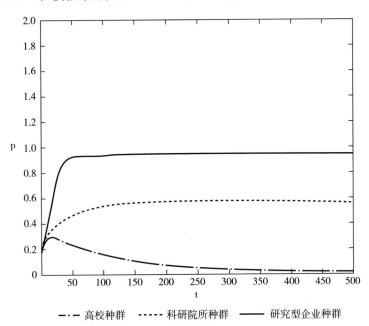

图 3.13　集合种群中种群动态变化模拟图 （q = 0.3，D = -0.2，a1 = a2 = a3 = 0.1）

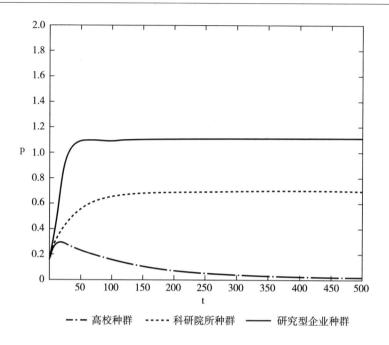

图3.14　集合种群中种群动态变化模拟图（q=0.3，D=−0.4，a1=a2=a3=0.1）

　　从模拟结果来看，在考虑竞争能力相等的情况下，总的趋势随着创新资源增加率的增加，种群对创新资源的占有率逐渐增加，创新资源增加越多，对弱势种群（研究型企业种群）及中性种群（科研院所种群）均有利，由于其较高的迁移扩散能力，对创新资源的占有率迅速增大。但对于初始优势种群而言，由于迁移扩散能力的重要性，该种群随着创新资源的增加而导致种群占有率逐步减小。

　　假定在竞争力不等、迁移扩散能力相等条件下，取q=0.3，D取−0.2，e=0.02/d，模拟结果如图3.15和图3.16所示。

　　从模拟结果来看，创新资源增加过程中，在迁移能力相等条件下，如果种群间的竞争力差距一般（a_1=0.3，a_2=0.2，a_3=0.1）时，三种群均逐步增加资源占有率，三者相对按照比例分配了新增资源，而形成共存且种群都壮大的局面；但如果种群间的竞争力差距较大时（a_1=0.5，a_2=0.3，a_3=0.1），初期三者都呈现规模壮大的情形，但随着时间的推移，新增的创新资源大部分都被竞争力强的初始优势种群占有，最强种群其资源占有量渐渐变大，竞争能力得到提升，原平衡态被打破，整个创新系统向着对最强种群更有利的方向演化、发展，最终引起其他创新种群灭绝。

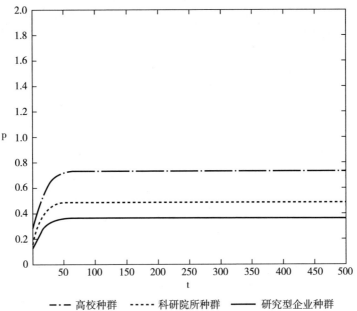

图 3.15 集合种群中种群动态变化模拟图

（q=0.3，D=−0.2，c1=c2=c3=0.1，a1=0.3，a2=0.2，a3=0.1）

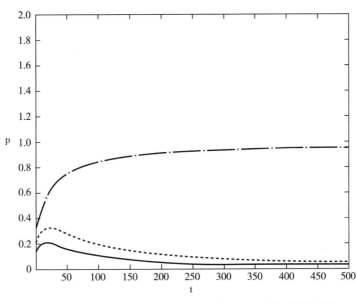

——·—— 高校种群 ········ 科研院所种群 —————— 研究型企业种群

图 3.16 集合种群中种群动态变化模拟图

（q=0.3，D=−0.2，c1=c2=c3=0.1，a1=0.5，a2=0.3，a3=0.1）

假设当创新资源增加的情况下，种群随初始占有率的减少而迁移扩散能力增加、竞争能力减小条件下，取 $q=0.3$，D 取-0.2 和-0.4，$e=0.02/d$，集合种群中各种群动态变化模拟结果如图 3.17 和图 3.18 所示。

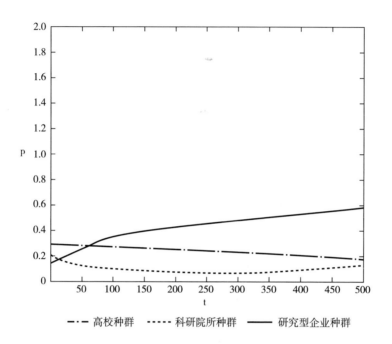

图 3.17　集合种群中种群动态变化模拟图
（$q=0.3$，$D=-0.2$，$a1=1.85$，$a2=0.3$，$a3=0.1$）

从模拟结果来看，在创新资源增加过程中，创新资源增加率为 0.2 时，在种群 1 与种群 2 间迁移能力 c 增加 $e_i/(1-q)^3 - e_i/(1-q) = 0.03$ 时，竞争力须减少 $0.3-1.85 = -1.55$，种群才能实现竞争共存；当创新资源增加率为 0.4 时，在种群 1 与种群 2 间迁移能力 c 增加 $e_i/(1-q)^3 - e_i/(1-q) = 0.03$ 时，竞争力须减少 $0.3-1.7 = -1.4$。这表明群落内部种群间迁移扩散能力、竞争能力两者之间负相关时，种群才能呈竞争共存的情况；另外，较大幅度的竞争能力增加才可以弥补迁移扩散能力之间存在的差距；在创新资源增加率扩大的情况下，实现竞争共存，种群弥补迁移扩散能力差距所需的竞争能力提升幅度会逐步减小。

综合上述模拟结果，可得出创新资源增加情况下：①在考虑竞争能力相等、迁移扩散能力不等的情况下，受迁移扩散能力的重要影响，优势种群占有率变小，

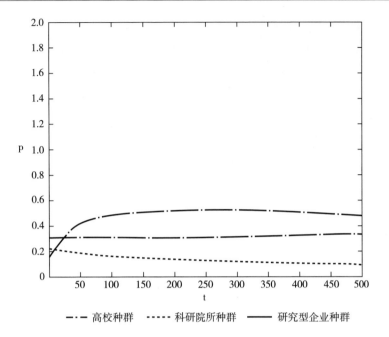

图 3.18　集合种群中种群动态变化模拟图

（q＝0.3，D＝-0.4，a1＝1.7，a2＝0.3，a3＝0.1）

而弱势种群和中性种群则随着创新资源的增加而对创新资源的占有率逐渐增加，并最终发展成优势种群。②在考虑竞争能力相等、迁移扩散能力不等的情况下，随着创新资源增加率的增加，各种群占有率均有所增加，最优种群依然会灭绝，但灭绝速度会延缓。③在迁移扩散能力相等情况下，当种群间竞争力差距不大时，各种群均能随着创新资源的增加而规模壮大，但当种群间竞争力差距较大时，优势种群凭借自身的强竞争力，会进一步扩大规模，增强竞争力，最后导致其他创新种群消亡。④群落内部种群间实现竞争共存需满足迁移扩散能力与竞争能力呈负相关关系，且迁移扩散能力的差距需要竞争能力更大幅度的负向差距才能弥补。

4. 演化结果分析汇总

（1）对种群的发展而言，种群的迁移扩散能力比竞争能力起到的作用更加显著。对于高新技术产业创新生态系统而言，通常用专利授权量来表示种群竞争力，产业种群规模表示初始占有率，专利转化率表示种群迁移扩散能力。因此，专利转化率比专利授权量更能决定产业内部种群的发展与衰落。

（2）创新资源对于种群的发展和续存具有至关重要的影响。当创新资源减少率过大时，产业内部任何种群都无法继续生存；同样创新资源的增加能够推动产业内部所有种群的发展壮大。

（3）种群竞争共存须满足迁移扩散能力、竞争能力两者之间负相关，与此同时，对迁移扩散能力不足的弥补需要较高的竞争能力。无论单方面种群竞争力不一致或者单方面种群迁移扩散能力不一致，都会导致种群间竞争结构的变化，只有迁移扩散能力与竞争能力之间呈负相关关系时，产业创新生态系统内部才能实现种群共存。

（4）种群竞争的结果，会使种群强弱的顺序发生变化，且会直接导致个别种群灭绝，这部分种群如果要持续发展，必须提高迁移扩散能力或者竞争能力；如果不能提高迁移扩散能力或竞争能力，那么只能选择与迁移扩散能力高或竞争能力高的种群进行合作，合作后双方将共享迁移扩散能力和竞争能力，带动双方种群规模的持续壮大。

本书仿真模拟了部分种群逐渐灭绝的过程，种群"灭绝"是指该种群退出了产业创新生态系统中各创新主体的协同创新过程，是指该种群在参与某一轮竞争中其创新能力的"灭绝"，而非该种群破产或不复存在。例如，在管理实践中，对于某项关键技术的研发，假设最初高校、科研院所、研究型企业三个种群参与了技术研发，如果其中某个种群的竞争能力或迁移扩散能力一直未能提高，而其他种群对关键技术的研发成果已经转化，取得突破或领先，那么，有可能某个种群在竞争合作过程中被淘汰。

本书的目标并非是某些种群的最终消亡。本书仿真模拟的是一定条件参数下，集合种群中多个种群的动态变化，以探索产业创新生态系统内部各种群竞争合作的趋势、规律。基于部分种群逐渐灭绝的仿真结果，也可以给予我们许多管理启示，如在某些特定条件下，所有种群如果要共存发展，必须改变仿真模拟中的某些假定条件，如增加总的创新资源等。此外，本书仿真模拟的时间区间非常长，体现的是一定条件下，不考虑合作竞争终止，随时间持续增长的演化趋势，而在实际的合作竞争过程中，很大可能各种群的合作竞争、协同创新会随着研发成果的成功转化而提前结束。

（四）内部种群层面竞争与合作案例分析——专利合作联盟的形成

产业创新生态系统内部创新资源变化下，各创新种群间的竞争与合作演化情况与生态群落中自然景观变化引起的集合种群演化具有相同的规律。根据 Levins 集合种群模型，适宜物种生存的生境斑块离散地分布在环境中，类似于在产业领域内部分布着高新技术企业生存需要的专利技术，随着创新种群不断开展研发活动，获得有关的专利技术，相当于侵占了未被占领的空斑块，随着时间的推移，专利技术可能会超过法定保护期限或被更先进的专利技术取代，从而导致专利失效，致使该斑块又呈现未被侵占的状态。

如图 3.19 所示，其中的实心圆是已经被侵占的实心斑块，可以代表已经获授权的专利空间，而空白圆是尚未被侵占的空心斑块，可以代表尚未授权的专利空间。实心圆对空白圆的箭头指向代表了种群占领空斑块，箭头指向自身则代表了局域种群灭绝。图 3.19 体现了两个连续世代中集合种群的变化，基于长期视角，可以理解为在灭绝、再侵占两个状态间，种群一直在非对称性地变化。实际上，局域种群终究逃脱不了灭绝的结果，然而，物种以集合种群的形式却可以被保留下来。

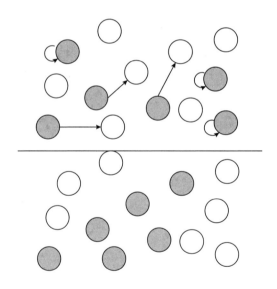

图 3.19　Levins 集合种群模型

1. 创新种群在集合种群内部的竞争演化

创新个体间的竞争是依靠个体生态位决定的，而对于集合种群内部的创新种群而言，如高校创新种群、科研院所创新种群、研发企业创新种群，种群层面的竞争取决于该种群整体的竞争能力及迁移扩散能力。在集合种群演化过程中，不可避免地存在竞争，有的种群在竞争中会被淘汰而导致灭亡，有的种群通过竞争进而发展壮大，从种群层面而言，该种群的竞争能力与迁移扩散能力保持平衡，种群才能在集合种群中生存下来。因此，高新技术产业创新生态系统中创新群落内部种群间竞争演化过程中，要求各种群总体专利授权数量与专利转化率之间保持一定的平衡，如果专利授权总量及种群规模相对较小，而专利转化能力又偏低，则会出现整个种群在所属创新领域或某一轮创新竞争中被取代、淘汰的结果。对于创新个体而言，个体间可以通过差异化进行发展，而对于种群整体而言，差异化的难度比较大，种群整体的迁移扩散能力与竞争能力之间的关系才是种群持续发展的关键。

2. 创新种群在集合种群内部的合作共生演化

集合种群内部存在多于两个种群的情况，假设不同种群可以严格通过竞争能力来排序，群落里种群的共存是种间的竞争能力、迁移繁殖能力以及自然死亡率之间的动态平衡，这种平衡要求竞争力弱的种群具有较强的迁移能力。对于产业创新生态系统创新群落内部，以研究群落为代表，高校种群、科研院所种群及研发型企业种群之间，同为研究型创新群落，功能类似，共同组成了集合种群。在该集合种群内部，各种群的规模、专利授权增加率、专利转化率及专利失效率之间的动态平衡，可以实现群落内部各种群的共存发展，进而推动了专利合作联盟的形成。在实现高新技术产业创新生态系统内部种群共存方面，专利合作联盟具有多方面的优势：

（1）通过专利联盟，提升专利整体增加率和专利转化率，提高种群迁移繁殖能力及竞争能力，确保种群实现共存。

在产业创新生态系统中，各种群间通过横向合作研发或通过专利交叉许可形成专利联盟等形式，以此提升自身专利增加率与转化率，提高迁移繁殖能力，降低自身专利技术被其他新技术取代的风险。

专利联盟作为一种专利技术的分享机制，有助于直接增加种群的专利数目提升率。专利联盟可以理解为是至少两名专利权人对外或交叉授权的一个专利集合体，通过专利联盟这种组织安排，种群能够与其他竞争种群共享资源，获取有价值的资源和能力，使资源得到互补，提高种群整体的竞争优势。

专利联盟内部成员间开展横向合作研发，可以降低竞争风险，减少彼此间竞争差距。特别对于处于核心技术环节的种群，不愿独自承担研发风险，通过与竞争对手采取合作的方式，与其他种群合作研发同一个项目，既实现了风险共担，又实现了对核心技术难题的共同研发、解决。

（2）通过专利联盟，种群间可以共享创新资源。

与自然资源不同，产业创新生态系统中，各创新资源可以共享，种群可以通过共享技术、专利交叉许可等形式，共享各类创新资源，相当于增加系统内部创新资源，从而提升创新种群整体创新能力，提高组成专利联盟的所有种群的竞争优势。

（3）建立专利联盟，同一群落内种群分工合作，形成生态位分离，降低群落内部竞争压力。

专利联盟内部的创新种群间可以结合各自的优势从而形成相对完善的分工协作创新网络，形成整个技术创新链上的分工合作关系，将各自的研发方向进行优化，降低重复研发，形成协作互补的研发格局，从而形成生态位分离，减少种群间的竞争，形成有序竞争、共存发展的结果，推动产业创新生态系统不断发展壮大。

四、本章小结

本章基于群落内部创新主体生态位的构建、重叠与分离，研究了高新技术产业创新群落内部创新主体间个体层面竞争机制；基于生物间亲缘选择、直接互惠、间接互惠等合作模式，研究了高新技术产业创新群落内部创新主体间个体层面合作机制。通过改进 Tilman 集合种群多物种竞争共存模型，构建高新技术产业创新生态系统群落内部创新种群层面竞争共存模型，仿真分析了高新技术产业创新群落内部创新种群间的竞争与共存演化。最后，以高新技术产业专利合作联盟为例，对高新技术产业创新生态系统内部种群层面竞争与合作机制进行了案例分析。

第四章　高新技术产业创新生态系统群落间合作演化机制研究

高新技术产业创新生态系统不同群落间多元创新主体围绕技术集成、产品研发和产业链形成各种合作，形成了相互依赖和共生演进的网络关系。群落间的合作行为面向价值创造，强化了群落间的网络协作，实现互惠共赢，推动整个创新生态系统的发展演化。对于群落内部，本书在第三章研究了创新主体间的竞争与合作关系。对于群落之间，则主要关注创新主体间的合作关系。本章将针对高新技术产业创新生态系统群落、开发群落、应用群落之间的合作演化机制进行深入研究，分别从群落间的创新个体及创新种群层面，研究高新技术产业创新生态系统群落间的合作演化行为与规律。

一、高新技术产业创新生态系统群落间种群及个体关系

根据高新技术产业创新生态系统中种群功能类型，组成了相对稳定的创新群落：创新生产者、创新消费者和创新分解者群落。创新生产者是进行创新成果生产的群体，是创新技术相关知识的发明者，包括研发型的企业、高校院所、各类科研机构等；创新消费者是依赖生产者的创新成果生存的群体，他们购买、使用创新生产者输出的新技术，实现创新技术的产品化，这一群体的主要成员包括高新技术产品的生产制造企业；创新分解者购买和使用新产品，直至新产品最终被损耗殆尽，主要包括高新技术产品的客户、市场等。

在创新生态系统中，随着知识的流动，从基础研究成果、应用研究成果、中

间实验成果，直到生产出产品交付市场和用户，需求信息则逆向流动，从市场和用户通过制造企业传递到创新生产者。以上过程对应形成研究、开发及应用三大创新群落，在供求机制和利润机制的作用下，形成高效的产业创新价值链。

在高新技术产业创新生态系统群落间，无论是个体层面还是种群层面，以合作为主，通过合作形成共存共赢的结果。在高新技术产业创新生态系统群落间的创新种群层面，各种群建立契约战略联盟与产权战略联盟，政府建立科技园区以及搭建创新平台，融合高校、科研院所及相关企业，为创新种群内部主体最大限度地发挥自身创新优势和形成协同效应提供有效载体，促进创新系统多元主体协同创新的持续与稳定发展。创新个体间的主要合作形式包括技术咨询、技术转让、项目委托、财政拨款与购买、具体项目合作等。

二、高新技术产业创新生态系统群落间创新主体合作模式

（一）基于产业创新链的创新个体合作模式

产业创新链是指以创新性知识、技术和产品的供给为核心，围绕某一个核心创新对象（通常是技术），以满足市场需求为导向，利用创新知识、创新技术的流动，形成基础研究、技术研究、产品试制、用户消费即"学—研—产—用"环节构成的创新链，实现知识技术化、技术产业化及产品市场化。

产业创新链由创新链与产业链纵横交叉而成。横向是产业链中的上下游环节的分布，纵向则是产业链上不同节点的创新链延伸。横向上的产业链各环节的"产"和"用"都会积极刺激纵向上的创新链，推动"产、学、研、用"有机结合，优化科技资源配置，提高利用率，推动产业升级。从产业创新链的视角，产业链和创新链上"产—用"、"产—学"、"学—研"和"研—用"等不同对象间的创新合作以各种形式而存在，具体包括以下形式：

（1）技术咨询与转让。技术咨询是产业创新链上创新对象间最简单、直接的一种合作形式。技术咨询的合作关系相对松散，合作难度不大，风险也较低，一般是研究种群的创新个体（高校、科研院所）为开发种群的个体（主要是企

业）提供有关技术的专业咨询，涉及技术、管理、生产等方面。技术转让是研究种群的创新个体（高校、科研院所）将满足开发种群个体（主要是企业）需求的知识技术直接出售的合作模式。由技术转让而形成的协同创新，其合作密切度低，相对容易达成合作关系，合作的投资回报率与失败率较高。

（2）项目委托。项目委托是开发种群的个体（主要是企业）向研究种群的创新个体（高校、科研院所）以项目形式提出技术需求，研究种群的创新个体（高校、科研院所）以横向课题的形式开展研究。以项目为纽带产生的协同创新，其合作密切度低，时间跨度一般在5年之内，合作难度不大，风险较低。

（3）共建研发机构。共建研发机构是指开发种群的个体（主要是企业）与研究种群的创新个体（高校、科研院所）联合成立研发机构，以系列技术研发为目标，共同开展技术攻关。其合作密切程度高，形成长期合作关系后，知识产权界定不清、技术共通性差等风险会加大。

（4）技术入股或联合办企。技术入股、联合办企是研究种群部分参与开发种群具体开发经营过程中的合作创新方式，研究种群以技术入股或投入部分资金，获得相应股权，合作关系密切，合作难度较大，易于实现长期合作，但对于研究种群而言，存在经营风险。研究种群的创新个体通过持有技术股份，获得股权与分红，促进了技术产业化进程。

（5）联合办学。为提高产业创新所需人才的契合度、加大人才培养力度，研究种群（主要是高校）主导，开发种群投入资金，或者双方联合建立相关人才培养平台或项目，主要目标是输送开发种群所需的人才，该模式下创新主体合作关系密切，合作周期长，合作难度大，同时也面临市场、经费及学生资源等方面的风险。

（二）种群层面的产业技术创新联盟合作

产业创新合作在个体层面，总体组织形式较为松散，合作行为趋于短期化，缺乏持续性的合作机制。群落间种群层面的产业技术创新联盟则相对稳定，利于形成持续创新的机制和效应，有助于提高产业创新效率。

产业技术创新联盟可以理解为是产业创新生态系统内部高校种群、科研院所种群、制造企业种群等群落间的不同种群，以创新驱动为指导，运用市场机制集聚创新资源，以具有法律效应的契约为约束，以优势互补、合作开发、风险共担、利益同享为宗旨的合作性组织。建立产业技术创新战略联盟的主要目标是完成产业技术创新，增加产业效益，联盟主体间有契约关系，合作自由化，依存度高。产业技术创新联盟内部合作形式主要包括：技术攻关合作、技术标准合作、产业链合作。技术攻关合作主要完成产业关键技术的研发，技术标准合作是为了制定产业技术标准，产业链合作则以完善产业链协作为目标。

产业技术创新联盟内部成员的责权利关系均由契约来确定，依靠建立投入与决策机制、风险与利益分配机制、知识产权归属机制等，为产业技术创新联盟运行提供保障。产业技术创新联盟运行过程中，同样存在着各种风险，例如创新主体间沟通与信任不足、信息不对称、创新主体相对独立、创新成果不完全分享等。

（三）产业创新生态系统群落间合作的基础任务：产业共性技术研发

1. 产业共性技术概念

1990 年，在美国政府实施的"先进技术发展计划中"，首次提出共性技术概念：共性技术是可应用于多个产业的产品或工艺的科学概念、技术组成或产品工艺等。我国在《国家科技支撑计划管理暂行办法》中对共性技术的定义为：能够带动社会经济发展，可在不同行业领域广泛共享应用的技术形态。

普遍认为共性技术是形成系列关键组成部分的技术基础，是基础的、潜在的根本技术。马名杰界定共性技术是能够广泛应用于一个或者若干个行业的处于产业竞争前端的技术[178]；徐冠华研究认为共性技术是能够迅速提升产业整体的技术水平、生产效率、产业竞争力，且能够带来或存在潜在的巨大经济、社会效益的技术[179]；付敬认为共性技术是处于基础研究与实验阶段之间、兼具公私属性的技术产品，此类技术能够广泛应用于多个产业或领域，且能够对多个产业或领域产生深远影响[180]；李纪珍界定产业共性技术是在诸多领域内已经或未来可能被普遍应用、能够对多个产业及产业内部企业产生深远影响、研发成果可被共享的技术[181]。

工信部 2011 年 7 月发布《产业关键共性技术发展指南》，界定产业共性技术是能够在多个行业部门或学科领域广泛应用，对产业整体或其他多个关联产业产生深远影响和解除瓶颈制约的基础技术。共性技术研究不同于一般的实验室研究，共性技术最终应用到市场中，以满足社会、企业需求为目标，以最终能够服务于产业为原则[178]。产业共性技术可分为产业间共性技术和产业内共性技术。产业间共性技术可为多个产业提供服务、搭建技术平台，属于国家或区域层面共性技术，如芯片技术、航空发动机技术等。产业内共性技术是产业层面的共性基础技术，一般可以为产业内企业提供技术平台，如连铸连轧技术等。

2. 产业共性技术合作研发模式

合理的产业共性技术合作研发模式能够有效提升产业共性技术的合作研发效率。李纪珍根据合作组织的特征及功能，结合我国产业共性技术研发的现状，将产业共性技术研发的合作模式分为以合同为主的合作模式、以项目为主的合作模式、基于技术研究基地的合作模式、以技术基金为主的合作模式以及技术联盟合作模式，通过比较以上合作模式，认为技术联盟是最适合产业共性技术研发的合作模式[182]。丁明磊等研究认为产业技术联盟是促进产业技术发展的重要组织形式，是共性技术研发供给体系的重要组成部分[183,184]。

除产业技术创新联盟外，基于产业创新生态系统视角，系统内部创新主体个体层面也会通过合作来开展共性技术研发。在产业链上，下游企业与上游研发主体间共享自身的技术并消化吸收对方的技术，联合研发相关超前的共性技术，但这种共性技术研发一般需要企业规模比较大，在产业内部具有一定垄断地位，方能独立开展或者联合少数创新主体开展产业共性技术研发，诚然，这种研发模式风险极大且合作失败的概率较高。

三、高新技术产业创新生态系统群落间 个体层面共性技术研发合作演化研究

（一）纯市场环境下的创新主体合作演化与分析

高新技术产业创新生态系统内部，产业共性技术具有一定的准公共性，在系统内部创新主体个体层面，高校、科研院所、企业、政府、中介等采取不同形式开展合作研发，在具体技术研发过程中，以企业、高校、科研院所为主，政府和中介提供资金、成果转化平台等辅助性资源，他们之间的合作关系可以使用雪堆博弈模型进行模拟。

雪堆博弈模型假定有两个人分别开着自己的车相向而行，道路上存在一个大雪堆，两人必须铲除雪堆后才能通过[185]。此刻，两人分别可以选择铲雪（合

作）或者在车里等待（不合作）。如果两人都选择铲雪，那么他们两人将顺利通过，回家或者去工作，收益记为 b，下车铲雪需要付出劳动，成本记为 c，两人的收益均为 b-c/2；如果两人都不下车，那么他们两人都无法顺利通过，收益均为 0；如果一方选择铲雪，另一方选择在车里等待，那么下车铲雪者的收益为 b-c，而坐在车里的等待者收益为 b。C 代表合作（Cooperate），D 代表对抗（Defense），即不合作，收益矩阵如表 4.1 所示。

表 4.1　两人雪堆博弈模型收益矩阵

	C	D
C	b-c/2, b-c/2	b-c, b
D	b, b-c	0, 0

假定在纯市场环境下，群落间两个创新主体，如科研院所和企业，在共同研发产业共性技术过程中，鉴于产业共性技术的准公共品属性以及技术研发成果可共享的特征，结合两人雪堆博弈模型，创新主体的理性最佳策略取决于另一个创新主体的选择：假设另一个创新主体选择研发（合作），该创新主体的最佳策略是不研发（背叛），因为此时的收益最大为 b；但如果另一个创新主体选择不研发（背叛），那么该创新主体的最佳策略是研发（合作），因为如果两者都不研发，那么整个产业的技术水平、产业质量和生产效率都无法得到提升，所有主体的收益都是 0。

因此，在纯市场环境下，创新主体双方纯理性的条件下，群落间创新主体双方在产业共性技术研发的最佳策略是一方合作、一方不合作，这也是由于产业共性技术不具备经济学意义上的排他性，如果没有其他要素推动的话，单个创新主体就会安于现状而不愿意投入研发共性技术，这样就导致了市场失灵。

（二）政府补贴模式下的创新主体合作演化与分析

国家高度重视高新技术产业发展，政府通过补贴合作者、惩罚不合作者，推进高新技术产业合作研发共性技术，提升产业共性技术研发效率和速度，提高产业整体技术水平、产业质量和生产效率，提高产业整体创新水平，解决共性技术研发的市场失灵问题。

在上述模型中加入政府补贴 a 和不合作惩罚 d，创新主体如果选择合作，可以得到政府提供的专项补贴 a，如果两个创新主体均选择合作，则两方均分专项补贴；创新主体如果选择不合作，两方都将受到政府惩罚 d。加入政府补贴与惩罚后的收益矩阵如表 4.2 所示。

表 4.2　改进后的两人雪堆博弈模型收益矩阵

	C	D
C	b+a/2-c/2, b+a/2-c/2	b+a-c, b-d
D	b-d, b+a-c	-d, -d

分析收益矩阵，可以得到以下结论：

（1）双方不会选择都不合作。如果没有政府惩罚，双方的收益仅为 0，但加入政府惩罚后，如果都选择不合作，那么其收益为-d，从理性角度而言，双方不会选择同时不合作。

（2）在 b-d>b+a/2-c/2 时，即 d<c/2-a/2 或者 a<c-2d 时，惩罚力度不足或者奖励力度不足时，创新主体的最优策略依然是对方选择研发，而自己选择不研发。

（3）在 b-d<b+a/2-c/2 时，即 d>c/2-a/2 或者 a>c-2d 时，惩罚力度足够大或者奖励力度足够大时，创新主体选择不合作所得到的收益无论对方是否开展研发，都小于自身也投入研发所得到的收益。此时，博弈模型只有一个稳定解，就是双方都选择合作，即双方都投入产业共性技术研发中。

四、高新技术产业创新生态系统群落间种群层面共性技术研发合作演化研究

（一）群落间种群层面共性技术研发合作演化模型

1. 经典多人雪堆博弈模型的改进

经典多人雪堆博弈模型假设 N 个司机因同一个雪堆挡在路上而无法回家，司机面临两个选择：待在车里（不合作）或铲雪（合作），只要有 1 人选择下车去

铲除雪堆，就能把雪堆铲除干净，所有被堵的司机都能享受到回家的收益。在雪堆被铲除干净后，选择铲雪的司机分担劳动，享受回家的收益，而不选择铲雪的司机无须分担劳动，也可享受到回家的收益。如无人选择铲雪，则所有人都无法回家；对每个司机来说，独自铲雪付出的劳动成本小于回家目标得以实现所带来的收益；选择铲雪的人员越多，雪堆被铲除的速度越快，每个铲雪司机需要承担的劳动也越少。

根据经典多人雪堆博弈模型的描述，N 人团队中合作者和不合作者的收益方程为：

$$P_C(n_C) = b - \frac{c}{n_C}, \quad n_C \in [1, N] \tag{4.1}$$

$$P_D(n_C) = \begin{cases} 0 & n_C = 0 \\ b & n_C \in [1, N-1] \end{cases} \tag{4.2}$$

其中，n_C 为 N 人博弈小组中选择合作的人数，b 表示回家所得收益，c 表示铲除雪堆所需付出的劳动总成本，$P_C(n_C)$ 为选择合作铲雪的参与人收益，$P_D(n_C)$ 为选择不合作铲雪的参与人收益。

经典多人雪堆博弈模型容易形成公共品悲剧，不合作策略能够保证其得到的收益至少不低于其他参与者，这就导致了参与者偏向于选择不合作，不利于合作现象的产生。当所有参与者都不合作时，经典多人雪堆博弈模型表明参与人的收益为零，其中假定的条件为参与人延误了一定的时间，因雪堆阻挡道路而未能到达目的地办事，无产生任何损失，但事实上，参与人如果都不合作铲雪，无法及时到达目的地，显然会产生相关的负面效应，例如无法及时处理事情而遭到索赔、迟到等所带来的惩罚、损失等，其收益在现实条件下应该为负数而不是零。

另外，铲雪需要一定的时间，即使部分参与者加入合作铲雪，在雪堆被铲走之前，无论合作者还是不合作者，都要承担与自身前往目的地所办事情及心理状况直接关联的损失。若到达目的地所办事情越重要，参与人承担的等待成本就会越大，这会督促参与人越倾向于选择合作，因为合作铲除雪堆者数量越多，铲雪耗费时间越短，代理人因节约所耗费的时间获得收益或者减少因等待而带来的损失，这一点在经典多人雪堆博弈模型中并未得到体现。

最后，为了尽快保证道路通畅，避免引起更大的交通堵塞，政府部门通常会参与到铲雪中，或者对选择合作铲雪的参与者进行奖励，这样会加大参与合作铲雪者的收益，提高参与人选择合作的倾向性，避免产生公共品悲剧的情形。

为了消除公共品悲剧现象，更恰当地体现多人雪堆博弈的现实状况，在经典多人雪堆博弈模型基础上，加入时间成本和外界奖励参数，改进后的多人雪堆博弈模型为：

$$P_C(n_C)=b-\frac{c}{n_C}-\frac{w(b)}{n_C}+\frac{v(c)}{n_C}, \quad n_C \in [1, N] \tag{4.3}$$

$$P_D(n_C)=\begin{cases} -w(b) & n_C=0 \\ b-\frac{w(b)}{n_C+1} & n_C \in [1, N-1] \end{cases} \tag{4.4}$$

其中，n_C 为 N 人博弈小组中合作者数量，b 表示回家所得到的收益，c 表示铲除雪堆需要付出的总劳力成本，$P_C(n_C)$ 为选择合作铲雪的参与人收益，$P_D(n_C)$ 为选择不合作铲雪的参与人收益。w(b) 表示所有代理人都不合作时所引致的每个代理人总效用（或收益）的损失。v(c) 表示外界给予合作参与铲雪的收益奖励。

w(b) 为参与人所需承担的时间成本，时间成本主要包括由于未能或未能及时到达目的地而遭受的正常效用损失，很明显参与人所需承担的时间成本与到达目的地所办事情获得收益的大小正相关，收益 b 越大则表明其要办的事情越重要，对应的其所需要承担的时间成本 w(b) 就会越大。

参与人所需承担的时间成本 w(b) 与合作铲雪的参与人数量有关，参与铲雪的人越多，雪堆被铲掉的速度就越快，所需花费的时间就越少。因此，用 $\frac{w(b)}{n_c}$ 表示合作铲雪者所需承担的时间成本量，$\frac{w(b)}{n_c}$ 中的分母 $n_{c=}1+(n_c-1)$，1 代表这个合作铲雪人自身，n_c-1 是除去这个合作铲雪人自身以外的其他合作人数。$\frac{w(b)}{n_c+1}$ 表示不合作铲雪参与人应承担的时间成本量，对于 $\frac{w(b)}{n_c+1}$ 的分母 n_c+1，其中 1 代表这个不合作铲雪人自身，n_c 是除去这个不合作铲雪人自身以外的其他合作人数。无论自身是选择合作还是不合作，代理人自身都属于时间成本的承担人，都应当作时间成本的分母之一。不合作铲雪者能够获得收益需要一个基本条件，即所有参与人中至少有 1 个参与人选择铲雪（合作）。如果所有参与人都不合作铲雪，则每个参与人都将遭受 w(b) 的损失。

v(c) 为外界奖励，是第三方（主要指政府）为了尽快解决相关问题，保证道路通畅，而提供给参与合作铲雪者的收益奖励。当然，政府提供的收益奖励与整体铲雪所需的成本正相关，且参与铲雪的人越多，每位参与铲雪者的所获收益将会越小，因为政府提供的总收益奖励是一定的，用 $\frac{v(c)}{n_c}$ 表示合作铲雪者所获得的额外收益。

2. 改进多人雪堆博弈模型在共性技术研发合作演化中的适用性

加入时间成本和外界奖励后，改进的多人雪堆博弈模型研究的核心是激励原本不参与铲雪的主体选择与其他主体进行合作，以尽快铲除雪堆。改进的多人雪堆博弈模型用于研究多主体共性技术合作研发问题具有适用性，原因如下：

（1）雪堆与共性技术均具有公共品属性。在多人雪堆博弈模型中，雪堆可视作一种公共物品，而铲除雪堆实际是提供公共品的行为。根据产业共性技术的界定，产业共性技术也同样具有公共物品属性，共性技术研发同样可视作供应特殊公共物品的行为。

（2）雪堆与共性技术均具有外部性。雪堆被铲除后，其他参与人即使是非参与铲雪者，也可以享受道路畅通带来的收益，同样，共性技术被研发出来后，由于其公共物品性质，企业即使不参与研发也可以通过各种合作形式或渠道共享共性技术所带来的收益。

（3）雪堆铲除与共性技术研发合作动因相似。在改进的多人雪堆博弈模型中，参与者是否合作铲雪，跟该参与人到达目的地所办事情重要程度相关，所办事情越重要，合作铲雪所收到的收益就越大。在共性技术研发方面，创新主体对共性技术需求的渴求程度同样是创新主体选择是否参与研发合作的重要决策因素。

综上所述，基于合作内容的公共品属性、外部性以及合作动因等方面，改进后多人雪堆博弈模型适合应用于产业共性技术合作研发。

（二）基于多人雪堆博弈模型群落间种群层面的共性技术研发合作演化与分析

1. 产业共性技术合作研发基本情境假设

结合多人雪堆博弈模型建模思想，假定产业共性技术研发的基本情境为：产业内部有多个创新主体，包括多家高校、企业、科研院所等，企业需要用技术来增强自身的核心竞争力，而技术提升需要依靠共性技术的支持，然而基于共性技术准公共品的特殊属性，单个企业或者单个创新主体研发共性技术的积极性不高。这就决定了创新主体间合作成为共性技术研发的重要策略。

根据式（4.3）和式（4.4），假定共性技术研发可带来预期收益 b，需要支付的总成本为 c，模型中的其他相关参数赋予共性技术研发情境含义为：

（1）w(b) 为时间成本，引入共性技术研发情境下，可认为是所有创新主体均选择不合作时，导致每家创新主体特别是企业主体产生损失，包括由于共性技术未能及时供给而导致技术缺失或落后，生产效率因此未能提升而带来的损失。w(b) 与创新主体对共性技术需求的迫切程度有密切关系，如果创新主体没有共性技术的需求，那么该主体参加共性技术研发合作与否，其收益均为 0，w(b) 就不存在了。共性技术对创新主体带来的收益 b 越大，创新主体对共性技术需求的迫切程度就越高，也就意味着该创新主体选择不合作研发会导致其时间成本 w(b) 越大。所以，时间成本 w(b) 可视为收益 b 的增函数，设 $w=w(b)$，$w(0)=0$ 且 $w'(b)>0$。$\dfrac{w(b)}{n_c}$ 表示选择合作研发的创新主体应承担的时间成本，如果只有 1 个创新主体选择共性技术研发合作（$n_c=1$），其需要承担所有的时间成本；$\dfrac{w(b)}{n_c+1}$ 代表创新主体选择不合作研发所需分担的时间成本。创新主体选择不合作并且还能获取一定收益必须存在基本前提条件：至少有 1 个创新主体选择开展共性技术研发。如果所有创新主体都不选择合作研发，那么每个创新主体都要承担 w(b) 的效用损失，当然，参与合作的创新主体数量越多，单个创新主体需要承担的时间成本就越小。

（2）v(c) 为外界奖励，在共性技术研发情境中，可视为政府为了提高产业生产效率以及增加相关产业的核心竞争力，特别扶持相关产业的发展、突破关键共性技术的约束而提供的第三方奖励，奖励包括物质、资金、政策等方面，可以以规划指导、项目合作、资金支持、税收减免等形式为参与合作共性技术研发的创新主体增加收益，这部分奖励与共性技术研发的预期成本直接相关。政府提供的总收益奖励是一定的，用 $\dfrac{v(c)}{n_c}$ 表示选择合作研发的创新主体可获得的政府扶持和奖励。当然，参与合作的创新主体数量越多，单个创新主体所获得的政府奖励越少。

2. 共性技术合作研发演化模型建立及求解

共性技术合作研发群体的收益函数表示为：

$$P_C(n_C)=b-\frac{c}{n_C}-\frac{w(b)}{n_C}+\frac{v(c)}{n_C}, \quad n_C\in[1,\ N] \tag{4.5}$$

$$P_D(n_C) = \begin{cases} -w(b) & n_C = 0 \\ b - \dfrac{w(b)}{n_C + 1} & n_C \in [1,\ N-1] \end{cases} \tag{4.6}$$

基于参与者的有限理性，选择合作铲雪还是不合作铲雪是不断学习与变化的动态过程，因此可用复制动力学来表达全混合群体中 N 人演化博弈行为。选择合作的概率用 $x(t) = N_C(t)/N_{all}$ 来表达，$N_C(t)$ 为群体中在时间 t 选择合作的代理人数量，选择不合作的概率对应为 $1-x(t)$，$x(t)$ 的时间演化可由以下微分方程给出[186]：

$$\dot{x} = x(f_C - \bar{f}) \tag{4.7}$$

$\bar{f}$ 是整个群体的平均适应度，可定义为：

$$\bar{f} = x(t)f_C(t) + (1-x(t))f_D(t) \tag{4.8}$$

其中，f_C 为群体中 C 策略(合作策略)的平均适应度，是一个选择 C 策略的个体，随机选择均匀混合群体中的 N-1 个个体与其进行博弈所能获得的期望收益。f_D 为群体中 D 策略(不合作策略)的平均适应度。假设 N 人小组中除了这个被选定的 C 个体，还有 j 个合作者，即 $n_C = j+1$，则 f_C 为时间依赖，并可用二项分布样本选取规则决定[187,188]：

$$f_C = \sum_{j=0}^{N-1} \binom{N-1}{j} x^j (1-x)^{N-1-j} P_C(j+1) \tag{4.9}$$

同样，f_D 是一个选择 D 策略的个体，随机选择均匀混合群体中的 N-1 个个体与其进行博弈所能获得的期望收益，假定 N 人群体中存在 j 个合作者($n_C = j$)，则 f_D 可用下式表达[189]：

$$f_D = \sum_{j=0}^{N-1} \binom{N-1}{j} x^j (1-x)^{N-1-j} P_D(j) \tag{4.10}$$

将式(4.8)代入式(4.7)可得：

$$\dot{x} = x(1-x)(f_C - f_D) \tag{4.11}$$

经过一系列博弈动态行为后，系统演化到稳态时，动力学变化停止或处于动态平衡中，此时 $\dot{x}=0$，从式(4.11)可得到稳定状态或均衡的合作概率 x^* 满足：

$$f_C(x^*) = f_D(x^*) \tag{4.12}$$

将式(4.5)和式(4.6)分别代入式(4.9)和式(4.10)后得到：

$$f_C = \sum_{j=0}^{N-1} \binom{N-1}{j} x^j (1-x)^{N-1-j} \left(b - \frac{c}{j+1} - \frac{w(b)}{j+1} + \frac{v(c)}{j+1} \right)$$

$$= b - \sum_{j=0}^{N-1} \binom{N-1}{j} x^j (1-x)^{N-1-j} \left(\frac{c + w(b) - v(c)}{j+1} \right)$$

$$= b - \frac{c + w(b) - v(c)}{Nx} (1 - (1-x)^N) \tag{4.13}$$

$$f_D = \binom{N-1}{0} x^0 (1-x)^{N-1} (-w(b)) + \sum_{j=1}^{N-1} \binom{N-1}{j} x^j (1-x)^{N-1-j} \left(b - \frac{w(b)}{j+1} \right)$$

$$= -w(b)(1-x)^{N-1} + b(1-(1-x)^{N-1}) - \frac{w(b)}{Nx}(1-(1-x)^N) + w(b)(1-x)^{N-1}$$

$$= b(1 - (1-x)^{N-1}) - w(b)(1-x)^{N-1} - \frac{w(b)}{Nx}(1-(1-x)^N) \tag{4.14}$$

将式(4.13)和式(4.14)代入式(4.12)后可得到：

$$b - \frac{c+w(b)-v(c)}{Nx^*}(1-(1-x^*)^N) = b(1-(1-x)^{N-1}) - w(b)(1-x^*)^{N-1} - \frac{w(b)}{Nx^*}(1-(1-x^*)^N) \tag{4.15}$$

约简后可得：

$$\frac{b}{c-v(c)}Nx^*(1-x^*)^{N-1} + \frac{w(b)}{c-v(c)}Nx^*(1-x^*)^{N-1} + (1-x^*)^N - 1 = 0 \tag{4.16}$$

由于 $v(c)$ 是政府补贴，与成本相关，故取：$v(c) = \lambda c$，$\lambda \geq 0$ 为政府补贴系数。假定时间成本 $w(b) = \omega b$，$w(b)$ 是共性技术研发预期收益的线性函数，$\omega \geq 0$ 为时间成本系数。

式(4.16)可转化为：

$$\frac{b}{c(1-\lambda)}Nx^*(1-x^*)^{N-1} + \frac{\omega b}{c(1-\lambda)}Nx^*(1-x^*)^{N-1} + (1-x^*)^N - 1 = 0 \tag{4.17}$$

以上即是考虑政府补贴及时间成本的种群间多主体共性技术合作研发模型在演化达到稳定态时关于 $x^*(b/c, \omega, \lambda, N)$ 的 N 阶解析方程。

3. 种群间多主体共性技术合作研发演化稳定性分析

(1)不考虑时间成本和政府补贴，种群间多主体共性技术合作研发演化分析。

在时间成本和政府补贴均为0时，方程(4.17)变为：

$$\frac{b}{c}Nx^*(1-x^*)^{N-1} + (1-x^*)^N - 1 = 0 \tag{4.18}$$

假设 λ＝0，ω＝0，方程(4.18)是 N 人雪堆博弈在稳定状态时关于 x*(b/c，N)的解析方程，运用 MATLAB 软件对方程(4.18)进行数值模拟与分析，模拟结果如图 4.1 和图 4.2 所示。

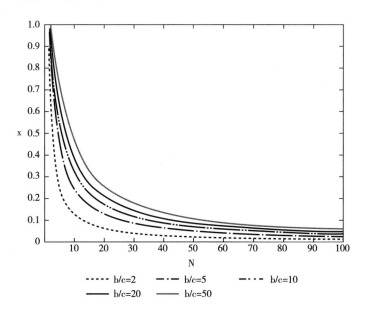

图 4.1　λ＝0，ω＝0 时，b/c 不同时，共性技术合作研发模型稳定状态模拟结果

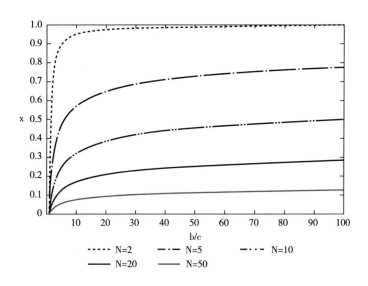

图 4.2　λ＝0，ω＝0 时，N 不同时，共性技术合作研发模型稳定状态模拟结果

从图 4.1 和图 4.2 可以看到，在 $\lambda=0$，$\omega=0$ 的初始条件下，N 人雪堆博弈模型为原始经典博弈模型，在收益成本 b/c 一定的基础上，主体间合作稳定态下，选择合作的主体比例 x 总体上随总体人数的增加而降低；在群体主体数 N 从 2 到 50 的增加过程中，主体间合作稳定态下选择合作的主体比例 x 逐渐降低。说明群体规模 N 对合作具有一定的抑制作用，随着群体总体规模 N 的增加，出现至少一个合作者的概率在增加，也因此增加了不合作方"搭便车"的概率，选择合作的创新主体比例降低，导致合作者在群体中的存活更加困难。

同时，随着收益成本比 b/c 的增加，选择合作的主体比例 x 逐渐增加。收益成本比的提高能够降低合作者付出的劳动力成本，增加合作者所能获取的收益，使合作者付出的成本少于其所能获得的收益。因此，收益成本比的提升可以提升合作稳定态下选择合作的主体比例 x。

从图 4.2 中可以看出，收益成本比 b/c 的增加初期，选择合作的主体比例 x 的增加幅度非常显著，但 b/c 增加到一定程度（b/c≥20）后，选择合作的主体比例 x 增加不再明显，这说明收益成本比对一部分主体选择合作的影响显著，对另一部分主体选择合作的影响有限。对于影响有限的部分主体而言，可能他们认为收益成本比会提升其他主体的合作程度，认为自身创新劳动付出的减少不足以影响其他代理人的整体合作意愿。因此，有必要增加其他影响因素，如等待时间成本、政府投入额度等。

（2）在政府补贴一定的条件下，考虑时间成本，种群间多主体共性技术合作研发演化分析。

假设 $\lambda=0.2$，运用 MATLAB 软件对方程（4.17）进行数值模拟与分析，模拟结果如图 4.3 和图 4.4 所示。

从图 4.3 中可以看到，在政府补贴一定、收益成本比一定的条件下，主体间合作稳定态下选择合作的主体比例 x 随着主体规模数量 N 的增加而呈下降趋势，但由于时间成本系数 ω 的提升，带动时间成本 w（b）＝ωb（ω>0）的增加，主体间合作稳定态下选择合作的主体比例 x 有一定程度的提高。这表明，时间成本会影响创新主体合作的意愿。时间成本与自身收益成正比，创新主体考虑到自身如果不参加合作，会增加自身的时间等待成本，如果参加合作，则会减少自身时间等待成本，且自身时间等待成本越高，越会促进创新主体选择合作。

从图 4.4 中可以看到，在政府补贴一定的条件下，当时间等待成本相对较大时，随收益成本比调整，x 随 N 的变化曲线几乎重合，这表明时间等待成本对创

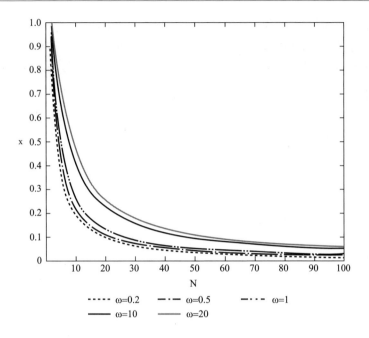

图 4.3　λ=0.2，b/c=2，ω 不同时，共性技术合作研发模型稳定状态模拟结果

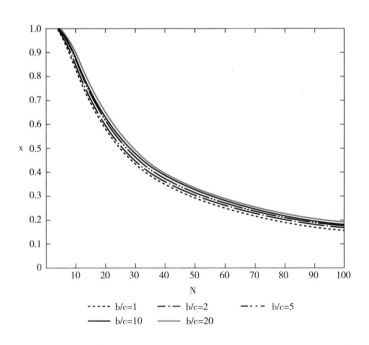

图 4.4　λ=0.2，ω=10⁶，b/c 不同时，共性技术合作研发模型稳定状态模拟结果

新主体选择合作倾向具有重要的影响。当时间等待成本足够大时，收益成本比的变化对主体选择的影响作用可以忽略。

假设 $N=30$，$\lambda=0.2$，运用 MATLAB 软件对方程（4.17）进行数值模拟与分析，模拟结果如图 4.5 和图 4.6 所示。

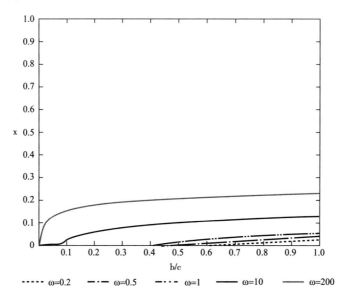

图 4.5 $N=30$，$\lambda=0.2$，ω 不同时，共性技术合作研发模型稳定状态模拟结果

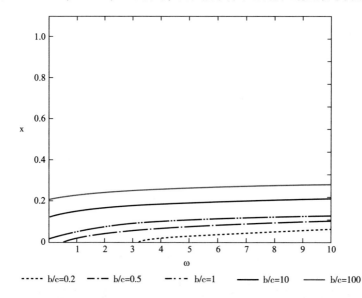

图 4.6 $N=30$，$\lambda=0.2$，b/c 不同时，共性技术合作研发模型稳定状态模拟结果

从图 4.5 和图 4.6 可以看出，时间成本系数 ω 的提升，带动时间成本 w（b）＝ωb（ω＞0）的增加，主体间合作稳定态下选择合作的主体比例 x 有一定程度的提高。只有当时间成本系数或者收益成本比较大时，在原点时 $x^*＞0$。这说明只有时间等待成本与收益成本比符合一定条件时，才会有创新主体愿意开展合作，即 $x^*＞0$。从图 4.5 中可以看出，当 N＝30，λ＝0.2，ω＝1 时，b/c 直到 0.4 时，才有创新主体选择合作。从图 4.6 中可以看出，当 N＝30，λ＝0.2，b/c＝0.5 时，直到 ω＞0.5 时，才有创新主体选择合作。

（3）在时间成本一定的条件下，考虑政府补贴，种群间多主体共性技术合作研发演化分析。

假设 ω＝0.3，运用 MATLAB 软件对方程（4.17）进行数值模拟与分析，模拟结果如图 4.7 和图 4.8 所示。

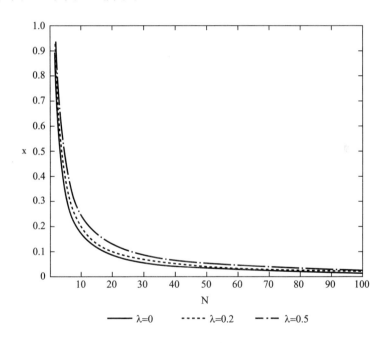

图 4.7　b/c＝2，ω＝0.3，λ 不同时，共性技术合作研发模型稳定状态模拟结果

假设收益成本比 b/c＝2，时间成本系数 ω＝0.3，分别取政府补贴系数 λ 为 0、0.2、0.5，分析主体间合作稳定态下创新主体个数 N 与选择合作主体比例 x 的关系，从图 4.7 中可以看出，政府补贴系数 λ 的增加，提高了选择合作的主体比例 x，说明政府补贴系数可以提升创新主体参与共性技术研发的合作意愿。

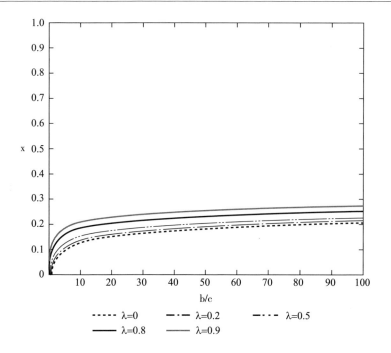

图 4.8　N＝30，ω＝0.3，λ 不同时，共性技术合作研发模型稳定状态模拟结果

假定时间成本系数 ω＝0.3，创新主体总数 N＝30，分别取政府补贴系数 λ 为 0、0.2、0.5、0.8、0.9，分析主体间合作稳定态下收益成本比 b/c 与选择合作主体比例 x 的关系，从图 4.8 中可以看出，政府补贴系数 λ 的增加，同样提高了选择合作的主体比例 x。

4. 群落间多主体共性技术合作研发演化稳定性分析结果

对现有 N 人雪堆博弈模型改进后，加入等待时间成本和政府补贴系数两个参数，结合产业创新生态系统群落间创新主体的特征，应用于群落间创新主体合作开展共性技术研发过程，通过数值模拟进行了分析，分析结果可以总结为：

（1）创新主体总数与收益成本比直接影响共性技术研发合作参与率。

在系统演化到合作与不合作创新主体共存的均衡状态时，在收益成本比一定条件下，选择合作的创新主体比例随着群体规模的减少而增加；在创新主体总数一定条件下，选择合作的创新主体比例随收益成本比的增加而增加。对于产业共性技术研发群体而言，并非创新主体总数越多越好，在一定收益成本比条件下，群体规模越大，企图"搭便车"的主体越多。因此，适当控制创新主体群体规模有利于推进共性技术研发的合作。

（2）时间成本影响共性技术研发主体合作意愿。

对于高新技术产业而言，产业技术的更新速度极快，共性技术越关键，可以带来的收益越高，代理人不参与研发合作所付出的时间成本越高，损失越大。因此，时间成本越高，越能提升创新主体参与合作行为的概率，时间成本是产业共性技术研发过程中的重要影响因子。时间成本通过增大创新主体的损失与收益而影响创新主体的合作选择。时间成本越高，创新主体参与共性技术研发的意愿越强烈，参与合作比例越高，在一定程度上可以抵消其他抑制合作的力量（如群体规模）。

（3）政府补贴对共性技术研发合作参与率有明显的促进作用。

政府补贴可以提升创新主体参与合作所获取的收益，并且与成本直接相关，政府提供补贴占共性技术研发成本的比例越高，创新主体参与共性技术研发所获取的收益就越高，间接地提升了收益成本比，促进创新主体参与共性技术研发合作。对于高新技术产业而言，通常共性技术的前期研发成本较高，收益不稳定，周期较长。因此，在共性技术研发的前期阶段加大政府补贴，可以在一定程度上提升收益成本比，激励创新主体参与共性技术合作研发。

五、高新技术产业创新生态系统群落间产业共性技术研发合作促进策略

基于个体和种群两个层面构建高新技术产业创新生态系统群落间共性技术研发模型，对模型进行求解和仿真分析，分析了收益成本比、政府补贴、时间成本等因素对创新主体合作研发共性技术的影响。结合模型仿真分析结果，从以下方面提出促进高新技术产业创新生态系统群落间共性技术研发合作的管理策略。

（一）加强联盟制度建设，降低联盟内部资源协调成本，减少"搭便车"行为

共性技术研发涉及的技术领域较多，需要大额资金投入，从个体层面的共性技术研发模型分析来看，在纯市场环境下，创新主体双方纯理性的条件下，如果

没有其他要素的推动，那么单个创新主体会安于现状不愿意投入研发共性技术，这样就导致了市场失灵。

技术研发联盟是最适合产业共性技术研发的合作模式之一。建立共性技术研发联盟，可有效解决共享技术研发过程中的资源、成本、风险等问题，加强共性技术创新联盟建设，可以提高产业整体核心竞争能力。

（1）加强联盟内部制度建设。

在共性技术研发联盟中，联盟内部各创新主体应分工明确、责权明晰，既相互促进又彼此约束。此外，联盟内部创新主体在管理机制、价值追求等方面存在一定的差异。因此，应当建立、强化联盟内部规则及制度，提高联盟内部一致性，提升联盟运行效率，为共性技术研发提供良好的环境、制度支持，提高共性技术的产出效率，提升共性技术研发的内在动力。

（2）降低联盟内部资源协调、信息沟通成本。

共性技术研发联盟本身集成了产、学、研、金等各方资源，形成多渠道共同投入的平台，联盟内部创新主体众多且资源类型复杂分散，联盟内部的协调成本及沟通成本相对较高，需要联盟内部建立、强化资源整合机制，建设联盟内产业和技术的资源共享平台，有效整合、集中联盟内部创新主体的优势资源，降低共性技术研发内部资源的协调成本，提高产业共性技术的研发能力及研发效率。同时，应加强联盟内部创新主体间尤其是企业与高校、科研院所间的信息沟通与交流，降低沟通成本，提升沟通效率。

（3）规范联盟成员"搭便车"行为。

产业共性技术具有准公共产品的特点，共性技术创新投入大、风险高、外溢性强，不能期望所有主体均选择参与研发。当产业联盟规模较大时，联盟须完善监督防范机制，规范联盟成员行为，减少联盟主体不参与合作而享受共性技术的"搭便车"行为，降低机会主义倾向，提升联盟成员合作意愿。

（二）强化政府在产业共性技术研发过程中的规划、指导与补贴作用

产业共性技术研发投入大、风险高，在纯市场环境下，往往难以达到预期研发目标。基于模拟结果可知，政府在产业共性技术研发过程中的补贴有助于提高创新主体合作意愿，进而提升产业共性技术研发的成功率。政府对产业共性技术合作研发的补贴包括物质、资金、政策等方面，补贴形式可以为规划指导、项目合作、资金支持、税收减免等。

（1）政府应有效预测产业共性技术并制订产业共性技术开发计划。

政府从国家战略、区域经济发展全局出发，针对产业共性技术的指导性政策是产业创新生态系统内部创新主体进行基础研究及技术创新的指挥棒。政府应根据市场、社会建设的需求，避免出现共性技术选择与市场需求、研发及生产部门相脱节的现象，应科学区分应用类共性技术及基础性共性技术，构建产业共性技术评价及选择标准，对产业共性技术的发展趋势进行有效的分析及预测，制定产业共性技术发展规划及研发计划，引导创新主体积极开展共性技术研发并保持正确的研发方向。

（2）政府牵头建设产业内部技术、资源共享平台。

政府相关部门应对产业内部优势资源进行整合，以国家和省部级重点实验室、工程（技术）研究中心及高新技术研发基地等为载体，打造政府引导、国家研究所（院）、高校和企业合作研究的"政产学研"协同平台，加强资源共享平台的构建及运行维护，克服产业共性技术研发的组织失灵问题。

（3）加强政府扶持与补贴。

政府财政直接拨款是政府参与产业创新生态系统多主体协同研发共性技术最直接的方式。政府通过向高校、科研院所、企业等创新主体资金拨款，直接解决资金短缺问题，保障持续投入共性技术研发资源。政府还应实施税收优惠及适度减免政策，降低共性技术研发主体成本费用，达到对创新主体开展产业共性技术研发的激励效果。此外，政府可鼓励金融机构、风险投资机构对发展前景良好的高新技术产业共性技术研发项目进行投资，以此扶持与补贴高新技术产业共性技术的合作研发。

（三）探索建立产业共性技术研发成果的知识产权制度

产业共性技术的准公共品、基础性等特性，往往导致单个创新主体不愿投入共性技术研发。与此同时，产业共性技术的共性特征又使得该类技术的扩散及共享对产业发展至关重要。因此，如何平衡好共性技术成果的知识产权归属及共性技术成果的有效扩散这两个问题，对产业共性技术研发意义重大。

（1）完善由产业共性技术合作研发联盟拥有知识产权归属的保护制度。

作为一种智力、技术成果，产业共性技术合作研发成果的知识产权归属会直接影响研发主体的积极性和经济效益，但产业共性技术的最终应用目标是实现产业整体层面应用共性技术，以提升产业效率及区域产业竞争力，某个或部分创新主体独占共性技术研发成果与此目标相悖。基于此，可将共性技术合作研发成果知识产权归属于共性技术合作研发联盟，由联盟享有知识产权并共享收益，对于不参加共性技术合作研发的主体，其需要支付一定的时间成本即等待一段时间后方可享有共性技术，这在一定程度上可以缓解共性技术的供给失灵。

（2）政府通过直接支付或补贴的方式取得产业共性技术知识产权，促进共性技术的共享和扩散。

共性技术知识产权如果完全免费或无条件共享，那么产业创新生态系统内部创新主体"搭便车"行为很可能被滥用，严重挫伤创新主体参与合作研发的积极性，产业共性技术合作研发机制将无法运行。因此，应在充分考虑"共性"前提下建立共性技术的知识产权制度，政府适当干预，政府可对共性技术知识产权拥有方做出一定补偿，推动知识产权拥有方降低共性技术的转让费用，或由政府直接支付购买知识产权，推动共性技术的共享与扩散。

六、本章小结

本章从产业创新链视角，主要面向高新技术产业创新群落间合作的基础任务——共性技术研发，研究了高新技术产业创新群落间个体及种群层面的合作与共生演化。采用两人雪堆博弈模型，研究高新技术产业创新群落间个体层面的共性技术合作研发。采用改进的 N 人雪堆博弈模型，加入时间成本和外界奖励参数，构建高新技术产业创新群落间种群层面的共性技术研发合作模型，仿真分析在收益成本比、种群规模、时间成本、政府补贴等不同因素影响下，高新技术产业创新种群间多主体的共性技术合作研发演化。仿真结果发现，创新主体总数与收益成本比直接影响共性技术研发合作参与率；时间成本越高，创新主体参与共性技术研发的意愿越强烈，参与合作比例越高；政府补贴对共性技术研发合作参与率有明显的促进作用。根据共性技术研发合作模型仿真分析结果，从加强联盟制度建设、强化政府指导作用、建立知识产权保护制度等方面，提出了促进高新技术产业创新生态系统群落间共性技术研发合作的管理策略。

第五章　高新技术产业创新生态系统
创新群落与创新环境适宜度研究

　　创新研究从创新系统发展到创新生态系统，最显著的变化在于从关注创新系统内部的相互作用转变到关注系统与外部环境之间的相互作用。基于生态系统视角，高新技术产业创新活动是高新技术产业创新系统中创新个体、种群及群落应对创新环境发展、变动的过程，创新群落与外部环境之间的交互与适应推动着高新技术产业创新生态系统不断演化。产业创新生态位适宜度是产业技术创新与产业所处环境协调发展关系的度量，适宜度越高，越有利于产出创新成果以及提高产业创新效率。本章基于生态位适宜度，研究高新技术产业创新生态系统内部创新群落与创新环境的适宜度问题，探索高新技术产业创新生态系统创新群落与创新环境适宜度对产业创新产出的影响。

一、高新技术产业创新生态位及适宜度

（一）产业创新生态系统创新群落与创新环境关系

　　产业创新生态系统包括创新生产者、创新消费者、创新分解者和创新环境等组成部分，生产者、消费者、分解者与环境之间双向交互，物质、能量、知识在系统内部交互。基于生态系统运行视角，产业创新生态系统处于整体创新环境中，是一个把知识、技术、政策、人力、资金等生态因子转化为创新生产力的生态系统，而创新生态因子是影响创新种群相互作用的各种环境要素的综合，生态

因子的时空分布及变化对创新生态系统各种群的生存、生长与发展具有重要的影响，产业创新生态系统内部群落与环境之间相互联系、相互影响，共同推进创新生态系统的创新发展。

创新活动是创新系统中物种、种群及群落应对创新环境发展、变动的过程。各种群在生长发展过程中，会根据环境的变化形成相应的适应能力，这种适应性能力会因为种群的发展周期而不同。即便在相同的发展周期内，这种适应性能力也会因为资源因子输入量的差异而出现不同的反应，而这其中的原因就是各种群的生态位适宜度有所差异。

在产业创新生态系统中，创新环境中存在着先进的技术、高质量的人才、充裕的资金、充足的市场信息等各种资源，这些资源在种群与环境、群落与环境之间进行循环、交换，推动产业创新生态系统内部种群相互竞争、合作、共同依存，进而持续动态演化与发展。

产业创新生态位适宜度是指产业创新群落与产业创新环境的匹配度，直接影响着产业创新生态系统内部创新种群、群落的发展。产业创新群落与产业创新环境匹配度越高，说明资源因子对产业创新群落的支撑越好。产业创新群落对产业创新环境适应越好，越利于产出创新成果，也可更好地提升产业创新生态系统的可持续发展能力。

（二）高新技术产业创新生态位

1957 年，Hutchinson 提出生态位是 n 维资源空间的超体积[190]，此定义为生态位的定量研究开拓了研究思路，推动生态位研究从定性阶段转到定量分析阶段，也奠定了现代生态位理论研究的基础[191]。李自珍在生态位定量研究基础上，对生态位理论进行了分析和延伸，他认为生态位是生物种生态学特征的定量描述，反映一个生物种对环境的需求、环境对生物种的影响、生物种与其所在生物群落中其他生物种间的关系，这种关系可利用表达环境条件的向量集到表征种属性集上的一种映射进行测算[192]。

高新技术产业创新生态位是指高新技术产业演化过程中在市场、政策、资源、文化等创新环境所占据的位置，体现高新技术产业在特定时期、特定环境内所占据的物理空间位置，是高新技术产业在特定尺度下、一定生态环境中的地位，也体现高新技术产业在市场环境、创新政策、创新资源及创新文化等生态因子构成的梯度中的地位。高新技术产业创新生态位是产业创新的属性特征表现，能够定量地表达高新技术产业创新与生态环境间的互相作用关系。对高新技术产业而言，创新生态位也反映了产业在长期生存竞争中，所拥有的最适合产业创新的时空位置[193]。

基于 Hutchinson 的 n 维超体积模型，提出高新技术产业创新生态位的超体积模型，综合考虑高新技术产业创新生态系统创新环境中的 n 个生态因子：市场、政策、资源、文化等，将 n 个生态因子量化指标的标准化值分别记为 x_1，x_2，$\cdots$，x_n，则高新技术产业创新生态位可用非负 n 元函数表示：

$$f(X) = f(x_1, x_2, \cdots, x_n) \quad X \in E^n \tag{5.1}$$

其中，$X = (x_1, x_2, \cdots, x_n)$。

基于产业创新主体对环境中创新资源利用的视角，各生态因子 x_1，x_2，$\cdots$，x_n 皆是广义的创新资源，对各种创新资源进行量化表达，各种创新资源量化指标的变化构成 n 维空间中的 1 个集合，集合中的 1 个点就是创新资源变化过程的每组观察值。对于高新技术产业创新生态系统而言，从不同时期对创新资源进行观测，每组观测值可表示为 $X_t = (x_{t1}, x_{t2}, \cdots, x_{tn})$，$X_t$ 表示在 t 时间创新群落在一定环境条件下的一个现实创新生态位，X_t 就是 n 维资源空间中的一个点。

(三)高新技术产业创新生态位适宜度

在定量化生态位概念基础上，李自珍等提出种群生态位适宜度的概念，生物种群生态位适宜度是表达种群属性的最适生态位点与表征生态环境属性的现实资源值间的贴近程度，该定义用生态位适宜度来反映需要特定资源系谱的生物种群对其生态环境的适宜性，也可以看作生态环境中的资源条件对生物种群需求的满足度[194]。

覃荔荔等将种群生态位适宜度引入创新生态系统中[195-197]，建立创新生态系统生态位适宜度模型，研究创新生态位适宜度测度问题，建立 n 维空间中的创新生态位适宜度数学模型，利用创新生态位适宜度测度各类资源的支持情况，对产业创新环境中各类资源的支持情况进行定量分析。

高新技术产业创新生态位适宜度是产业技术创新与产业所处环境协调发展关系的度量，反映了产业环境中所提供资源满足产业技术创新需要的潜在能力和现实水平，高新技术产业创新生态位适宜度的数学表达就是创新种群具有的现实资源位与其最适创新生态位点之间的贴近度。

在 n 维资源空间中，若是存在着某一资源位 $X_a = (x_{a1}, x_{a2}, \cdots, x_{an})$，使产

业创新种群的创新生态位测度值达到最大，即：

$$f(X_a) = \max\{f(X)\} \quad X \in E^n \tag{5.2}$$

则称 X_a 为产业创新种群的最适宜资源位，也即最适宜创新生态位[198]。

高新技术产业创新生态位适宜度是表征产业创新种群的最适创新生态位 X_a 与表征产业生态环境条件的现实资源位 X_t 之间的贴近程度，用数学模型形式表达为：

$$F = H(X_a, X_t) \quad X_t, X_a \in E^n \tag{5.3}$$

产业创新生态位适宜度值 $F \in [0, 1]$，$H(X_a, X_t)$ 为计测两组数据 $X_a = (x_{a1}, x_{a2}, \cdots, x_{an})$ 和 $X_t = (x_{t1}, x_{t2}, \cdots, x_{tn})$ 之间的百分比相似性公式，用于测度种群属性特征与生境特征之间的相似程度，或测度产业创新环境供给与创新种群最适需求间的相似程度。F 值越大，表示适宜度越高，当 X_t 有较大幅度变动时，F 在区间 $[0, 1]$ 上有较宽的分布范围。

二、产业创新生态位适宜度模型构建

假设产业创新种群在 m 时间下，对 n 个生态因子进行观测，各生态因子数据值 $x_{ij}(i=1, 2, \cdots, m; j=1, 2, \cdots, n)$ 与最适值 $x_{aj}(j=1, 2, \cdots, n)$ 构成如表5.1所示：

表 5.1 产业创新生态因子观测数据

序号	观测指标					
	x_1	x_2		x_j		x_n
1	x_{11}	x_{12}	$\cdots$	x_{1j}	$\cdots$	x_{1n}
2	x_{21}	x_{22}	$\cdots$	x_{2j}	$\cdots$	x_{2n}
$\cdots$	$\cdots$	$\cdots$	$\cdots$	$\cdots$	$\cdots$	$\cdots$
i	x_{i1}	x_{i2}	$\cdots$	x_{ij}	$\cdots$	x_{in}
$\cdots$	$\cdots$	$\cdots$	$\cdots$	$\cdots$	$\cdots$	$\cdots$
m	x_{m1}	x_{m2}	$\cdots$	x_{mj}	$\cdots$	x_{mn}
最适值	x_{a1}	x_{a2}	$\cdots$	x_{aj}		x_{an}

表中的最适值主要通过实验方式取得，通常情况下取评价指标中的最大值或最小值来确定。对于产业创新生态系统而言，如果产业内资源属于正向指标，即该类指标值越大，则越利于推进产业创新发展，该生态因子的最适值为1；反之，如果产业内资源属于负向指标，该类指标值越大，越抑制产业创新发展，该生态因子的最适值为0。

1. 数据标准化

为消除各生态因子指标单位不一致可能带来的影响，对数据进行标准化处理，表达如下：

$$x'_{ij} = x_{ij}/x_j \, (\max) \tag{5.4}$$

其中，x'_{ij} 表示 i 时间 x_j 因子的无量纲化值，$x_j \, (\max)$ 为 x_j 因子最大值，$i = 1, 2, \cdots, m$；$j = 1, 2, \cdots, n$。

2. 各生态因子的最佳生态位 X_a

假定指标体系中各生态因子均为正向指标，则最佳生态位 $X_a = (x_{a1}, x_{a2}, \cdots, x_{an})$，其中第 j 个生态因子的取值即为：

$$x'_{aj} = \max(x'_{ij}) \quad j = 1, 2, \cdots, n \tag{5.5}$$

3. 高新技术产业创新生态位适宜度模型

创新生态位适宜度反映了产业创新现实资源位与最适创新生态位之间的贴近度，通常采用几何贴近度来构建高新技术产业创新生态位适宜度模型[199]：

$$F_i = \sum_{j=1}^{n} \omega_j \frac{W'_{\min} + \varepsilon \cdot W'_{\max}}{W'_{ij} + \varepsilon \cdot W'_{\max}} (i = 1, 2, \cdots, m; j = 1, 2, \cdots, n) \tag{5.6}$$

$$W'_{ij} = |x'_{ij} - x'_{aj}| \tag{5.7}$$

$$W'_{\max} = \max\{W'_{ij}\} = \max\{|x'_{ij} - x'_{aj}|\} \tag{5.8}$$

$$W'_{\min} = \min\{W'_{ij}\} = \min\{|x'_{ij} - x'_{aj}|\} \tag{5.9}$$

其中，F_i 表示第 i 时间产业创新生态位适宜度，ε 为模型参数（$0 \leqslant \varepsilon \leqslant 1$），$\omega_j$ 为各生态因子权重，W'_{ij} 表示 x'_{ij} 和 x'_{aj} 之间的绝对差，$W'_{\max}$ 和 $W'_{\min}$ 表示 W'_{ij} 的最大值和最小值。参数 ε 的估算通常在假定 $F_i = 0.5$ 时，用下式来估算：

$$\frac{W'_{\min} + \varepsilon \cdot W'_{\max}}{\overline{W}_{ij} + \varepsilon \cdot W'_{\max}} = 0.5 \tag{5.10}$$

$$\overline{W}_{ij} = \frac{1}{m \cdot n} \sum_{i=1}^{m} \sum_{j=1}^{n} W'_{ij} \tag{5.11}$$

由式（5.10）可解出 ε 的值：

$$\varepsilon = \frac{\overline{W}_{ij} - 2W'_{min}}{W'_{max}}$$

(5.12)

三、高新技术产业创新生态位适宜度评价指标体系构建

高新技术产业创新生态系统内部创新群落所处环境中包含若干生态因子，这些生态因子构成了高新技术产业创新所需的资源。因此，根据第二章高新技术产业创新生态系统环境因素，主要包括市场环境因子、创新政策因子、创新资源因子、创新文化因子，以此构建高新技术产业创新生态位适宜度评价指标体系。

1. 市场环境因子

市场环境因子主要包括国内市场需求和国际需求两部分，其中国内市场需求指标主要通过产业总值来衡量，产业总值是分析产业市场环境的重要指标，也是衡量产业生产与销售状况的综合经济指标。产业总值高，增加幅度大，说明产业市场需求强劲，产业有强劲的发展势头。对于高新技术产业而言，特别是部分具有国际竞争力的产业而言，国际出口额也是产业市场环境的重要衡量指标，对部分特殊产业而言，国际出口情况甚至直接影响产业市场环境的优劣。

2. 创新政策因子

创新政策是政府所提供的公共产品、公共服务和社会经济规制措施的总和。政府的社会经济规制措施则主要体现为政府通过自身收入和支出的变动、货币供应量和货币流通速度的调节来影响创新主体获取资源总量的过程，对产业创新生态系统的生存和发展具有至关重要的意义。

创新政策因子主要包括定性和定量两个部分，定性方面主要体现政府在规划、引导、支持及规范等方面所制定的政策对高新技术产业发展的正向促进作用；定量方面则是政府对于高新技术产业的直接补贴资金额度，包括政府补贴产品及政府购买产品等方面。

3. 创新资源因子

创新资源是产业创新活动能够持续开展的基础，高新技术产业创新资源主要

包括产业所需人才资源、产业发展所需资金等。高素质人才是创新活动必不可少的资源要素，高素质人才的供给需要优质劳动力市场的保障。足够数量和质量的人才储备是创新活动正常进行的必要前提，人才对于高新技术产业的发展具有重要的支撑作用，产业人才培养数量是产业创新环境的重要影响因素之一。资金是技术创新活动能否顺利进行的重要约束性资源，外部投资是高新技术产业持续开展创新及研发活动的重要资金来源，也是体现产业资金环境的重要指标。外部投入高新技术产业的资金总额越高，说明高新技术产业目前的创新资源环境越好。

4. 创新文化因子

创新文化是创新活动中各行为主体在长期的技术创新发展中所形成的创新价值观，并外化为各个主体普遍遵守的行为规则。充满创新文化氛围的环境对创新生态系统的持续创新具有显著的推动作用。创新文化能够对创新效率的提升起到催化作用。

高新技术产业内部产业创新联盟、创新协会等平台的建立是高新技术产业创新文化形成的基础，基于该类平台或相关行业协会所组织的人才培训、科技创新活动、科技论坛等活动举办情况是创新文化氛围的重要体现。

基于上述论证，并广泛征询高新技术产业领域专家、高校及科研机构产业相关科研人员的意见与建议，构建高新技术产业创新生态位适宜度评价指标体系（详见表5.2）。

表5.2　高新技术产业创新生态位适宜度评价指标体系

生态因子	具体指标	实测指标
市场环境因子	国内市场需求	产业总值
	国际市场需求	出口额
创新政策因子	政策体系	政策对产业的规划、引导、支持、规范力度
	政府补贴	政府针对产业的资金补贴额度
创新资源因子	人才资源	产业人才储备
	资金资源	外部投资总额
创新文化因子	创新文化氛围	产业人才培训、技术交流、科技论坛等活动举办及信息沟通、知识共享平台建设情况

四、高新技术产业创新生态位适宜度实证研究

根据前文所构建的高新技术产业创新生态位适宜度评价指标体系及评价模型，以我国光伏产业为实例，分析我国光伏产业创新生态位适宜度。

（一）光伏产业数据采集

结合我国光伏产业实际情况，并广泛征询涉及多晶硅、硅片、电池片、光伏组件等研发、制造企业的骨干人员、行业专家、高校及科研机构产业相关科研人员的意见与建议，本书选择合适的数据来源，确定了我国光伏产业创新生态位适宜度评价指标体系（详见表5.3），并采集了我国光伏产业2009~2018年产业创新生态位适宜度的实测指标数据。

表5.3 我国光伏产业创新生态位适宜度评价指标体系

生态因子	具体指标	实测指标
市场环境因子	国内市场需求	国内光伏新增装机量
	国际市场需求	光伏产品出口额
创新政策因子	政策体系	政策对产业的规划、引导、支持、规范力度（专家评分）
	政府补贴	政府购买光伏上网电价
创新资源因子	人才资源	相应本科专业数量
	资金资源	可再生能源投资总额
创新文化因子	创新文化氛围	（1）光伏产业联盟、光伏行业协会举办人才培训、技术交流、专题研讨、科技论坛等活动情况（专家评分） （2）产业信息沟通、知识共享平台建设情况（专家评分）

我国光伏新增装机量、光伏产品出口额、政府购买光伏上网电价数据来源于中国光伏行业协会、中国电子信息产业发展研究院编写的《中国光伏产业年度报告》（2010~2018年）以及国家发改委相关通知。自2013年起，政府购买光伏上网电价对于三类资源地区实施不同的电价政策，本书选取居中的二类资源地区作为数据来源。此外，分为光伏电站标杆上网电价和分布式光伏余电上网电价补贴

两部分，分布式光伏余电上网电价＝当地燃煤发电标杆上网电价+国家补贴，本书按照光伏电站标杆上网电量和分布式光伏余电上网电量各分布 50% 的情况，全国燃煤发电标杆电价按照各省份价格取平均值，计算出 2013～2018 年政府购买光伏上网电价（见表 5.4）。

表 5.4　我国光伏产业 2009～2018 年各生态因子实际值

年份	国内光伏新增装机数（十亿瓦）	光伏产品出口额（亿美元）	政策规划、引导、支持、规范力度（分）	政府购买光伏上网电价（元/千瓦时）	相应本科专业数量（个）	可再生能源投资总额（亿美元）	创新文化氛围（分）
2009	0.16	136.8	1.65	1.09	13	382	1.9
2010	0.5	305.2	1.8	0.99	13	489	2.25
2011	2.7	358.2	1.95	1.15	25	520	1.95
2012	3.2	233	2.3	1.00	42	596	2.05
2013	9.58	122.9	2.45	0.87	55	560	2.15
2014	10.56	144.6	2.65	0.87	72	895	2.45
2015	15.13	156.5	3.15	0.87	94	1029	3.4
2016	34.54	140.5	3.7	0.84	117	966	3.5
2017	53.06	145.3	3.9	0.77	137	1266	3.7
2018	44.26	161.1	4.25	0.65	162	912	3.75

政策体系指标由涉及多晶硅、硅片、电池片、光伏组件等研发、制造企业的骨干人员、行业专家、高校及科研机构产业相关科研人员，根据《中国光伏产业年度报告》中历年国家和地方出台的涉及光伏产业的有关政策对当年各级政府政策对光伏产业的规划、引导、支持、规范力度进行评分，评分范围为 1～5 分，支持力度最大时为 5 分，由专家评分的平均值确定政策体系指标分值（见表 5.4）。

经广泛调研我国光伏研发与制造企业骨干人员并征询领域学者专家意见，目前新能源材料与器件、新能源科学与工程两个专业是光伏产业培养本科层次高水平人才的最主要专业。因此，本书选择这两个专业的设置情况来反映我国光伏产业的人才资源情况。实测指标"相应本科专业数量"主要选取与光伏产业紧密相关的新能源材料与器件、新能源科学与工程两个专业的开办情况，数据来源于教育部《关于公布年度普通高等学校本科专业备案和审批结果的通知》（2011～

2018 年）。2010 年，教育部公布了首批战略性新兴产业相关本科专业名单，新能源材料与器件、新能源科学与工程两个专业在列，且培养的人才主要面向新能源产业，包括太阳能、风能、生物质能等，满足产业发展对新能源领域教学、科研、技术开发、工程应用、经营管理等方面的专业人才需求。由于国家 2011 年才新设这两个专业，2009 年和 2010 年取全部年份中新增专业最少年份的新增专业数量（见表 5.4）。

产业资金资源指标取自我国年度可再生能源投资总额，我国年度可再生能源投资总额来源于《全球可再生能源投资趋势报告》（2009～2018 年），该报告由联合国环境署每年对可再生能源，包括太阳能、风能、生物质能、地热能、海洋能和中小型水电等进行统计，投资形式包括可再生能源领域的研发投入、风投私募、公开市场融资和兼并收购等。

创新文化因子中创新文化氛围指标由涉及多晶硅、硅片、电池片、光伏组件等研发、制造企业的骨干人员、行业专家、高校及科研机构产业相关科研人员，根据中国光伏产业联盟、中国光伏行业协会历年所举办的人才培训、技术交流、专题研讨、科技论坛等活动情况以及产业的信息沟通、知识共享平台建设情况进行评分，评分范围为 1～5 分，创新文化氛围最好时为 5 分，由专家评分的平均值确定政策体系指标分值（见表 5.4）。

经数据采集，我国光伏产业在 2009～2018 年这 10 个时段下的 7 个生态因子实际值如表 5.4 所示。利用式（5.4）对这 10 年光伏产业的原始数据进行标准化，标准化后的各指标数据如表 5.5 所示。

表 5.5　我国光伏产业 2009～2018 年各生态因子标准化值

年份	国内光伏新增装机数	光伏产品出口额	政策规划、引导、支持、规范力度	政府购买光伏上网电价	相应本科专业数量	可再生能源投资总额	创新文化氛围
2009	0.0030	0.3819	0.3882	0.9478	0.0802	0.3017	0.5067
2010	0.0094	0.8520	0.4235	0.8609	0.0802	0.3863	0.6000
2011	0.0509	1.0000	0.4588	1.0000	0.1543	0.4107	0.5200
2012	0.0603	0.6505	0.5412	0.8696	0.2593	0.4708	0.5467
2013	0.1806	0.3431	0.5765	0.7565	0.3395	0.4423	0.5733
2014	0.1990	0.4037	0.6235	0.7565	0.4444	0.7070	0.6533
2015	0.2851	0.4369	0.7412	0.7565	0.5802	0.8128	0.9067

续表

年份	国内光伏新增装机数	光伏产品出口额	政策规划、引导、支持、规范力度	政府购买光伏上网电价	相应本科专业数量	可再生能源投资总额	创新文化氛围
2016	0.6510	0.3914	0.8706	0.7304	0.7222	0.7630	0.9333
2017	1.0000	0.4056	0.9176	0.6696	0.8457	1.0000	0.9867
2018	0.8342	0.4497	1.0000	0.5652	1.0000	0.7204	1.0000

（二）我国光伏产业创新生态位适宜度计算

1. 各创新生态因子最佳生态位确定

根据式（5.5），可知各创新生态因子的最佳创新生态位 $x_{aj} = max(x'_{ij}) = 1$，$j = 1，2，\cdots，n$，最适创新生态位 $X_a = (1，1，1，1，1，1，1)$。

2. 计算参数 ε

根据式(5.7)至式(5.12)，可得：

$W'_{max} = 0.9970$；$W'_{min} = 0$；$\overline{W_{ij}} = 0.4173$；$\varepsilon = 0.4185$。

3. 计算光伏产业创新生态位适宜度

将 W'_{ij}、W'_{max}、W'_{min}、ε 等值代入式(5.6)，令 $\omega_j = 1/n(j = 1，2，\cdots，n)$，得到我国光伏产业创新生态位适宜度结果(见表5.6)。

表 5.6　我国光伏产业 2009~2018 年产业创新生态位适宜度计算结果

年份	国内光伏新增装机数	光伏产品出口额	政策规划、引导、支持、规范力度	政府购买光伏上网电价	相应本科专业数量	可再生能源投资总额	创新文化氛围	适宜度
2009	*0.2951*	0.4030	0.4055	0.8889	0.3121	0.3741	0.4582	0.4481
2010	*0.2964*	0.7382	0.4199	0.7499	0.3121	0.4047	0.5106	0.4903
2011	*0.3054*	1.0000	0.4354	1.0000	0.3304	0.4146	0.4650	0.5644
2012	*0.3075*	0.5442	0.4763	0.7619	0.3603	0.4409	0.4793	0.4815
2013	*0.3374*	0.3885	0.4963	0.6315	0.3872	0.4280	0.4944	0.4519
2014	*0.3425*	0.4117	0.5257	0.6315	0.4289	0.5874	0.5462	0.4963
2015	*0.3686*	0.4256	0.6172	0.6315	0.4985	0.6903	0.8172	0.5784
2016	0.5445	*0.4068*	0.7633	0.6075	0.6004	0.6378	0.8622	0.6318

续表

年份	国内光伏新增装机数	光伏产品出口额	政策规划、引导、支持、规范力度	政府购买光伏上网电价	相应本科专业数量	可再生能源投资总额	创新文化氛围	适宜度
2017	1.0000	*0.4125*	0.8352	0.5581	0.7300	1.0000	0.9690	0.7864
2018	0.7156	*0.4313*	1.0000	0.4897	1.0000	0.5988	1.0000	0.7479

注：表中斜体标注的是每年创新生态位适宜度最低的生态因子。

（三）我国光伏产业创新生态位适宜度实证结果分析

（1）我国光伏产业创新生态位适宜度整体处于上升趋势，但近年略有下降。

2009~2018 年，我国光伏产业创新生态位适宜度平均值为 0.5677，整体适宜度一般，2017 年、2018 年适宜度均高于 0.7，2009 年、2010 年、2012 年、2013年、2014 年适宜度均低于 0.5。从我国光伏产业创新生态位适宜度发展趋势图（见图 5.1）来看，我国光伏产业创新生态位适宜度从 2013 年开始持续攀升，到2017 年达到最高，2018 年略有下降。2018 年 5 月，国家发布《关于 2018 年光伏发电有关事项的通知》，提出了降低新投运的光伏电站标杆上网电价等举措和要求，简称"531"新政。可能是由于 2018 年我国可再生能源投资额度较大幅度下降、"531"新政实施，国内光伏新增装机量增长受限，产业创新生态位适宜度受到一定影响，2018 年下降到 0.7479，但总体上我国光伏产业创新生态位适宜度处于上升趋势。

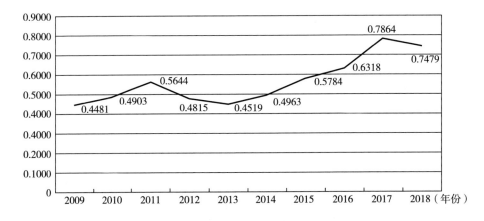

图 5.1 我国光伏产业创新生态位适宜度发展趋势

（2）单个生态因子适宜度最低的指标为国内光伏新增装机数和光伏产品出口额两个指标。

从我国光伏产业 2009~2018 年产业创新生态位适宜度计算结果中可以看出，2009~2015 年我国国内光伏新增装机数即国内市场需求生态因子创新生态位适宜度在当年所有生态因子创新生态位适宜度中一直最低，2016~2018 年光伏产品出口额对应的创新生态位适宜度一直最低。

2015 年以前国内对光伏产业的市场需求一直不高，随着国家对国内光伏发电的补贴激励政策，国内光伏新增装机容量从 2015 年的 151.3 亿瓦快速上涨到2016 年的 345.4 亿瓦，我国光伏产业终于摆脱以往严重依赖出口的局面，国内市场需求不再成为我国光伏产业创新生态位适宜度上的最薄弱环节。出口额仍没有恢复到 2010~2011 年的额度水平，国际市场需求从 2016 年开始成为我国光伏产业创新生态位适宜度的限制因素。从总体趋势来看，我国光伏产品出口额也在逐步上升，有可能在未来带动我国光伏产业创新生态位适宜度不断提升。

五、我国光伏产业创新生态位适宜度与产业创新产出关系统计分析

为了更好地研究我国光伏产业创新生态位适宜度的合理性，探索创新生态位适宜度与产业发展的互动演化，研究产业创新生态环境与产业创新成果的相关性，本节将利用相关分析和回归分析，研究我国光伏产业创新生态位适宜度与产业创新产出的关系。

（一）产业创新产出指标构建及数据采集

本书选取年度申请专利数指标来反映光伏产业创新产出。光伏产业专利申请情况来自国家知识产权局的专利检索及分析数据库，检索公式为（以 2017 年为例）：申请日 = 20170101：20171231 and IPC 分类号 =（H01L25 or H01L27 or H01L31 or H02S or B60 or B62 or E04D13 or F02C1/05 or F03G6 or F21L4 or F21S9 or F24S or G05F1/67）and（（摘要 =（光伏 or 太阳能 or 太阳电池））or（（摘要 =（硅 or 硅片 or 硅碇））and（摘要 =（单晶 or 多晶 or 非晶 or 铸锭 or 坩埚 or

线切割 or 制绒 or 石英管 or CVD or 烷流化 or PERC）））or（（摘要 =（薄膜 or 电池 or 玻璃））and（摘要 =（硅基 or 多元化合物 or 单晶 or 多晶 or 非晶 or CIGS or cdte or CVD）））or（（摘要 =（组件 or 封装 or 层压 or EVA or 系统 or 电站 or 发电 or 控制器 or 并网 or 逆变器 or 交流配电柜 or 跟踪控制））and（摘要 =（太阳 or 阳光）））or（摘要 =（photovoltaic or solar））or（（摘要 =（silicon or silicon ingot or silicon wafer））and（摘要 =（single crystalline or mono crystalline or poly crystalline or multi crystalline or amorphous silicon or a-si or crucible or wirecutting or texturing or quartz tube or CVD or fluidized-bed or PERC）））or（（摘要 =（Thin-film or cell or battery or glass））and（摘要 =（Si-based or single crystalline or mono crystalline or poly crystalline or multi crystalline or amorphous silicon or a-si or CIGS or Copper Indium Gallium Diselenide or cdte or cadmium telluride or CVD）））or（（摘要 =（Components or module or encapsulation or lamination or EVA or system or power station or power or controller or grid-connected or grid-connected inveter or power Distribution cabinet or tracking controller））and（摘要 =（sun or sunlight））））and 申请人所在国（省）=（北京 or 上海 or 重庆 or 天津 or 河北 or 黑龙江 or 吉林 or 辽宁 or 山东 or 河南 or 陕西 or 山西 or 湖北 or 湖南 or 江苏 or 安徽 or 青海 or 浙江 or 广东 or 云南 or 甘肃 or 江西 or 贵州 or 福建 or 海南 or 四川 or 内蒙古 or 新疆 or 宁夏 or 广西 or 西藏）。检索结果如表 5.7 所示。

表 5.7　2009~2018 年我国光伏产业申请专利数量统计

年份	年度申请专利数量（个）
2009	2245
2010	3405
2011	5102
2012	6297
2013	6151
2014	8291
2015	10878
2016	14747
2017	20508
2018	18570

（二）产业创新生态位适宜度与产业创新产出相关性分析

采用 SPSS 软件的 Pearson 相关分析，将 2009~2018 年光伏产业创新生态位适宜度与对应年度申请专利数量进行相关性分析,分析结果如表5.8所示。

表 5.8　我国光伏产业创新生态位适宜度与产业创新产出相关分析结果

		适宜度	创新产出
适宜度	Pearson 相关性	1	0.941
	显著性(双侧)		0.000
	N	10	10
创新产出	Pearson 相关性	0.941	1
	显著性(双侧)	0.000	
	N	10	10

从分析结果可知,两者之间的相关系数为0.941,双侧显著性值为0,我国光伏产业创新生态位适宜度与产业创新产出高度正相关。从两组数据的趋势图(见图5.2)可以看出,随着光伏产业创新生态位适宜度越高,意味着创新生态环境越好,则产业创新产出越高,越会推进产业创新。

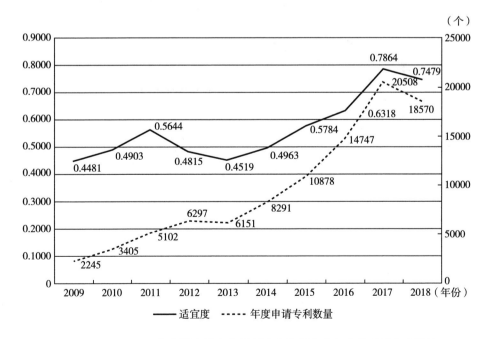

图 5.2　2009~2018 年我国光伏产业创新生态位适宜度与产业创新产出趋势

（三）产业创新生态位适宜度与产业创新产出回归分析

1. 产业创新生态位适宜度与产业创新产出呈显著正相关关系

采用 SPSS 软件的线性回归分析，将 2009~2018 年光伏产业创新生态位适宜度与对应年度申请专利数量进行回归分析，分析结果如表 5.9 所示。

表 5.9　我国光伏产业创新生态位适宜度与产业创新产出回归分析结果

	非标准化系数		标准系数	t	Sig.
	B	标准误差			
常量	−18586.292	3668.711		−5.066	0.001
适宜度	49684.150	6335.162	0.941	7.843	0.000

注：因变量：产业创新产出（年度申请专利数量）。

从表 5.9 中可以看出光伏产业创新生态位适宜度与对应年度产业创新产出之间呈显著正相关关系，两者之间的线性回归关系为：

$$产业创新产出 = −18586.292 + 49684.150 × 产业创新生态位适宜度 \quad (5.13)$$

这说明我国光伏产业创新生态位适宜度促进光伏产业创新产出，产业创新生态位适宜度越高，产业创新环境越好，创新环境中各生态因子越会有效促进产业创新生态系统内部创新资源的配置，越有助于创新主体更好地开展创新活动。

2. 部分产业创新生态因子与产业创新产出呈正相关关系

为了反映我国光伏产业创新生态因子与产业创新产出之间的相关关系，研究产业创新生态因子对创新产出的影响，进一步研究各生态因子与产业创新产出的线性回归关系，以确定不同生态因子对产业创新产出的影响、贡献。对我国光伏产业 2009~2018 年各生态因子中相关指标的实际值进行标准化后，各生态因子取值按照因子内部具体指标的各数据标准化值取平均值计算，得到的数据集如表 5.10 所示。

表 5.10　我国光伏产业创新生态因子与产业创新产出标准化数据

年份	市场环境因子	创新政策因子	创新资源因子	创新文化因子	产业创新产出
2009	0.1925	0.6680	0.1910	0.5067	2245
2010	0.4307	0.6422	0.2333	0.6000	3405

续表

年份	市场环境因子	创新政策因子	创新资源因子	创新文化因子	产业创新产出
2011	0.5254	0.7294	0.2825	0.5200	5102
2012	0.3554	0.7054	0.3650	0.5467	6297
2013	0.2618	0.6665	0.3909	0.5733	6151
2014	0.3014	0.6900	0.5757	0.6533	8291
2015	0.3610	0.7488	0.6965	0.9067	10878
2016	0.5212	0.8005	0.7426	0.9333	14747
2017	0.7028	0.7936	0.9228	0.9867	20508
2018	0.6419	0.7826	0.8602	1.0000	18570

采用 SPSS 软件的多元回归分析，各生态因子为自变量，产业创新产出为因变量，回归分析结果如表 5.11 所示。

表 5.11 我国光伏产业创新生态因子与产业创新产出回归分析结果

	非标准化系数		标准系数	t	Sig.
	B	标准误差			
常量	−6421.283	9463.826		−0.679	0.528
市场环境因子	9376.251	3781.499	0.245	2.480	0.056
创新政策因子	3675.537	15619.845	0.033	0.235	0.823
创新资源因子	19241.600	5137.749	0.812	3.745	0.013
创新文化因子	−1057.089	6562.780	−0.034	−0.161	0.878

注：因变量：产业创新产出。

（1）市场环境因子和创新资源因子与产业创新产出呈正相关关系。

从表 5.11 中可知，市场环境因子在 0.1 水平（Sig. = 0.056 < 0.1）、创新资源因子在 0.05 水平（Sig. = 0.013 < 0.05）对因变量产业创新产出呈显著正相关关系（标准化回归系数为正值），说明市场环境越好，国内、国际市场需求越大，越会促进产业创新产出；说明产业资源越丰富，投入资金越多，产业人才培养越多，产业的创新产出也越高。

由于我国光伏产业创新生态位适宜度各实测指标的度量单位不同，为更好地反映各实测指标与产业创新产出之间的趋势关系，首先将光伏产业创新产出数据依据式（5.4）进行标准化处理（详见表 5.12），再与各实测指标的标准化值（详见表 5.5）共同绘制折线图。

表 5.12　2009~2018 年我国光伏产业申请专利数量标准化值

年份	年度申请专利数量（个）	年度申请专利数量标准化
2009	2245	0.1095
2010	3405	0.1660
2011	5102	0.2488
2012	6297	0.3071
2013	6151	0.2999
2014	8291	0.4043
2015	10878	0.5304
2016	14747	0.7191
2017	20508	1.0000
2018	18570	0.9055

从图 5.3 可见，我国光伏产业 2009~2018 年国内外市场规模与产业创新产出之间的折线图走向趋势基本一致，呈显著相关关系。可能的原因在于随着国内外市场规模的扩大，产业获得了更多的产品销售收入，以此可以加大投入研发资金、引进研发人才，进而提升了产业的创新产出。

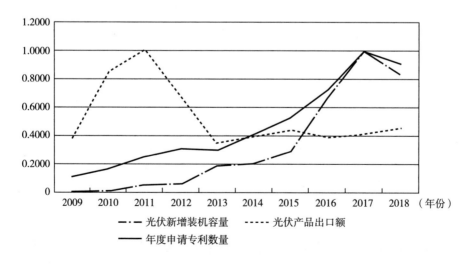

图 5.3　我国光伏产业 2009~2018 年国内外市场需求与产业创新产出趋势

从图5.4可见，我国光伏产业相关的新能源科学与技术、新能源材料与器件两个专业的数量、可再生能源投资总额两个反映创新资源的实测指标，与年度申请专利数量的走势基本一致，体现出人才、资金等创新资源对产业创新产出的支撑作用。

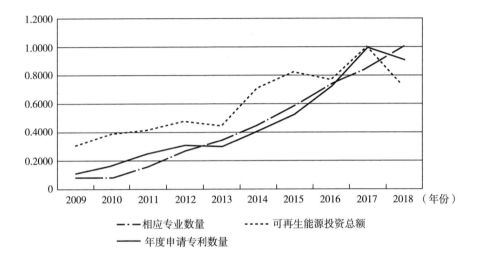

图5.4　我国光伏产业 2009～2018 年人才培养、资金投入与产业创新产出趋势

（2）创新政策因子、创新文化因子与产业创新产出无显著相关关系。

生态因子与产业创新产出回归分析结果中，创新政策因子、创新文化因子与产业创新产业的相关关系未被证实。如图5.5所示，我国光伏产业规划、引导及规范政策与产业创新产出走势相似，政府购买上网光伏电价与产业创新产出走势相反。有可能两者叠加后，创新政策因子对产业创新产出的影响作用不显著。

在光伏产业的实际发展过程中，光伏产业政策对光伏产业的发展具有至关重要的影响作用，两者关系极为密切。我国从 2009 年开始，陆续出台光伏产业发展规划、光伏行业规范、优化光伏企业兼并重组市场环境意见等相关政策，我国光伏产业逐渐由依靠国家政策扩大规模的发展阶段转变为通过提质增效、技术进步逐步摆脱补贴并由市场驱动发展的新阶段，逐步提高了行业技术门槛，降低了光伏发电的政府补贴，持续降低光伏上网电价，淘汰无法满足"平价上网"的落后产能，推动产业持续创新。

图 5.6 显示了我国光伏产业创新文化与产业创新产出的趋势，两者趋势在

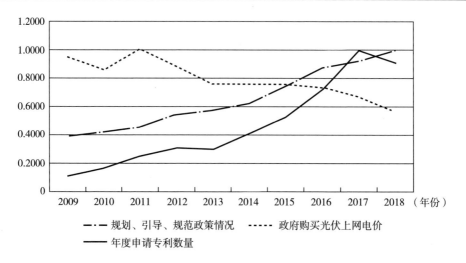

图 5.5　我国光伏产业政策体系、政府补贴与产业创新产出趋势

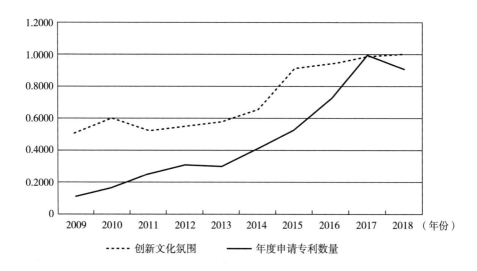

图 5.6　我国光伏产业创新文化氛围与产业创新产出趋势

一定的区间内大致相似，有可能较之其他因子，创新文化因子对产业创新产出的影响作用不够显著，因此未被证实。2010 年中国光伏产业联盟成立，2014 年在中国光伏产业联盟基础上成立了中国光伏行业协会，产业行业协会通过完善标准体系建设、推动技术交流与合作、组织参与国际竞争等举措，有效提升了我国光伏产业的自主创新能力，推动我国光伏产业与国际的交流与合作，营造了光伏产

业良好的高质量发展与创新文化环境。近年来，我国光伏产业创新环境氛围也在逐步优化。

六、高新技术产业创新群落与创新环境适宜度提升策略研究

以我国光伏产业为例，证实了产业创新生态位适宜度与产业创新产出的显著正相关关系，说明产业创新环境对产业创新具有重要的影响与支撑作用。对我国光伏产业而言，产业创新生态位适宜度整体仍有待进一步提升，结合我国光伏产业发展现状及产业环境，提出提升我国光伏产业创新生态位适宜度的对策建议，以期促进我国光伏产业创新生态系统的可持续发展，为高新技术产业创新生态系统的建设与发展提供有价值的参考。

（1）转变政府扶持模式，加强创新政策引导与规范。

对于高新技术产业特别是光伏产业，政府在规划、指导、支持、规范等方面的政策对于产业发展具有重要的引领和扶持作用。非市场化的政府补贴模式是光伏产业发展的重要推动力，欧洲以德国和西班牙率先推出政府官府补贴，推动光伏市场大幅增长；我国 2009 年出台"金太阳工程"政策，对光伏装机予以初装补贴，2013 年，国家发改委发布光伏电价政策，开启了国内光伏行业发展的黄金时期，带动了国内光伏产业链的快速发展。2018 年我国出台光伏"531 新政"，主导思想是"降补贴，限规模"。近年来，政府购买光伏上网电价逐年下降，产业补贴政策正逐步转向产业规范及引导政策，2018 年国家出台《光伏制造行业规范条件》，加强光伏行业管理，引导产业加快转型升级和结构调整。对于高新技术产业而言，政府相关政策应进一步加强引导与规范作用，在政府补贴模式发展到一定程度时，积极制定规范政策，引导高新技术产业加强技术创新、提高产品质量、降低生产成本，推动产业持续健康发展。

（2）进一步扩大国内、国际市场，增大市场容量。

自 2012 年前后美国和欧洲对我国光伏产品采取反倾销、反补贴"双反"调查进而提高光伏关税以来，我国光伏产品出口额呈断崖式下降，大批中小光伏企业停产或宣告破产。受此影响，无锡尚德作为曾经的光伏龙头也在 2013 年初被

依法裁定破产重组（后被顺风国际清洁能源有限公司收购），国际市场的变化对我国光伏产业发展进程影响显著。随着国内高度重视光伏发电，我国光伏发电应用市场容量快速增加，2011~2015年我国光伏产业年均装机增长率超过50%，2015年后，我国光伏产业年均装机增长率达到75%，经过多年高速增长，我国光伏发电累计并网容量在2018年底已达到1.74亿千瓦，连续6年为世界光伏装机量第一大国。在国际市场严重萎缩的情况下，国内市场的快速增长帮助光伏产业逐步恢复，产能加速向国内转移，创新环境随之好转，产业创新产出也在逐步提升，但对于光伏产业而言，产业链的需求很大程度上取决于产业政策扶持力度的强弱，在国内产业扶持政策逐步弱化的情况下，还需向美国、欧洲等国际新兴市场进行拓展。对于高新技术产业而言，市场环境因子对产业创新具有重要的正向影响作用，在提升自身核心竞争力的同时，应高度重视国内、国际市场，积极扩展国内市场与国际市场的规模与容量。

（3）加快培养高素质产业人才，培育产业创新文化。

人才资源是创新资源因子中的重要部分，而我国光伏产业一直严重缺乏高素质产业相关人才。我国太阳能光伏产业研发基础比较薄弱，人才培养还未跟上产业需求，存在基础研究不足、原创技术缺乏、技术同质化严重等问题，关键材料、设备和器件的基础专利、核心专利大部分被美国、德国、日本等发达国家掌握。近年来，我国光伏产业在多晶硅提纯技术上取得了一定进步，突破了美日德等企业对多晶硅提纯产业的垄断，晶硅电池制造技术已处于世界领先位置，但是在制约产业发展的硅基、铜铟镓硒（CIGS）、碲化镉（CdTe）薄膜电池等产业化制造技术、太阳能光伏电池生产线核心装备制造、高效封装胶膜制备技术等关键工艺方面还没有完全突破，在核心技术、关键设备等方面存在不少"卡脖子"发展瓶颈。目前，我国光伏企业发展所需的专业技术、管理人才总量不足，高校专业设置相对滞后，跟不上产业需求。目前，国内本科院校设置新能源材料与器件、新能源科学与工程的专业总数为162个，远不能满足产业需求，与光伏产业在我国的迅速发展极不相称。在加大产业人才培养总量的同时，还需加强高素质产业人才的培养，参考发达国家，成立光伏技术研发"国家队"，构建国家重点实验室，联合开展光伏核心技术研发和产业化推进，培养领军人才。

创新文化环境是产业竞争力的一个重要组成部分，应加强高新技术产业创新战略联盟建设，打造沟通、交流、互动创新平台，积极开展创新专题论坛、产业技术合作交流、创新主体交流等活动，营造良好的创新文化氛围。2010年5月，我国光伏产业联盟成立，2014 年在光伏产业联盟基础上成立了中国光伏行业协会，促进了我国光伏产业的内部合作交流。随后，中国智能光伏产业技术创新战略联盟、光伏发电产业技术创新战略联盟相继成立。对于高新技术产业而言，在产业技术创新联盟平台上，应进一步完善产业创新生态系统内部各创新主体间的联动互助以及技术合作交流，加强产学研之间、学科之间、领域之间的交流和互动，建立交流更加畅通、互动更加开放、思想交叉碰撞的创新文化环境。

七、本章小结

本章基于创新生态位适宜度，研究了高新技术产业创新生态系统创新群落与创新环境的关系。基于高新技术产业创新生态位的超体积模型，构建高新技术产业创新生态位适宜度模型及评价指标体系。以我国光伏产业为例，计算我国光伏产业创新生态位适宜度，2009~2018 年我国光伏产业创新生态位适宜度平均值为0.5677，整体适宜度一般，整体处于上升趋势。对我国光伏产业创新生态位适宜度与产业创新产出关系进行统计分析，分析结果表明市场环境因子和创新资源因子与我国光伏产业创新产出呈正相关关系。最后，从政策引导与规范、扩大国内外市场容量、加快培养高素质产业人才、培育产业创新文化等方面，提出了提升我国高新技术产业创新群落与创新环境适宜度的相关策略。

第六章 高新技术产业创新生态系统创新效率评价研究

高新技术产业是国家实施创新驱动发展战略的先导产业，对于推动产业结构升级、经济增长方式转变、经济社会转型等方面具有重要的推动作用。经过 30 年的跨越式发展，我国高新技术产业得到了较快发展，成为重要的支柱性产业和新的经济增长引擎，为我国的经济社会发展做出了巨大贡献。2016 年，我国高技术产业增加值占 GDP 比重达到了 5.08%，首次超过 5%，真正成为我国重要支柱性产业[200]。2018 年，规模以上工业战略性新兴产业增加值比 2017 年增长 8.9%，规模以上工业高技术产业增加值比上年增长 11.7%，分别高于整个规模以上工业 2.7 个和 5.5 个百分点[201]，高新技术产业的迅速发展成为保持经济平稳增长的重要动力。近年来，我国高新技术产业研发投入不断增加，高度重视引进国外先进技术，并坚持原始创新、消化吸收再创新及集成创新。2017 年，我国 13.6 万数量的高新技术企业研发投入总额达到 9000 亿元，占全国企业研发经费投入的 68%，2018 年我国高新技术企业达到 18.1 万家，技术合同成交额超过 1.7 万亿元。虽然近年来我国高技术产业的增加值率在 20%~30%，但与发达国家高技术产业增加值率差距明显[202]，创新资源的投入产出转化效率亟待提升。

随着当前我国经济建设已经由高速增长进入高质量发展阶段，对科技创新愈加迫切需要，高新技术产业具备技术和知识集中、资源消耗量少等优势，创新效率对产业发展起到更为关键的作用。科学、有效地对高新技术产业创新效率进行评价，探索我国高新技术产业创新效率的影响因素，对于加快推进科技成果转化、实现产业结构优化、提升产业创新能力、实现经济增长方式转变具有重要意义。

一、高新技术产业创新生态系统创新效率

狭义经济效率是在现有技术水平，相同投入规模和比例、市场价格条件下生产者获得最大产出（或投入最小成本）的能力，表示实际生产接近前沿面程度[146,203]。生态效率指生态系统中各营养级生物对太阳能或其前一营养级生物所含能量的利用、转化效率，即 n+1 营养级摄取的能量除以 n 营养级摄取能量的比值[204]。借用自然生态系统生态效率的概念，高新技术产业创新生态系统创新效率是指高新技术创新生态系统中创新种群对初始创新投入、前一级创新种群创新产出能量及经济价值的转化效率。

1. 高新技术产业创新价值链与生物能量传导链对比分析

生态系统中储存于有机物中的能量在生态系统中层层传导，是各种生物通过一系列食用与被食用的关系彼此联系起来的食物链。创新生态系统通过物质流、能量流、信息流实现内部个体、种群、群落之间及与环境之间的物质、能量和信息交换，以维持系统的稳定性和高效性。产业创新生态系统中各创新种群间同样存在类似食物链的产业创新价值链。

产业创新生态系统内产业创新价值链类似于生态系统中存储于有机物中的能量传导链，能量传导链中包括知识资本、金融资本两部分，实现产业创新群落内部种群之间的价值传递，主要包括基础研究成果、应用研究成果、中间实验成果、小批量生产产品、产业化生产产品、投放市场等步骤[205]，如图 6.1 所示。但与自然生态系统能量流动单向传递、逐级递减不同，在产业创新的知识传递与价值创造流动过程中，产业创新知识在传导过程中以不同形式呈现，创新知识在产生、转移与应用等不同过程中会有不同程度的衰减，但产业创新成果的价值在一直增加，最终产品所产生的经济价值将反馈到研发费用中，以此完成创新能量与价值的循环，这也是产业创新价值链能够持续发展壮大的根本原因所在。

在产业创新价值链中，大学、科研机构、研发型企业等创新研究群落结合自身的技术和研究人才优势，开展科学研究，研究出基础研究成果；基础研究成果同企业生产经营、市场价值进行联系，逐步发展形成应用研究成果。一般而言，创新研究群落中高校及科研机构偏重于基础研究，研发型企业偏重于应用研究，

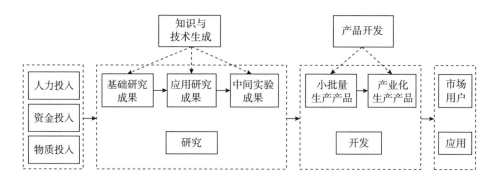

图6.1 产业创新生态系统中产业创新价值链结构

并需要对应用研究成果的实用性、是否能够直接转化和融入生产技术流程等进行试验，从而得出中间研究成果；创新开发群落将中间研究成果带入商业生产中，经过反复的实验调试，成为能够进行小批量生产的产品，随着产品技术的成熟，生产产量逐步上升，产品实现产业化生产，最后投入应用群落中，包括市场、用户等。

2. 生态效率相关概念

在生物学中，生态效率是指生态系统中各营养级生物对太阳能或其前一营养级生物所含能量的利用、转化效率，以能流线上不同点之间的比值来表示[206]。生态效率分为营养级之间的生态效率（能量摄取效率、利用效率）和营养级内部的生态效率（同化效率、生产效率）两种类型[207,208]。

（1）同化效率。某一营养级生物的同化量（A_n）占该营养级生物的摄入量（I_n）的百分率，以 A_n/I_n 表示；对初级营养级（$n=1$）的生物来说，即等于能量摄取效率。

（2）生产效率（生长效率）。某一营养级的净生产量（P_n）占该一营养级的同化量（A_n）的百分率，以 P_n/A_n 表示。

（3）利用效率（消费效率）。下一营养级的生物的摄取量（I_{n+1}）占上一营养级的净生产量（P_n）的百分率，以 I_{n+1}/P_n 来表示。

（4）能量摄取效率。下一营养级（$n+1$）生物所摄取的能量（I_{n+1}）占上一营养级（n）生物所摄取能量（I_n）的百分率，以 I_{n+1}/I_n 表示。

能量摄取效率等于同化效率、生产效率和利用效率的乘积，即：

$$I_{n+1}/I_n = (A_n/I_n) \times (P_n/A_n) \times (I_{n+1}/P_n) \tag{6.1}$$

3. 高新技术产业创新效率的生态分解

结合高新技术产业价值链分析结果，产业创新过程就是产业创新生态系统中创新群落，通过初始研发投入或者摄取上一个营养级创新群落的产出，经过同化吸收后形成新的创新产出，供产业链后续群落使用的能量流动过程[209]，如图6.2所示。

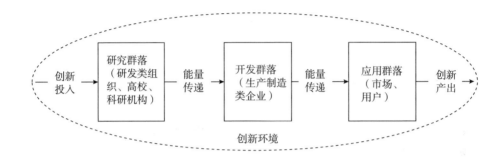

图 6.2　高新技术产业创新生态系统内部创新效率流程

如图 6.2 所示，高新技术产业创新生态系统由创新群落和创新环境组成。创新群落主要包括研究群落、开发群落、应用群落等。创新群落中，创新种群是创新活动的主体。高校种群、科研机构种群、研发类组织种群主要负责高新技术的基础、应用研究，并产生应用类成果，生产类企业种群负责将新技术转变为新产品，并通过销售新产品给用户，获得新产品销售收入作为创新产出。高新技术产业创新过程经历"货币—技术—产品—货币"的价值循环过程。

产业创新活动的生态学本质是一个创新能量转化的过程，与生物体通过吸收外部能量，经过同化和生长过程，最后其能量被其他物种摄取一样，产业创新过程也可分解为从研发投入到技术开发到产品生产制造，再销售产品实现创新价值，最后通过提取新产品销售收入的一部分重新投入下一步研发投入中[210]。与自然生态系统不同营养级之间的能量传递略有区别，高新技术产业创新生态系统创新过程按照时间周期进行能量传导，在第 N 周期，通过研发投入—技术开发—新产品生产—新产品销售—研发投入的循环提升（如图 6.3 所示），才能实现高新技术产业创新生态系统的可持续发展。

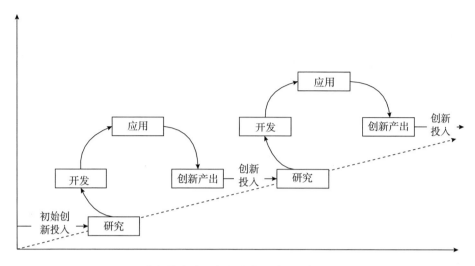

图 6.3 高新技术产业创新生态系统创新循环提升过程

高新技术产业创新生态系统创新过程在第 n 周期，参考自然生态系统，将创新能量转化过程分解为"摄取—同化—生长—利用"过程，据此将能量传递效率分解为生态同化效率（A_n/I_n）、生态生产效率（P_n/A_n）、生态利用效率（I_{n+1}/P_n）。

（1）生态同化效率（A_n/I_n）：

是指产业各种研发投入转化为专利的效率。同化效率即为研究群落的创新产出与创新投入比。

投入指标：R&D 投入经费支出、R&D 人员折合全时当量。

产出指标：专利申请数、有效专利数。

（2）生态生产效率（P_n/A_n）：

是指产业内部开发应用群落将研究群落传递来的能量主要是专利信息，外加自身引进、购买技术及技术改造等相关费用，转化为新产品的效率，本书将开发应用群落的这种转化效率界定为生产效率。

投入指标：专利申请数、有效专利数、引进技术经费支出、购买国内技术经费支出、技术改造及消化吸收费用。

产出指标：新产品销售收入、产业利润总额。

（3）生态利用效率（I_{n+1}/P_n）：

是指开发应用群落通过销售新产品获得新产品销售收入，将其中一部分经费再次投给下一周期的研发中，由于本周期摄取的能量转移到下一周期，类似于自然生态系统中下一营养级利用本营养级的效率。因此，本书将下一周期研发投入与本期应用种群的产出比，以此计算生态利用效率。

投入指标：新产品销售收入、产业利润总额。

产出指标：R&D 投入经费支出、R&D 人员折合全时当量。

（4）高新技术产业狭义创新效率（P_n/I_n）：

目前主要是从高新技术产业的知识创新和科技成果商业化两个环节对高新技术产业创新效率进行测算，通过技术创新成果产出与研发投入资源之比、经济效益产出与技术成果投入之比，计算高新技术产业从研发投入到经济效益产出的创新效率[146,211-213]。根据该类研究方法，高新技术产业狭义创新效率计算方法有两种：

1）基于能量传递效率：

$$P_n/I_n = 生态同化效率（A_n/I_n）× 生态生产效率（P_n/A_n） \quad (6.2)$$

2）基于直接投入产出效率：

$$P_n/I_n = 开发应用群落产出/研究群落投入 \quad (6.3)$$

两种计算方法结果略有不同，因为开发应用群落的投入除研究群落的产出外，还外加了产业引进技术、消化吸收、技术改造等投入，本书也将用两种方法分别计算高新产业的狭义创新效率，以作对比。

（5）高新技术产业生态创新效率（I_{n+1}/I_n）：

结合自然生态系统中的能量摄取效率，高新技术产业广义创新效率为下一周期（n+1）产业创新生态系统的创新投入 I_{n+1} 占上一周期（n）产业创新生态系统的创新投入 I_n 的百分率，以 I_{n+1}/I_n 表示。高新技术产业生态创新效率计算方法有两种：

1）基于能量传递效率：

类似于能量摄取效率，等于同化效率、生产效率和利用效率的乘积，即：

$$I_{n+1}/I_n = （A_n/I_n） × （P_n/A_n） × （I_{n+1}/P_n） \quad (6.4)$$

2）基于直接投入产出效率：

$$I_{n+1}/I_n = n+1 周期研发投入/n 周期研发投入 \quad (6.5)$$

与高新技术产业狭义创新效率类似，两种计算方法结果略有不同，因为开发应用群落的投入除研究群落的产出外，还外加了产业引进技术、消化吸收、技术改造等投入，同时并非所有的新产品销售收入都用于研发投入。因此，本书也将用两种方法分别计算高新技术产业的生态创新效率，以作对比。

经过生态分解后，高新技术产业创新效率的生态分解示意图如6.4所示：

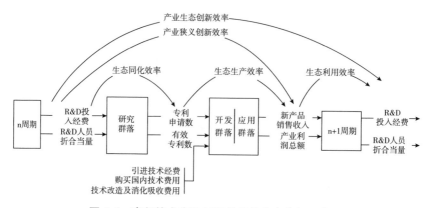

图 6.4　高新技术产业创新效率的生态分解示意图

二、高新技术产业创新效率评价指标体系

结合高新技术产业创新效率生态学分解结果，得到高新技术产业创新效率评价指标体系，如表 6.1 所示。

表 6.1　高新技术产业创新效率评价指标体系

指标分类	符号	指标
高新产业创新生态系统创新投入指标	研究群落创新投入 X_1	（1）R&D 投入经费支出（X_{11}）
		（2）R&D 人员折合全时当量（X_{12}）
	开发应用群落附加创新投入 X_2	（3）引进技术经费支出（X_{21}）
		（4）购买国内技术经费支出（X_{22}）
		（5）技术改造及消化吸收费用（X_{23}）
高新产业创新生态系统创新产出指标	研究群落创新产出 Y_1	（6）专利申请数（Y_{11}）
		（7）有效专利数（Y_{12}）
	开发应用群落创新产出 Y_2	（8）新产品销售收入（Y_{21}）
		（9）产业利润总额（Y_{22}）

根据《中国高技术产业统计年鉴》和《中国科技统计年鉴》的统计口径，相关指标选择产业内规模以上企业相关统计指标，相关指标的解释如下：

（1）R&D 投入经费支出。

产业内规模以上企业年度内部开展研究与开发活动的实际经费支出。主要包括：研发项目活动的直接经费；与 R&D 相关的基本建设经费支出、外协加工费；间接支持 R&D 活动的服务费、管理费等支出。

（2）R&D 人员折合全时当量。

报告年度在规模以上企业开展 R&D 活动累计工作时间占其全部工作时间的 90% 及以上的人员称为 R&D 全时人员，不能达到上述条件的人员为非全时人员，R&D 人员折合全时当量＝R&D 全时人员实际工作量+非全时人员按实际工作时间的折算工作量。

（3）引进技术经费支出。

产业内规模以上企业在调查年度购买港澳台、国外技术的经费支出，包含购买技术资料如专利、工艺流程、产品设计、配方等方面的经费，还包含购买仪器、关键设备、样机等方面的经费。

（4）购买国内技术经费支出。

产业内规模以上企业在调查年度用于购买境内其他机构 R&D 成果的经费。包含购买技术资料如专利、工艺流程、产品设计、配方等方面的经费，还包含购买关键设备、图纸等方面的经费。

（5）技术改造及消化吸收费用。

包括技术改造费用、技术消化吸收费用两部分。技术改造经费是产业内规模以上企业进行技术改造所支出的经费。技术改造是企业应用最新科技成果到产品、工艺、设备等生产领域，将先进设备、工艺取代过去技术落后的设备及工艺，促进产品更新换代。

消化吸收指产业内规模以上企业为掌握、应用、复制引进技术而开展的相关工作，及在此基础上开展的二次创新。消化吸收经费主要包含参加消化吸收技术人员的工资、培训费、工艺开发费、翻版费等。

（6）专利申请数。

包含发明、实用新型和外观设计三类发明创造的报告期内申请数。

（7）有效专利数。

产业内规模以上企业作为专利权人在报告年度拥有的、经国内外知识产权行政部门授权且在有效期内的专利件数。

（8）新产品销售收入。

新产品是指采用新设计构思、新技术原理研制、开发、生产的全新产品，或在工艺、材质、结构等某一个方面与原有产品相比具有明显的改进，能够显著提高产品性能或扩大使用功能的产品。在一定会计期间内企业销售该类产品而获得的收入称为新产品销售收入。

（9）产业利润总额。

产业利润总额是企业在一定会计期间内生产经营过程中各种收入扣除各种耗费后的盈余，反映企业在报告期内的经营成果。来源于会计"利润表"中"利润总额"项目的本期金额数。执行《企业会计准则》或《小企业会计准则》的企业，利润总额为营业利润加上营业外收入，减去营业外支出后的金额；执行其他企业会计制度的企业，利润总额为营业利润加上投资收益、营业外收入及补贴收入，减去营业外支出而得到的金额。

三、效率评价方法

（一）数据包络分析方法

数据包络分析（DEA）方法研究多输入、多输出的生产函数理论时，不需要对参数进行预估，能够有效避免主观因素，在减少误差、简化算法等方面有着明显的优越性。数据包络分析方法原理是保持决策单元输入或输出不变，应用数学规划模型计算相对有效的生产前沿面，将各决策单元投影到生产前沿面上，以决策单元与 DEA 生存前沿面的偏离度对决策单元的效率进行评价。

假定评价具有可比性的 n 个单位（即决策单元），每个决策单元有 m 个类型输入和 s 个类型输出，DEA 模型中决策单元矩阵如表 6.2 所示。

表 6.2　DEA 模型中决策单元矩阵

	权系数		决策单元输入输出值					
输入指标	v_1	x_{11}	x_{12}	x_{13}	$\cdots$	x_{1j}	$\cdots$	x_{1n}
	v_2	x_{21}	x_{22}	x_{23}	$\cdots$	x_{2j}	$\cdots$	x_{2n}
	$\cdots$	$\cdots$	$\cdots$	$\cdots$	$\cdots$	$\cdots$	$\cdots$	$\cdots$
	v_i	x_{i1}	x_{i2}	x_{i3}	$\cdots$	x_{ij}		x_{in}
	$\cdots$	$\cdots$	$\cdots$	$\cdots$	$\cdots$	$\cdots$	$\cdots$	$\cdots$
	v_m	x_{m1}	x_{m2}	x_{m3}	$\cdots$	x_{mj}	$\cdots$	x_{mn}

续表

	权系数	决策单元输入输出值						
输出指标	u_1	y_{11}	y_{12}	y_{13}	...	y_{1j}	...	y_{1n}
	u_2	y_{21}	y_{22}	y_{23}	...	y_{2j}	...	y_{2n}
	...	...	...	...		...		...
	u_i	y_{r1}	y_{r2}	y_{r3}	...	y_{rj}	...	y_{rn}
	...	...	...	...		...		...
	u_s	y_{s1}	y_{s2}	y_{s3}	...	y_{sj}	...	y_{sn}

表中各参数含义如下：

x_{ij}：决策单元 j 对第 i 个类型的输入量，$x_{ij}>0$；

y_{rj}：决策单元 j 中第 r 个类型的输出量，$y_{rj}>0$；

v_i 和 u_r 为对应第 i 种类型输入和第 r 种类型输出的权重系数；

其中：$i \in (1, 2, \cdots, m)$，$r \in (1, 2, \cdots, s)$，$j \in (1, 2, \cdots, n)$。

CCR 模型和 BCC 模型是 DEA 的基本模型，其中 CCR 模型假设规模收益不变，BCC 模型则假设规模收益可变，利用 CCR 模型和 BCC 模型可以判定决策单元是否 DEA 有效。

CCR 模型在效率计算结果中，有效决策单元的效率值均为 1，无法进一步对有效决策单元的效率进行比较。Andersen 等提出的超效率模型[214] 能够解决这一问题，超效率模型在进行效率测算时，有效决策单元效率值大于等于 1，表示如果该决策单元的投入达到测算效率值时，依然在该集合内保持相对有效，这样就能够实现对有效决策单元效率值进行比较。

（二）Malmquist 指数分析方法

DEA 中 CCR 和 BCC 模型一般用来对同一时间点的效率情况进行横向比较，属于静态效率分析，难以发现效率的动态变化和发展趋势。在 DEA 的基础上，Caves 等提出全要素生产率，相应的效率测度被定义为 Malmquist 指数[215,216]。Malmquist 指数是动态上衡量要素投入产出经济效益变动的全面性综合测度指标，利用对不同时期的投入产出向量进行测算，分析投入产出间动态关联关系。

Malmquist 指数根据距离函数的原理定义，采用定向输出和定向输入定义距离函数，因而和 Farrell 效率论有着密切的联系[217]。Fare 等将距离函数定义为 Farrell 技术效率的倒数，该距离函数可视作决策单元从某一生产点向理想最小投入点压缩的比例[218]，输出变量的距离函数表示为：

$$D_0(x, y) = \inf\{\delta: (x, y)/\delta \in p(x)\} \qquad (6.6)$$

基于投入的全要素 Malmquist 指数可以表示为：

$$M_i^{t+1} = \frac{D_i^{t+1}(x^t, y^t)}{D_i^{t+1}(x^{t+1}, y^{t+1})} \qquad (6.7)$$

Fare 等对 Malmquist 指数代表的全要素生产率（TFP）利用式（6.8）进行分解，得到相对技术效率变动和技术进步变动[219]。

$$M_i(x_{t+1}, y_{t+1}, x_t, y_t) = \left[\frac{D_i^t(x_{t+1}, y_{t+1})}{D_i^t(y_t, x_t)} \times \frac{D_i^{t+1}(x_{t+1}, y_{t+1})}{D_i^{t+1}(y_t, x_t)}\right]^{1/2}$$

$$= \frac{D_i^t(x_t, y_t)}{D_i^{t+1}(x_{t+1}, y_{t+1})} \left[\frac{D_i^{t+1}(x_{t+1}, y_{t+1})}{D_i^t(x_{t+1}, y_{t+1})} \times \frac{D_i^{t+1}(x_t, y_t)}{D_i^t(y_t, x_t)}\right]^{1/2}$$

$$= TEC(x_{t+1}, y_{t+1}, x_t, y_t) \times TP(x_{t+1}, y_{t+1}, x_t, y_t) \qquad (6.8)$$

Technical Efficiency Change（技术效率变动，简写为 TEC 或 Effch）指数反映了相对技术效率的变化，表达从 t 期至 t+1 期每个决策单元到生产前沿面的追赶程度。技术效率变动指数等于 1 时，说明相邻两期的技术效率不变；技术效率变动指数大于 1 时，说明该决策单元缩小了与最优决策单元生产前沿面差距；技术效率变动指数小于 1 时，说明其与最优决策单元组成的生产前沿面的差距在进一步拉大。技术效率变动指数可被分解为纯技术效率变动（Pech）和规模效率变动（Sech）[220]。

Technical Progress Change（技术进步变动，简写为 TP 或 Techch）指数是衡量决策单元在相邻两个时期的生产技术变化程度的指标，即生产前沿面的移动。该指数代表生产过程中技术进步或创新的程度。TP 指标等于 1 时，说明生产前沿面未发生改变，生产技术没有变化；TP 指标大于 1 时，说明生产前沿面在向前推移，生产技术有所进步；TP 指标小于 1 时，说明生产前沿面向后推移，生产技术在往后衰退。

四、高新技术产业创新生态系统创新效率评价过程

（一）高新技术产业样本选择及数据采集

根据相关产业专家咨询意见，从国家统计局《高技术产业统计分类目录》

（2012 年，2018 年版）、《战略性新兴产业分类》（2012 年，2018 版）、《江苏省高新技术产业统计分类目录》（2018 年修订）中选择了 15 个产业作为本研究的高新技术产业研究样本，分别为电气机械和器材制造、电子器件制造、电子元件制造、飞机制造、光伏、广播电视设备制造、化学纤维制造、化学原料和化学制品制造、计算机整机制造、雷达及配套设备制造、视听设备制造、通信设备制造、医疗仪器设备及器械制造、医药制造、仪器仪表制造。时间跨度为 2009 年到 2017 年，共计 9 年。除光伏产业外，其他产业的相关数据均获取自《中国科技统计年鉴》、《中国工业经济统计年鉴》、《中国高技术产业统计年鉴》及 EPS 数据库。

由于我国科技统计年鉴和高技术产业统计年鉴中均没有光伏产业的直接数据，因此，本书依据《战略性新兴产业分类》，光伏产业由太阳能产业中的两大主要产业：光伏设备及元器件制造（国民经济行业代码 3825，隶属于电气机械和器材制造业 38）、太阳能发电（国民经济行业代码 4415，隶属于电力、热力生产和供应业 44）相关数据（来源于《中国工业经济统计年鉴》）汇总得到；其余无法直接得到的数据，从《中国科技统计年鉴》提取出电气机械和器材制造业、电力热力生产和供应业两个产业的相关数据，结合《中国工业经济统计年鉴》中得到有关光伏全产业的数据，通过计算得到：经费类指标值 =［光伏全产业资产总值／（电气机械和器材制造业＋电力、热力生产和供应业）资产总值］×电气机械和器材制造业、电力热力生产和供应业相应指标值；项目及人数类指标 =［光伏全产业企业数／（电气机械和器材制造业＋电力、热力生产和供应业）企业数］×电气机械和器材制造业、电力热力生产和供应业相应指标值。

光伏产业专利情况来自国家知识产权局的专利检索及分析数据库，检索公式为（以 2017 年为例）：申请日 = 20170101：20171231 and IPC 分类号 =（H01L25 or H01L27 or H01L31 or H02S or B60 or B62 or E04D13 or F02C1/05 or F03G6 or F21L4 or F21S9 or F24S or G05F1/67）and（（摘要 =（光伏 or 太阳能 or 太阳电池））or（（摘要 =（硅 or 硅片 or 硅碇））and（摘要 =（单晶 or 多晶 or 非晶 or 铸锭 or 坩埚 or 线切割 or 制绒 or 石英管 or CVD or 烷流化 or PERC）））or（（摘要 =（薄膜 or 电池 or 玻璃））and（摘要 =（硅基 or 多元化合物 or 单晶 or 多晶 or 非晶 or CIGS or cdte or CVD）））or（（摘要 =（组件 or 封装 or 层压 or EVA or 系统 or 电站 or 发电 or 控制器 or 并网 or 逆变器 or 交流配电柜 or 跟踪控制））and（摘要 =（太阳 or 阳光）））or（摘要 =（photovoltaic or solar））or（（摘要 =（silicon or silicon ingot or silicon wafer））and（摘要 =（single crystalline or mono crystalline or poly crystalline or multi crystalline or amorphous silicon or a-si or crucible or wirecutting or texturing or quartz tube or CVD or fluidized-bed or PERC）））or（（摘要＝（Thin-film or cell or battery or glass）） and（摘要＝（Si-based or single crystalline or mono crystalline or poly crystalline or multi crystalline or amorphous silicon or a-si or CIGS or Copper Indium Gallium Diselenide or cdte or cadmium telluride or CVD）））or（（摘要＝（Components or module or encapsulation or lamination or EVA or system or power station or power or controller or grid-connected or grid-connected inveter or power Distribution cabinet or tracking controller）） and（摘要＝（sun or sunlight））））and 申请人所在国（省）＝（北京 or 上海 or 重庆 or 天津 or 河北 or 黑龙江 or 吉林 or 辽宁 or 山东 or 河南 or 陕西 or 山西 or 湖北 or 湖南 or 江苏 or 安徽 or 青海 or 浙江 or 广东 or 云南 or 甘肃 or 江西 or 贵州 or 福建 or 海南 or 四川 or 内蒙古 or 新疆 or 宁夏 or 广西 or 西藏）。从检索结果中，筛选专利申请数及有效专利数。

最终采集得到 2009~2017 年 15 个高新技术产业的 135 个样本，样本指标包括：R&D 投入经费支出（万元）、R&D 人员折合全时当量（人年）、引进技术经费支出（万元）、购买国内技术经费支出（万元）、技术改造及消化吸收费用（万元）、专利申请数（件）、有效专利数（件）、新产品销售收入（万元）、产业利润总额（万元）9 个指标。

（二）高新技术产业创新生态系统创新效率计算

1. 我国高新技术产业狭义创新效率（基于直接投入产出效率）

运用所构建的狭义创新效率计算模型，投入指标为：R&D 投入经费支出、R&D 人员折合全时当量，产出指标为：新产品销售收入、产业利润总额，时间跨度为 2009~2017 年，利用 EMS 超效率计算软件，计算我国高新技术产业样本的狭义创新效率，计算结果如表 6.3 所示。

表 6.3　我国高新技术产业样本狭义创新效率（2009~2017 年）

	2009 年	2010 年	2011 年	2012 年	2013 年	2014 年	2015 年	2016 年	2017 年	产业均值
电气机械和器材制造	1.232	0.898	0.754	0.719	0.718	0.676	0.758	0.726	0.644	0.792
电子器件制造	0.534	0.757	0.534	0.493	0.557	0.538	0.540	0.578	0.531	0.562
电子元件制造	0.566	0.826	0.650	0.620	0.634	0.662	0.750	0.714	0.693	0.679

续表

	2009 年	2010 年	2011 年	2012 年	2013 年	2014 年	2015 年	2016 年	2017 年	产业均值
飞机制造	0.189	0.220	0.146	0.117	0.133	0.252	0.284	0.292	0.251	0.209
光伏	1.208	1.271	0.634	0.615	0.908	1.269	1.207	1.222	1.409	1.083
广播电视设备制造	0.482	1.289	0.642	0.635	0.570	0.456	0.512	0.467	0.425	0.609
化学纤维制造	0.987	1.161	0.937	0.808	0.765	0.808	0.844	0.909	0.770	0.888
化学原料和化学制品制造	0.661	0.968	1.486	1.521	1.167	0.827	0.866	0.973	0.854	1.036
计算机整机制造	0.744	1.415	1.552	2.037	1.606	1.714	2.002	1.791	1.853	1.635
雷达及配套设备制造	0.253	0.311	0.368	0.469	0.256	0.300	0.449	0.333	0.317	0.339
视听设备制造	0.995	0.942	0.804	0.523	0.760	0.819	0.684	0.636	0.665	0.758
通信设备制造	0.568	0.562	0.385	0.317	0.542	0.633	0.743	0.565	0.571	0.543
医疗仪器设备及器械制造	0.300	0.905	0.549	0.672	0.604	0.647	0.540	0.599	0.522	0.593
医药制造	0.499	0.798	0.811	0.885	0.900	0.804	0.895	0.839	0.713	0.794
仪器仪表制造	1.482	0.700	0.631	0.645	0.651	0.573	0.622	0.612	0.520	0.715
年度均值	0.713	0.868	0.726	0.738	0.718	0.732	0.780	0.750	0.716	0.749

从表 6.3 可知，我国 2009~2017 年高新技术产业样本的狭义创新效率均值为 0.749，说明整体上高新技术产业创新效率值较高，但创新效率水平差异比较大，各产业间发展不均衡。其中，狭义创新效率最高的计算机整机制造产业为 1.635，光伏产业、化学原料和化学制品制造产业的创新效率值分别为 1.083 和 1.036，而狭义创新效率最低的飞机制造产业为 0.209，雷达及配套设备制造产业狭义创新效率值也仅有 0.339。

从时间维度来看，我国高新技术产业样本整体创新效率一直保持在 0.7~0.8，说明我国高新技术产业整体创新效率一直保持在较高水平，但我国高新技术产业整体创新效率并没有随着时间提升。

2. 我国高新技术产业生态创新效率（基于直接投入产出效率）

根据生态创新效率计算公式：下一周期（n+1）产业创新生态系统的创新投入（I_{n+1}）/上一周期（n）产业创新生态系统的创新投入（I_n），本书将周期确定为年，即当年的生态创新效率等于下一年产业创新生态系统创新投入/当年产业创新生态系统创新投入，投入指标为：t 年 R&D 投入经费支出、同年 R&D 人员折合全时当量，产出指标为：t+1 年 R&D 投入经费支出、t+1 年 R&D 人员折合全时当量，时间跨度为2009~2017年，利用EMS超效率计算软件，计算我国高新技术产业样本的生态创新效率，计算结果如表6.4所示。

表6.4 我国高新技术产业样本生态创新效率（2009~2016年）

	2009年	2010年	2011年	2012年	2013年	2014年	2015年	2016年	产业均值
电气机械和器材制造	0.763	0.771	0.846	0.715	0.879	0.830	0.878	0.923	0.826
电子器件制造	0.753	0.795	1.014	0.630	0.917	0.884	0.972	0.946	0.864
电子元件制造	1.079	0.551	0.684	0.763	0.991	1.126	0.985	0.982	0.895
飞机制造	1.133	0.833	1.002	0.837	0.796	0.877	0.761	1.173	0.926
光伏	1.285	0.831	1.034	1.052	1.216	1.065	1.233	1.035	1.094
广播电视设备制造	0.561	1.377	1.579	1.013	0.964	0.919	0.969	0.846	1.028
化学纤维制造	0.901	0.858	0.941	0.865	0.846	0.906	0.878	1.092	0.911
化学原料和化学制品制造	0.602	1.167	0.961	0.857	0.832	0.866	0.876	0.859	0.877
计算机整机制造	1.029	0.603	0.930	0.703	0.956	0.973	0.740	0.870	0.850
雷达及配套设备制造	0.970	0.579	0.654	1.371	0.972	0.843	1.221	0.826	0.930
视听设备制造	1.043	0.807	1.080	0.925	0.711	0.941	0.829	0.819	0.894
通信设备制造	0.844	0.630	0.831	0.783	0.843	0.996	0.989	0.963	0.860
医疗仪器设备及器械制造	0.652	0.776	0.882	0.721	0.834	1.107	0.912	0.940	0.853
医药制造	0.726	0.709	0.862	0.670	0.934	0.824	0.878	0.869	0.809
仪器仪表制造	0.735	0.791	0.613	0.814	1.025	0.900	0.974	1.046	0.862
年度均值	0.872	0.805	0.927	0.848	0.914	0.937	0.940	0.946	0.899

从表6.4中可以看出，我国2009~2016年高新技术产业样本的生态创新效率均值为0.899，各产业均值均大于0.8，说明整体上我国高新技术产业的生态创新效率较高。

从时间维度来看，我国高新技术产业样本的生态创新效率一直保持在0.8以上，说明下一年度从前一年度摄取创新能量的效率较高，且从2012年开始，我国高新技术产业的生态创新效率逐年增加。

3. 我国高新技术产业创新生态系统的生态同化效率

生态同化效率即为研究子系统的创新效率，也可称之为研究创新效率，根据前文研究结果，用研究种群的创新产出与创新投入比来计算同化效率。运用所构建的研究创新效率计算模型，投入指标为：R&D投入经费支出、R&D人员折合全时当量，产出指标为：专利申请数、有效专利数，时间跨度为2009～2017年，利用EMS超效率计算软件，计算我国高新技术产业创新生态系统的同化效率，计算结果如表6.5所示。

表6.5 我国高新技术产业样本创新生态系统的生态同化效率（2009～2017年）

	2009年	2010年	2011年	2012年	2013年	2014年	2015年	2016年	2017年	产业均值
电气机械和器材制造	0.676	0.286	0.342	0.392	0.447	0.477	0.454	0.460	0.462	0.444
电子器件制造	0.914	0.308	0.330	0.376	0.439	0.499	0.482	0.500	0.570	0.491
电子元件制造	0.413	0.167	0.254	0.289	0.386	0.392	0.341	0.353	0.397	0.333
飞机制造	0.192	0.102	0.088	0.079	0.105	0.157	0.171	0.192	0.155	0.138
光伏	2.534	1.259	1.568	3.136	2.398	2.397	2.714	2.402	2.503	2.323
广播电视设备制造	0.970	1.921	1.330	0.716	0.634	0.591	0.501	0.458	0.603	0.858
化学纤维制造	0.265	0.181	0.151	0.129	0.224	0.203	0.151	0.188	0.145	0.182
化学原料和化学制品制造	0.444	0.106	0.161	0.161	0.203	0.221	0.223	0.279	0.312	0.234
计算机整机制造	1.036	0.405	0.450	0.350	0.559	0.478	0.356	0.390	0.472	0.500
雷达及配套设备制造	0.119	0.142	0.170	0.229	0.223	0.319	0.389	0.383	0.479	0.272
视听设备制造	0.559	0.268	0.278	0.265	0.276	0.275	0.287	0.365	0.387	0.329
通信设备制造	1.056	0.270	0.305	0.282	0.331	0.411	0.507	0.628	0.773	0.507
医疗仪器设备及器械制造	0.748	18.063	12.809	11.946	7.459	7.904	3.579	3.126	2.237	7.541
医药制造	0.698	0.167	0.193	0.211	0.253	0.264	0.250	0.240	0.297	0.286
仪器仪表制造	1.091	0.265	0.370	0.465	0.607	0.636	0.530	0.526	0.545	0.559

从表6.5中可知，超一半的高新技术产业2009～2017年的同化效率均值低于0.5，说明整体上我国高新技术产业同化效率一般，特别是飞机制造、化学纤维制造两个产业，同化效率仅为0.138和0.182。部分产业的同化效率均值较高，说明产业的原始创新实力、基础研究和技术研究效率较高，但从整体上来看，我国高新技术产业同化效率还需进一步提高。

4. 我国高新技术产业创新生态系统的生态生产效率

从创新生态系统视角看，生态生产效率是产业内部开发应用群落将研究群落传递来的能量转化为新产品的效率。运用所构建的创新效率计算模型，投入指标为专利申请数、有效专利数、引进技术经费支出、购买国内技术经费支出、技术改造及消化吸收费用，产出指标为新产品销售收入、产业利润总额，时间跨度为

2009~2017 年，利用 EMS 超效率计算软件，计算我国高新技术产业创新生态系统的生态生产效率，计算结果如表 6.6 所示。

表 6.6　我国高新技术产业创新生态系统的生态生产效率（2009~2017 年）

	2009 年	2010 年	2011 年	2012 年	2013 年	2014 年	2015 年	2016 年	2017 年	产业均值
电气机械和器材制造	1.171	1.116	0.914	1.025	1.211	0.971	1.053	0.997	1.079	1.060
电子器件制造	0.441	0.607	0.837	0.774	0.960	0.616	0.734	0.950	0.994	0.768
电子元件制造	0.900	1.960	1.005	1.298	1.250	1.050	1.151	1.340	1.182	1.237
飞机制造	0.288	0.545	0.404	0.743	0.867	0.502	0.457	0.610	0.472	0.543
光伏	1.126	0.776	0.452	0.537	0.974	0.984	1.014	0.987	1.431	0.920
广播电视设备制造	0.951	3.546	1.624	1.047	0.933	0.623	1.398	0.936	0.804	1.318
化学纤维制造	2.445	2.125	2.429	2.613	1.940	2.562	1.727	1.739	2.180	2.195
化学原料和化学制品制造	0.729	1.723	1.830	1.933	1.846	1.362	1.693	1.615	1.448	1.575
计算机整机制造	8.122	4.827	25.643	31.673	35.637	34.371	22.480	9.486	3.698	19.548
雷达及配套设备制造	1.677	1.685	1.349	1.260	0.461	0.407	1.833	1.645	2.258	1.397
视听设备制造	2.479	2.163	1.208	1.166	1.680	1.275	0.765	1.254	1.623	1.513
通信设备制造	2.390	3.198	1.100	0.818	0.919	1.704	2.757	2.025	1.754	1.852
医疗仪器设备及器械制造	16.569	13.008	6.180	6.749	12.625	7.824	26.805	52.301	29.637	19.078
医药制造	0.641	1.697	1.578	1.901	1.627	1.563	1.853	1.827	1.465	1.573
仪器仪表制造	1.952	0.618	0.825	0.969	0.957	0.766	1.171	1.376	1.412	1.116

从表 6.6 中可知，大部分高新技术产业 2009~2017 年的生态生产效率均值高于 1，说明整体上我国高新技术产业生态生产效率非常高，在生态生产效率较低的产业中，主要包括电子器件制造、飞机制造产业等。

5. 我国高新技术产业创新生态系统的生态利用效率

高新技术产业创新生态系统生态利用效率类似于自然生态系统中下一营养级利用本营养级的效率，系统中开发应用群落通过销售新产品获得新产品销售收入，将其中一部分经费再次投入下一周期的研究活动中，从生态的视角可视为本周期摄取的能量转移到下一周期。因此，本书用下一周期的研发投入与本期开发应用群落产出比值，来计算生态利用效率。投入指标为新产品销售收入、产业利润总额，产出指标为 R&D 投入经费支出、R&D 人员折合全时当量，时间跨度为 2009~2017 年，利用 EMS 超效率计算软件，计算我国高新技术产业创新生态系统的生态利用效率，计算结果如表6.7所示。

表6.7 我国高新技术产业创新生态系统的生态利用效率（2009~2016年）

	2009年	2010年	2011年	2012年	2013年	2014年	2015年	2016年	产业均值
电气机械和器材制造	0.176	0.315	0.248	0.237	0.307	0.356	0.436	0.402	0.310
电子器件制造	0.635	0.411	0.497	0.316	0.437	0.449	0.666	0.588	0.500
电子元件制造	0.410	0.463	0.541	0.465	0.575	0.635	0.560	0.591	0.530
飞机制造	2.886	2.801	2.916	2.480	2.912	2.100	1.724	1.942	2.470
光伏	0.352	0.204	0.254	0.303	0.334	0.347	0.393	0.431	0.327
广播电视设备制造	0.261	0.743	0.800	0.574	0.561	0.796	0.776	0.675	0.648
化学纤维制造	0.161	0.251	0.179	0.177	0.230	0.309	0.381	0.438	0.266
化学原料和化学制品制造	0.198	0.409	0.320	0.261	0.278	0.345	0.338	0.437	0.323
计算机整机制造	0.416	0.186	0.182	0.122	0.184	0.265	0.530	0.247	0.266
雷达及配套设备制造	1.227	1.134	0.533	0.590	1.036	0.978	1.345	0.874	0.965
视听设备制造	0.453	0.229	0.320	0.291	0.204	0.354	0.658	0.374	0.359
通信设备制造	0.555	0.432	0.564	0.403	0.400	0.485	0.509	0.558	0.488
医疗仪器设备及器械制造	2.141	8.251	1.342	3.451	4.603	7.816	9.292	8.779	5.709
医药制造	0.329	0.547	0.568	0.421	0.464	0.450	0.442	0.483	0.463
仪器仪表制造	0.222	0.742	0.553	0.583	0.695	0.690	0.678	0.764	0.616

从表6.7可知，我国超半数高新技术产业创新生态系统的生态利用效率均值低于0.5，说明除去个别特殊产业外，其他产业整体生态利用效率并不高，在本期开发应用群落产出转化为下期研发投入方面，还有待进一步提升。

（三）不同视角下我国高新技术产业创新生态系统创新效率对比

1. 我国高新技术产业创新生态系统狭义创新效率的不同方法计算结果对比

高新技术产业创新生态系统狭义创新效率主要包括从产业知识创新到科技成果商业化的效率，可用直接投入产出法和生态能量传递效率法两种方法来计算，直接投入产出法使用经济效益产出与研发投入之比来计算，生态能量传递效率法则通过分步骤计算技术创新成果产出与研发投入资源之比（生态同化效率）、经济效益产出与技术成果投入之比（生态生产效率），将两者相乘得到。根据表6.3、表6.5和表6.6，用两种方法计算我国高新技术产业创新生态系统的狭义创新效率，结果如表6.8所示。

去除计算机整机制造、医疗仪器设备及器械制造两个生态同化效率、生产效率超高的产业，其余利用能量传递法计算出的高新技术产业创新效率平均值为0.670，其余利用直接投入产出方法计算出的高新技术产业创新效率平均值为0.693，两者整体差距不大。从计算过程可以看出，能量传递效率法在计算生态生产效率过程中，加入了投入变量引进技术经费支出、购买国内技术经费支出、技术改造及消化吸收费用3个变量，相当于在产出一定的情况下，增加了一部分投入，因此用能量传递效率法计算的创新效率结果整体上比直接投入产出法更低。

2. 我国高新技术产业创新生态系统生态创新效率的不同方法计算结果对比

高新技术产业创新生态系统生态创新效率是从产业知识创新到科技成果商业化再分解到下一周期产业研发投入的效率，结合自然生态系统中的能量摄取效率，表示为下一周期（n+1）产业创新生态系统的创新投入（I_{n+1}）占上一周期（n）产业创新生态系统的创新投入（I_n）的比值，可用直接投入产出法和生态能量传递效率法两种方法来计算。直接投入产出法使用n+1周期研发投入、n周期研发投入之比来计算，生态能量传递效率法则通过分步骤计算技术创新成果产出与研发投入资源之比（生态同化效率）、经济效益产出与技术成果投入之比（生态生产效率）、下期研发投入与经济效益产出之比（生态利用效率），将三者相乘得到。根据表6.4至表6.7，用两种方法计算我国高新技术产业创新生态系统生态创新效率，结果如表6.9所示。

去除医疗仪器设备及器械制造个别生态同化效率、生产效率、利用效率超高的产业，直接投入产出方法计算所得的我国高新技术产业创新生态系统生态创新效率均值为0.902，而使用能量传递效率法计算所得的我国高新技术产业创新生态系统生态创新效率均值为0.485。

对于大部分高新技术产业来说，能量传递效率法在计算生态生产效率过程中，加入了投入变量引进技术经费支出等3个变量，相当于在产出一定的情况下，增加了一部分投入，因此用能量传递效率法计算的创新效率结果整体上比直接投入产出法更低。从能量传递效率法计算结果来看，15个高新技术产业中有7个产业的能量传递效率在10%~20%，与林德曼效率接近，反映了高新技术产业创新生态系统的生态创新效率与自然生态系统营养级能量传递效率之间的相似性。

表6.8 我国高新技术产业创新生态系统狭义创新效率的不同方法计算结果

	年份	电气机械和器材制造	电子器件制造	电子元件制造	飞机制造	光伏	广播电视设备制造	化学纤维制造	化学原料和化学制品制造	计算机整机制造	雷达及配套设备制造	视听设备制造	通信设备制造	医疗仪器设备及器械制造	医药制造	仪器仪表制造
直接投入产出法	2009	1.232	0.534	0.566	0.189	1.208	0.482	0.987	0.661	0.744	0.253	0.995	0.568	0.300	0.499	1.482
直接投入产出法	2010	0.898	0.757	0.826	0.220	1.271	1.289	1.161	0.968	1.415	0.311	0.942	0.562	0.905	0.798	0.700
直接投入产出法	2011	0.754	0.534	0.650	0.146	0.634	0.642	0.937	1.486	1.552	0.368	0.804	0.385	0.549	0.811	0.631
直接投入产出法	2012	0.719	0.493	0.620	0.117	0.615	0.635	0.808	1.521	2.037	0.469	0.523	0.317	0.672	0.885	0.645
直接投入产出法	2013	0.718	0.557	0.634	0.133	0.908	0.570	0.765	1.167	1.606	0.256	0.760	0.542	0.604	0.900	0.651
直接投入产出法	2014	0.676	0.538	0.662	0.252	1.269	0.456	0.808	0.827	1.714	0.300	0.819	0.633	0.647	0.804	0.573
直接投入产出法	2015	0.758	0.540	0.750	0.284	1.207	0.512	0.844	0.866	2.002	0.449	0.684	0.743	0.540	0.895	0.622
直接投入产出法	2016	0.726	0.578	0.714	0.292	1.222	0.467	0.909	0.973	1.791	0.333	0.636	0.565	0.599	0.839	0.612
直接投入产出法	2017	0.644	0.531	0.693	0.251	1.409	0.425	0.770	0.854	1.853	0.317	0.665	0.571	0.522	0.713	0.520
能量传递效率法	2009	0.792	0.403	0.371	0.055	2.854	0.922	0.648	0.324	8.413	0.199	1.386	2.524	12.394	0.447	2.130
能量传递效率法	2010	0.320	0.187	0.328	0.055	0.976	6.811	0.384	0.183	1.956	0.239	0.580	0.863	234.958	0.284	0.164

续表

方法	年份	电气机械和器材制造	电子器件制造	电子元件制造	飞机制造	光伏	广播电视设备制造	化学纤维制造	化学原料和化学制品制造	计算机整机制造	雷达及配套设备制造	视听设备制造	通信设备制造	医疗仪器设备及器械制造	医药制造	仪器仪表制造
能量传递效率法	2011	0.312	0.276	0.255	0.035	0.708	2.159	0.367	0.294	11.537	0.229	0.335	0.336	79.153	0.304	0.305
能量传递效率法	2012	0.402	0.291	0.376	0.059	1.683	0.749	0.336	0.311	11.086	0.289	0.309	0.231	80.621	0.401	0.450
能量传递效率法	2013	0.541	0.422	0.483	0.091	2.334	0.592	0.435	0.374	19.925	0.103	0.463	0.304	94.171	0.411	0.581
能量传递效率法	2014	0.463	0.307	0.412	0.079	2.358	0.368	0.519	0.301	16.426	0.130	0.351	0.701	61.844	0.412	0.487
能量传递效率法	2015	0.478	0.354	0.393	0.078	2.753	0.700	0.261	0.378	7.994	0.714	0.220	1.398	95.935	0.463	0.620
能量传递效率法	2016	0.458	0.475	0.473	0.117	2.371	0.428	0.327	0.450	3.700	0.630	0.458	1.271	163.504	0.438	0.724
能量传递效率法	2017	0.498	0.567	0.469	0.073	3.582	0.485	0.315	0.451	1.745	1.082	0.629	1.356	66.301	0.436	0.770
直接投入产出法	均值	0.792	0.562	0.679	0.209	1.083	0.609	0.888	1.036	1.635	0.339	0.758	0.543	0.593	0.794	0.715
能量传递效率法	均值	0.474	0.365	0.395	0.071	2.180	1.468	0.399	0.341	9.198	0.401	0.526	0.998	98.764	0.400	0.692

注：直接投入产出法：P_n/I_n=开发应用群落产出/研究群落投入；能量传递效率法：P_n/I_n=生态同化效率（A_n/I_n）×生态生产效率（P_n/A_n）。

表 6.9　我国高新技术产业创新生态系统生态创新效率的不同方法计算结果

方法	年份	电气机械和器材制造	电子器件制造	电子元件制造	飞机制造	光伏	广播电视设备制造	化学纤维制造	化学原料和化学制品制造	计算机整机制造	雷达及配套设备制造	视听设备制造	通信设备制造	医疗仪器设备及器械制造	医药制造	仪器仪表制造
直接投入产出法	2009	0.763	0.753	1.079	1.133	1.285	0.561	0.901	0.602	1.029	0.970	1.043	0.844	0.652	0.726	0.735
直接投入产出法	2010	0.771	0.795	0.551	0.833	0.831	1.377	0.858	1.167	0.603	0.579	0.807	0.630	0.776	0.709	0.791
直接投入产出法	2011	0.846	1.014	0.684	1.002	1.034	1.579	0.941	0.961	0.930	0.654	1.080	0.831	0.882	0.862	0.613
直接投入产出法	2012	0.715	0.630	0.763	0.837	1.052	1.013	0.865	0.857	0.703	1.371	0.925	0.783	0.721	0.670	0.814
直接投入产出法	2013	0.879	0.917	0.991	0.796	1.216	0.964	0.846	0.832	0.956	0.972	0.711	0.843	0.834	0.934	1.025
直接投入产出法	2014	0.830	0.884	1.126	0.877	1.065	0.919	0.906	0.866	0.973	0.843	0.941	0.996	1.107	0.824	0.900
直接投入产出法	2015	0.878	0.972	0.985	0.761	1.233	0.969	0.878	0.876	0.740	1.221	0.829	0.989	0.912	0.878	0.974
直接投入产出法	2016	0.923	0.946	0.982	1.173	1.035	0.846	1.092	0.859	0.870	0.826	0.819	0.963	0.940	0.869	1.046
能量传递效率法	2009	0.139	0.256	0.152	0.159	1.005	0.240	0.104	0.064	3.500	0.244	0.628	1.400	26.529	0.147	0.473
能量传递效率法	2010	0.101	0.077	0.152	0.155	0.199	5.057	0.096	0.075	0.364	0.271	0.133	0.373	1938.684	0.155	0.121
能量传递效率法	2011	0.077	0.137	0.138	0.103	0.180	1.727	0.066	0.094	2.103	0.122	0.107	0.189	106.215	0.173	0.169

续表

	年份	电气机械和器材制造	电子器件制造	电子元件制造	飞机制造	光伏	广播电视设备制造	化学纤维制造	化学原料和化学制品制造	计算机整机制造	雷达及配套设备制造	视听设备制造	通信设备制造	医疗仪器设备及器械制造	医药制造	仪器仪表制造
能量传递效率法	2012	0.095	0.092	0.175	0.145	0.509	0.430	0.060	0.081	1.349	0.170	0.090	0.093	278.183	0.169	0.262
能量传递效率法	2013	0.166	0.184	0.278	0.265	0.780	0.332	0.100	0.104	3.660	0.106	0.095	0.122	433.506	0.190	0.404
能量传递效率法	2014	0.165	0.138	0.262	0.166	0.818	0.293	0.160	0.104	4.345	0.127	0.121	0.340	483.348	0.186	0.336
能量传递效率法	2015	0.208	0.236	0.220	0.135	1.082	0.543	0.099	0.128	4.233	0.960	0.144	0.711	891.426	0.205	0.420
能量传递效率法	2016	0.184	0.279	0.279	0.227	1.023	0.289	0.143	0.197	0.914	0.550	0.171	0.709	1435.323	0.212	0.553
直接投入产出法	均值	0.826	0.864	0.895	0.926	1.094	1.028	0.911	0.877	0.850	0.930	0.894	0.860	0.853	0.809	0.862
能量传递效率法	均值	0.142	0.175	0.207	0.169	0.699	1.114	0.104	0.106	2.559	0.319	0.186	0.492	699.152	0.180	0.342

注：直接投入产出法：I_{n+1}/I_n＝下期研究群落投入/本期研究群落投入；能量传递效率法：I_{n+1}/I_n＝生态同化效率（A_n/I_n）×生态生产效率（P_n/A_n）×生态利用效率（I_{n+1}/P_n）。

（四）Malmquist 指数计算与分析

Malmquist 生产指数表示决策单元在 t 至 t+1 期生产率的变化程度，运用 DEAP2.1 软件对我国 2009～2017 年部分高新技术产业的 Malmquist 生产率指数进行计算，得出我国高新技术产业创新效率的动态变化情况。

在计算时，选取高新技术产业基于直接投入产出的狭义创新效率指标（投入指标为 R&D 投入经费支出、R&D 人员折合全时当量，产出指标为：新产品销售收入、产业利润总额），与选取基于直接投入产出的生态创新效率指标（投入指标为：t 年 R&D 投入经费支出、t 年 R&D 人员折合全时当量，产出指标为：t+1 年 R&D 投入经费支出、t+1 年 R&D 人员折合全时当量）进行对比发现，两者计算结果相同。Malmquist 指数计算结果如表 6.10、表 6.11 所示。

表 6.10　我国高新技术产业整体全要素生产率变动及其分解

年份	Effch	Techch	Pech	Sech	Tfpch
2009～2010	1.266	0.806	1.094	1.158	1.021
2010～2011	0.816	1.129	0.902	0.904	0.921
2011～2012	0.957	0.999	0.939	1.019	0.956
2012～2013	1.05	0.926	1.095	0.959	0.972
2013～2014	1.037	1.026	1.045	0.992	1.063
2014～2015	1.066	0.94	0.968	1.102	1.002
2015～2016	0.966	1.14	1.019	0.948	1.101
2016～2017	0.921	1.123	0.964	0.955	1.034
均值	1.002	1.005	1.001	1.001	1.007

注：Effch 为技术效率变动，Techch 为技术进步变动，Pech 为纯技术效率变动，Sech 为规模效率变动，Tfpch 为全要素生产率变动。

表 6.10 结果表明，2009～2017 年我国高新技术产业全要素生产率（Total Factor Productivity，TFP）变动均值大于 1，整体呈现增长态势，整体平均增幅为 0.7%。TFP 变化率的分解指标中，技术进步增长幅度（0.5%）大于技术效率增长幅度（0.2%），纯技术效率、规模效率呈现年均正增长（0.1%）。其中，2015～2016 年的 TFP 增长最快，增长率达 10.1%；2010～2011 年的 TFP 负增长最高，达 7.9%；2010～2011 年、2011～2012 年全要素生产率变动小于 1，呈现

负增长，主要原因是技术效率变动负增长；2012~2013 年全要素生产率变动小于
1，呈现负增长，主要原因是技术进步变动负增长；2015 年之前，全要素生产率
的增长主要依靠技术效率的提升；2015 年之后，技术效率呈现出负增长的态势，
全要素生产率的增加主要依赖于技术进步的提升，表明近年来我国高新技术产业
技术进步显著。

根据表 6.11，本书选取的 15 个高新技术产业样本除电气机械和器件制造、
化学纤维制造、仪器仪表制造外，其余产业全要素生产率变动均大于 1，呈现不
同程度的正增长。飞机制造、计算机整机制造两个产业的 TFP 平均增幅在 10%
以上，TFP 平均增幅在 5%~10% 的产业包括光伏产业、雷达及配套设备制造、
通信设备制造，TFP 负增长均值最高的是仪器仪表制造产业，平均负增长幅度为
11.6%。在全要素生产率负增长的 3 个高新产业中，电气机械和器材制造、仪器
仪表制造两个产业除了 2015~2016 年 TFP 略有增长，其余年份 TFP 均呈负增长，
作为高新技术产业，如果全要素生产率始终无法得到有效提升，就会直接影响该
产业的可持续发展。

表 6.11 我国高新技术产业分产业全要素生产率变动

产业	2009~2010 年	2010~2011 年	2011~2012 年	2012~2013 年	2013~2014 年	2014~2015 年	2015~2016 年	2016~2017 年	Tfpch 均值
电气机械和器材制造	0.591	0.939	0.929	0.974	0.979	0.982	1.058	0.974	0.928
电子器件制造	1.339	0.768	0.943	1.113	0.968	0.919	1.237	1.079	1.046
电子元件制造	1.315	0.728	0.922	0.992	1.113	0.996	1.049	1.033	1.019
飞机制造	0.972	0.88	0.84	0.995	1.764	1.17	1.376	0.926	1.115
光伏	0.891	0.822	0.949	1.431	1.235	0.96	1.039	1.188	1.064
广播电视设备制造	1.769	0.593	0.986	0.878	0.854	0.992	1.005	0.968	1.006
化学纤维制造	0.873	1.119	0.845	0.913	0.984	1.007	1.25	1	0.999
化学原料和化学制品制造	0.99	1.276	0.832	0.946	0.93	1.011	1.119	1.103	1.026
计算机整机制造	1.424	1.285	1.244	0.863	0.947	0.999	1.124	1.145	1.129
雷达及配套设备制造	1.217	1.155	1.424	0.559	1.166	1.254	0.822	0.997	1.074
视听设备制造	0.811	1.231	0.834	1.127	1.004	0.913	1.202	1.143	1.033
通信设备制造	0.872	0.881	0.993	1.421	1.088	1.212	1.007	1.118	1.074
医疗仪器设备及器械制造	1.458	0.654	0.973	0.825	1.193	0.753	1.228	0.974	1.007
医药制造	1.259	1.032	0.875	0.935	0.994	1.004	1.037	1	1.017
仪器仪表制造	0.439	0.832	0.92	0.944	0.974	0.972	1.083	0.909	0.884

五、高新技术产业创新生态系统创新效率评价结论及管理政策建议

（一）创新效率评价结论

（1）我国高新技术产业创新生态系统的创新效率与自然生态系统林德曼效率具有相似性。

通过基于自然生态系统的能量传递过程对高新技术产业创新生态系统进行创新过程分解，将高新技术产业创新生态系统创新效率分解为生态同化效率、生态生产效率、生态利用效率，以年度为周期，将生态系统中的营养级能量传递效率引用到高新技术产业创新生态系统创新周期的创新效率计算。通过计算结果表明，高新技术产业的生态创新效率与林德曼效率具有一定的相似性。通过对高新技术产业创新生态系统内部各阶段的创新效率分解，更清晰地计算了产业创新环节的创新效率，帮助有针对性地进一步分析和解决各个环节的创新效率问题。

（2）我国高新技术产业研究效率有待进一步提升。

通过对我国高新技术产业创新效率进行分解并计算，可以发现，超过半数以上产业的研究阶段创新效率（同化效率）低于生态生产效率和生态利用效率，这表明我国高新技术产业在原始创新阶段、基础创新、技术创新等方面，还存在很大的提升空间。

（3）我国高新技术产业创新效率整体水平较高，但创新效率水平差异较大，各产业间发展不均衡。

我国 2009~2017 年高新技术产业的狭义创新效率（基于直接投入产出效率）均值为 0.749，说明整体上高新技术产业创新效率值较高。但狭义创新效率最高的计算机整机制造产业为 1.635，光伏产业、化学原料和化学制品制造产业的狭义创新效率值分别为 1.083 和 1.036，而狭义创新效率最低的飞机制造产业为 0.209，雷达及配套设备制造产业狭义创新效率值为 0.339，各产业创新效率水平差距较大，说明创新效率较低产业在科技资源、劳动与资本投入协调性等方面有待提升。

（4）我国高新技术产业全要素生产率整体呈现增长态势，但提升幅度不高，产业全要素生产率有待进一步提升。

我国高新技术产业全要素生产率整体上呈现增长态势，整体平均增幅为0.7%，增长幅度不高，其中技术进步增幅大于技术效率增幅，在技术效率增加幅度的贡献方面，纯技术效率和规模效率增幅均值相等。这说明近年来我国高新技术产业在科技资源、劳动与资本的投入等方面形成了较好的协同性，持续提升了我国高新技术产业的创新效率，且随着我国高新技术产业的不断发展，单靠提升规模，已很难获得创新效率的大幅提升。此外，我国高新技术产业间的全要素生产率变化率存在较大差异，且极不均衡。飞机制造、计算机整机制造两个产业的TFP平均增幅在10%以上，而电气机械和器材制造、仪器仪表制造两个产业的TFP除了2015~2016年略有增长，其余年份均呈负增长，反映了这两个产业的创新后续动力不足。TFP增长最快的飞机制造产业增长率均值达11.5%，TFP增长最慢的仪器仪表制造产业增长率均值达-11.6%，两者TFP变动差异较大。

（二）创新效率提升管理政策建议

（1）坚持把技术创新特别是原始创新，作为高新技术产业生产与发展的战略重点。

我国高新技术产业创新效率的提升，需要继续深入实施产业创新发展战略，加速产业链全覆盖、一体化的创新结构优化，推进产业链和创新链融合与协同，加大在基础研究、共性技术研究等方面的研发投入规模，同时在坚持自主研发的基础上，引进国内外先进技术，进行消化吸收再创新，持续提升产业创新效率。

（2）加大科技资源投入的同时，注重科技管理体制改革。

产业创新效率提升是实体性科技资源（人力、财力和物力）投入和体制性科技资源（科技资源配置体制和管理体制）投入综合推动的结果。目前，我国高新技术产业在规模效率方面已进入相对平稳提升阶段，单纯依靠加大投入、提高研发规模，已难以大幅提升创新效率。因此，更应当注重科技资源配置体制创新，强化市场机制在资源配置优化方面的作用，有效引导科技资源的协同，充分发挥产业集聚科技资源效能。

（3）对创新效率不同的产业采取不同的对待政策，有针对性地制定产业创新效率提升策略。

对于产业创新效率增长幅度较低、创新后续动力不足的产业，如电气机械和器材制造、仪器仪表制造，重点解决技术创新与体制创新协调问题，提高行业标准，加强行业监督，淘汰产业内部技术创新相对落后的创新主体，推动产业开展技术创新活动。此外，应进一步加强产业研发的投入力度，加强从事产业原始创新高素质人才的培养，优化创新人才成长的政策环境，推动产业开展原始创新活动，扶持该部分产业内部骨干企业快速成长，促进企业做大做强进而形成规模经济。

六、本章小结

本章首先引入自然生态效率理论，基于高新技术产业创新价值链与生物能量传导链类比分析，将高新技术产业创新效率分解为生态同化效率、生态生产效率、生态利用效率，构建了高新技术产业创新效率评价指标体系。其次，选取我国 15 个高新技术产业为样本，通过数据采集与整理，利用 DEA 全效率计算方法，完成了 15 个高新技术产业的狭义创新效率及生态创新效率计算，从不同视角对我国高新技术产业创新生态系统的创新效率进行了对比分析，计算结果显示我国高新技术产业创新效率整体水平较高，但创新效率水平差异较大，各产业间发展不均衡。再次，利用 Malmquist 指数分析方法，研究我国高新技术产业创新效率的动态变化情况。结果显示我国高新技术产业全要素生产率变化率整体呈现增长态势，但提升幅度不高，产业全要素生产率有待进一步提升。最后，从坚持原始创新、加大科技资源投入、注重科技管理体制改革等方面，提出了提升我国高新技术产业创新效率的管理策略和建议。

第七章　我国光伏产业创新生态系统演化机制及创新效率评价案例研究

近年来，我国光伏产业持续健康发展，成为我国同步参与国际竞争、居世界先进水平、产业化占有竞争优势且引领全球太阳能产业发展的产业之一。《"十三五"国家战略性新兴产业发展规划》明确要推动新能源和节能环保等绿色低碳产业成为支柱产业，推动太阳能多元化、规模化发展。作为高新技术产业典型代表，本章以光伏产业为例，分析了我国光伏产业创新生态系统的结构、协同演化机制、创新生态位适宜度、创新效率及影响因素等相关问题，为我国高新技术产业坚持创新驱动发展、优化产业创新生态系统演化机制、构建可持续发展新模式，并发展壮大为支柱产业提供理论与实证支持。

一、光伏产业及产业链结构

本书选择光伏产业，将前文所研究的高新技术产业创新生态系统的结构、演化、创新生态位适宜度、创新效率评价等内容具体运用于光伏产业，进一步展开研究，主要有以下方面的原因：

（1）光伏发电将在未来能源领域占据重要战略地位。

基于太阳能发电的安全性、长寿命、可靠性、广泛性、资源充足性以及环保性等诸多优势，目前作为极其重要的一种可再生能源，太阳能发电在不久的将来将发展为支柱性、全球电力共赢的产业。据预测，到 2040 年，可再生能源在全球总能源结构中占比将达到 50% 以上，作为可再生能源主力，太阳能光伏发电在世界总电力供应中的占比达 20%。到 21 世纪末，这两项数据将分别增长到 80% 和 60%[221]。

（2）光伏产业是我国高新技术产业中最具代表性的产业之一。

在高新技术产业中，光伏产业作为新能源产业中的重要组成部分，随着近年来产业关键技术的快速发展，摆脱了以往依靠低成本和快速生产而获利的野蛮生长阶段，"高技术+新能源"成为光伏产业的主要特征，光伏产业已真正进入高新技术产业行列。太阳能产业作为新能源产业之一被列入国家 2018 年战略性新兴产业类别中，光伏设备及元器件制造被江苏、浙江、山东等省份明确列入高新技术产业统计分类目录中，科技部先后批准建立无锡、苏州、邢台、上饶、洛阳、新余等国家光伏高新技术产业化基地。光伏产业已成为我国当今发展最迅速的高新技术产业之一。

（3）我国光伏产业处于世界领跑地位，是我国高新技术产业中为数不多的具有全球领先优势、可参与全球竞争的产业之一。

作为绿色可再生能源的代表，我国光伏产业已占据全球 70% 以上的市场份额，成为"国家名片"之一。我国光伏产业是全球领先的高新产业之一，尤其是党的十八大以来，我国光伏业发展迅猛，增速已远超传统能源，我国也成为全球最大光伏市场，已形成光伏产业从高纯硅材料到光伏系统集成完整的全产业链，产业链各环节产量稳居全球首位，技术水平明显提升，带动光伏产业生产成本不断下降，逐步取得并不断巩固国际竞争优势。

（4）我国光伏产业正从依赖政府补贴向实现平价上网、完全市场化竞争转变。

我国光伏产业经历了 2011~2012 年的"寒冬期"，因国内光伏制造产能过快增加、欧洲市场补贴力度下降等，产业发展受阻，大量中小型光伏企业破产倒闭。2013 年之后，经产业结构调整与转型升级，开启了我国光伏行业发展的黄金时期，带动了国内光伏产业链的快速发展。近年来，在光伏全产业链各环节共同努力下，我国光伏发电成本快速下降，我国光伏产业正从粗放式发展向精细化发展转变；从拼价格、拼速度、拼规模向拼效益、拼技术、拼质量转变；从依赖政府补贴向完全市场化竞争转变。国家能源局新能源前处长司熊敏峰曾表示：发展光伏是能源革命的必然要求，是我国的战略部署，要大力推进光伏平价上网示范项目，加速实现光伏发电成本与燃煤发电等传统发电成本基本持平，全面迎来光伏发电"平价上网"时代。

随着全球煤炭、石油、天然气等传统能源资源消耗速度加快且具有不可再生性，生态环境不断恶化，人类社会的可持续发展受到严重威胁，世界各国纷纷制定相应的能源战略，以应对传统能源资源的有限性以及开发利用所带来的环境问题。第二届全球光伏技术会议曾预言："到 21 世纪上半纪，光伏（Photovoltaic）将作为全球能源取代原子能，不确定的仅仅是最终实现这一目标是在 2030 年或者 2050 年。"

太阳能光伏发电系统（Solar Power System），简称为光伏，作为新型的发电系统，它基于太阳电池半导体材料，利用其光伏效应，把太阳光的辐射能直接地转换成电能。

围绕硅等半导体材料的应用开发所形成的太阳能发电产业链条被称为"光伏产业"。光伏产业是半导体技术与新能源相结合所产生的战略性新兴产业，根据国家发改委公布的《战略性新兴产业重点产品和服务指导目录》，光伏产业主要含有：①光伏电池。例如，薄膜太阳能电池及其组件；晶硅太阳能电池片及其组件；柔性、聚光等新型的太阳能电池。②光伏电池其原材料与辅助材料。例如，光伏电池其封装材料；单晶硅锭以及单晶硅片；光伏导电玻璃；有机聚合物电极；硅烷；长寿命的石墨材料；专用银浆；低成本、高效率、新型的太阳能光伏电池材料。③光伏装备。例如，低耗能、高纯度的太阳能级多晶硅生产设备；多线切割设备；多晶硅铸锭装备；单晶硅拉制设备；高效电池片及组件制造设备；柔性、聚光等新型太阳电池制造装备；薄膜太阳电池制造装备。④光伏系统其配套产品。例如，并网光伏逆变器；太阳能跟踪装置；离网光伏逆变器；便携式控制逆变一体设备；蓄电池充放电控制器；光伏电站监控设备；光伏智能汇流箱。⑤分布式并网光伏发电系统技术服务；离网光伏发电系统技术服务；微网光伏发电系统技术服务；公共电网侧并网光伏发电系统技术服务；风光互补供电系统服务；碟式、槽式、塔式太阳能热发电系统技术服务。

光伏产业链由应用系统、电池组件、电池片、硅片以及硅料等环节组成。其中，硅料、硅片处于光伏产业链的上游，电池片处于光伏产业链的中游，而应用系统处于产业链的下游[221]，如图 7.1 所示。

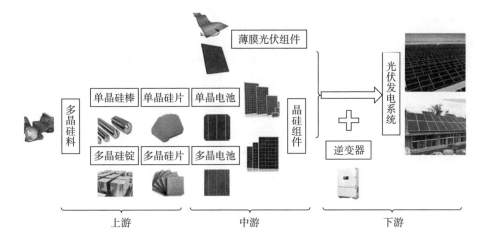

图 7.1　光伏产业链组成

二、全球及我国光伏产业发展情况

（一）全球光伏产业快速发展，可再生能源利用进入新阶段

在全球能源的长期战略中，太阳能光伏发电凭借其经济性、清洁性等特点，被普遍认为占据了可再生能源中极其重要的地位。2005 年，《京都议定书》生效，再次将可再生能源的利用推向新高潮，欧盟、日本、美国均推出可再生能源发展计划。2011 年 9 月，EPIA（欧洲光伏工业协会）发布《太阳能光伏发电——能源领域的竞争》，预测至 2050 年，太阳能发电将作为全球能源结构的一个重要部分，满足全球电力需求的比例将达到 21% 以上。

一直以来，各个国家对太阳能利用技术均高度重视、大力发展，尤其各发达国家由于经济发达、能源耗费较大等原因，光伏产业发展起步相对较早。

（1）启动阶段。在非市场化光伏补贴模式下，欧洲光伏装机市场率先启动。2004 年，德国推出光伏补贴，促使全球光伏装机量达到 11.1 亿瓦；2007 年，西班牙光伏市场启动并大幅增长，同时德国保持强劲增长，全球新增光伏装机在 2008 年突破 60 亿瓦。全球新增光伏装机主要集中在欧洲，其中德国保持大幅增长，西班牙发展迅速，并在 2008 年一举超越德国，成为全球最大的新增光伏装机市场。而此时中国的新增光伏发电容量 40 兆瓦，占全球需求比重不到 1%。

（2）调整阶段。自 2011 年以后，欧洲各个国家对光伏行业的政府补贴政策进行了较大调整，政府补贴力度下降，导致了光伏市场的萎缩现象，这导致 2011 年以前因行业扩张所增长的产能严重过剩，因此全球的光伏行业出现了供需方面的失衡现象。此外，欧债危机也给光伏市场带来了较为剧烈的波动，导致许多世界范围内知名的光伏组件企业不得已停产，产生亏损，继而倒闭，行业进入优胜劣汰阶段。

（3）恢复阶段。自 2013～2015 年，经过优胜劣汰，光伏系统成本持续大幅度下降，光伏投资回报重新获得平衡，全球有更多的国家加入支持光伏的行列，具有技术研发优势、规模优势的企业涌现，产业规模及市场开始逐步恢复。

（4）快速发展期。2015 年 12 月，《巴黎协定》在全球第 21 次气候变化大会中通过，195 个国家及地区代表联合约定加快可再生能源市场的计划进度。众多国家和地区相继制订、出台了光伏相关产业的发展计划，持续增加了对光伏技术研究开发以及产业化发展的支持力度。自此，全球光伏发电行业逐步迈入规模化以及快速发展时期。澳洲、欧洲等传统光伏市场的增长态势一直相对稳定。与此同时，东南亚、南美、印度等新兴市场快速启动，光伏发电在全球得到了越发广泛的应用，光伏产业逐渐演变成众多国家的重要产业。

光伏发电产业自 2007 年以来虽然增长率有所波动，但一直保持较快增长，光伏发电规模持续增长，2007～2018 年全球光伏发电年新增装机容量如图 7.2 所示。

（二）从崛起到领先，我国光伏产业在波动中快速发展

我国光伏技术兴起于 20 世纪 70 年代，起初在空间领域应用，到 70 年代末期其应用领域从空间扩展到地面领域。进入 21 世纪后，随着国际对新能源的重视，特别是德国和西班牙等欧洲国家开始推出光伏发电补贴等扶持政策，国际光伏产业进入快速发展期，我国光伏产业也开始进入极其快速的发展轨道。整体上我国光伏产业从跟跑到并跑、领跑，产业规模稳步增长，已形成光伏产业从高纯硅材料到光伏系统集成完整的全产业链，产业链各环节产量稳居全球首位，技术水平明显提升，带动光伏产业生产成本不断下降，逐步取得并不断巩固国际竞争优势。

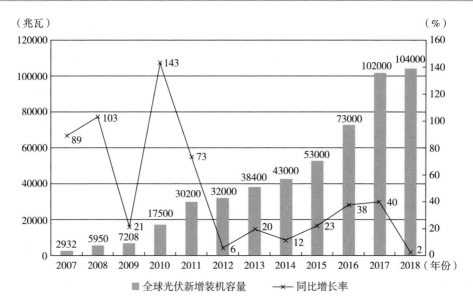

图 7.2　2007~2018 年全球光伏发电年新增装机容量

注：图中数据来自中国光伏行业协会、中国电子信息产业发展研究院《2018 中国光伏产业发展路线图》。

（1）从时间进程上，我国光伏产业的发展历程主要经历了以下几个阶段[222,223]：

1）2005~2010 年：我国光伏产业高速启动，在电池和光伏组件加工领域极速扩张，我国光伏产业在多晶硅、硅片、电池组件的产量逐渐发展到世界首位，但国内装机容量并不大，因此形成了"生产大国和消费小国"的产业发展格局。

该阶段我国的全球产业链定位在光伏电池片和组件的加工，上游原材料多晶硅主要进口自欧、美、日等国际巨头，本土硅料生产技术和规模尚未成型，而下游的光伏装机需求主要来自欧洲，光伏产品主要用于出口，成为上下游"两头在外"的加工基地。在太阳能电池领域，2007 年我国反超日本一跃发展为世界最大的生产国。其中，江西赛维、尚德电力等一批中国太阳能电池生产制造企业陆续进入美国资本市场，在全球市场大放异彩。

2008 年金融危机导致欧美光伏行业历经低潮时，我国光伏产业在无锡尚德、天威、英利等一批龙头企业的带领下，技术工艺日趋进步，电池产量大幅上升，美国和日本电池产量占比持续呈下降趋势，欧洲保持稳定产量，到 2009 年，我国已成为全球光伏电池最大生产基地，市场份额占比达到 45.35%。

2009 年，我国政府出台《关于实施金太阳示范工程的通知》，通过市场拉动、科技支持以及政府财政补助等综合手段的实施，加速、支持我国光伏发电的规模化以及产业化发展。

2）2011~2012 年：欧美"双反"压制需求，产业发展受阻。2011~2012 年，美国和欧洲针对中国光伏企业提出了"反倾销、反补贴"调查。同时，因为国内光伏制造产能过快增加、欧洲市场补贴力度下降等，整个光伏市场增速放缓，光伏产品的价格较大幅度下跌，光伏制造业也因此出现非常严重的阶段性过剩，在内外压力下牵制了我国光伏制造业的迅猛发展势头，行业发展规模变缓，逐渐恢复进入相对理性的新发展阶段。虽然在光伏全产业链上，我国各个环节的产量依然处于世界首位，但增长幅度显著下滑。

在装机萎缩和"双反"的影响下，国内光伏企业出现了经营困境，产品价格和企业的毛利率出现了大幅的下滑。受此影响，国内部分光伏企业倒闭，全球第一大光伏电池生产商，占全球光伏电池市场份额 12.85%的无锡尚德在 2013 年初被依法裁定破产重组。

3）2013~2017 年：国内补贴政策助力、引领光伏产业持续快速增长。2013 年我国密集出台《关于促进光伏产业健康发展的若干意见》（国发〔2013〕24 号）等系列光伏产业支持政策，国家发改委发布光伏电价补贴政策，开启了国内光伏行业发展的黄金时期，带动了国内光伏产业链的快速发展。随着国内光伏技术的快速进步，从国产原料、辅料到国产设备成为主流，一方面降低成本，另一方面提升发电效率，光伏发电成本已越来越接近于上网电价。中国及全球主要的光伏市场装机容量呈持续快速健康增长。

4）2018 年以来，光伏产业进一步规范，新兴市场需求增加。2018 年 5 月 31 号，我国政府出台了《关于 2018 年光伏发电有关事项的通知》（发改能源〔2018〕823 号）（简称"531 新政"），该通知对普通地面式光伏电站的新增投资予以叫停，对分布式光伏限制了规模，政府补贴力度也有所下降，该新政的实施导致国内新增光伏装机容量出现了大幅度的降低，光伏开始进入平价上网时代。

2018 年初，工信部正式印发《光伏制造行业规范条件（2018 年本）》，要求对仅为产能扩大而新增的光伏制造项目投资予以严格控制，指出应引导、鼓励各光伏企业着力提升产品质量、提升技术创新、控制生产成本，增强光伏产业的管理及发展水平，着力推进光伏产业的结构调整与转型升级。

尽管国内光伏装机容量受到严格控制，新兴海外市场需求旺盛，成为我国新增光伏装机容量的主要来源，印度、南美、中东和澳大利亚是其中最重要的国家和地区。随着海外市场爆发，我国光伏产业稳步发展，进入进一步规范、健康发展的轨道。

（2）在全产业链环节中的硅片、多晶硅、组件、晶硅电池片等具体环节，我国光伏产业的发展极为迅猛。从硅原料、硅片、电池到组件，我国光伏产业在全产业链生产制造产量处于领跑位置，我国光伏产业已跃升为具备全球领先优势、可参与全球竞争的高新技术产业之一。我国光伏产品以品质高、价格低等显著优势在应对全球气候环境恶化以及促进全球光伏市场发展等方面发挥了巨大的正面作用。

1）多晶硅。

我国硅原料曾严重依赖进口，随着国内企业例如保利协鑫等企业的崛起，我国逐步实现对光伏上游原材料的进口替代，也推动了硅料价格和系统成本的下降。2010年我国多晶硅产量仅为4.5万吨，到2018年，我国多晶硅产能超过万吨的企业有10家，总产量超过25万吨，预计2019年多晶硅产量将达到28万吨。我国多晶硅2010~2019年的产量及年增长率情况如图7.3所示。

图7.3　2010~2019年我国多晶硅产量及年增长率情况

注：图中数据来自中国光伏行业协会、中国电子信息产业发展研究院《2018中国光伏产业发展路线图》，2019年数据为预测数据。

2）硅片。

2010年我国硅片产量为110亿瓦，到2018年全球前10大生产企业均位居中国大陆，我国硅片产量约为 1092 亿瓦，年均增加率达到 32%。预计 2019 年全国硅片产量将达到 1200 亿瓦。2010~2019 年我国硅片产量及年增加率如图 7.4 所示。

图 7.4　2010~2019 年我国硅片产量及年增长率情况

注：图中数据来自中国光伏行业协会、中国电子信息产业发展研究院《2018 中国光伏产业发展路线图》，2019 年数据为预测数据。

3）晶硅电池片。

2010 年我国晶硅电池产量为 108 亿瓦，到 2018 年，我国电池片产量超过 20 亿瓦的企业有 12 家，电池片产量约为 872 亿瓦，年均增加率较高。到 2019 年，我国晶硅电池片产量预计可以达到 950 亿瓦。我国晶硅电池片产量及年增加率情况如图 7.5 所示。

4）光伏组件。

2010 年我国光伏组件产量为 108 亿瓦，到 2018 年，我国光伏组件产量超过 20 亿瓦的企业有 11 家，光伏组件产量达到 857 亿瓦，年均增加率达到 29%。预计 2019 年我国光伏组件产量将超过 900 亿瓦。2010~2019 年我国光伏组件产量如图 7.6 所示。

5）国内光伏市场。

近十年，国内光伏装机容量激增。我国的光伏新增并网装机数在 2018 年已经达 442.6 亿瓦，光伏累计装机并网容量在 2018 年底达到了 1740 亿瓦。光伏新增以及累计装机容量已处于世界首位。由于"531"政策的推出，国内新增光伏并网装机市场受到限制，2019 年国内新增装机数预计与 2018 年大致持平，光伏

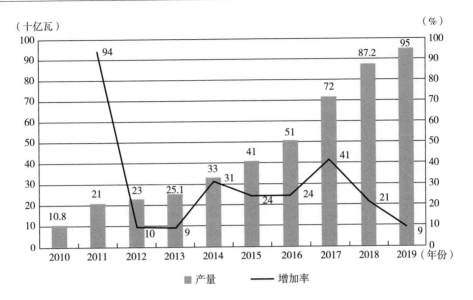

图 7.5　2010~2019 年我国晶硅电池片产量及年增加率情况

注：图中数据来自中国光伏行业协会、中国电子信息产业发展研究院《2018 中国光伏产业发展路线图》，2019 年数据为预测数据。

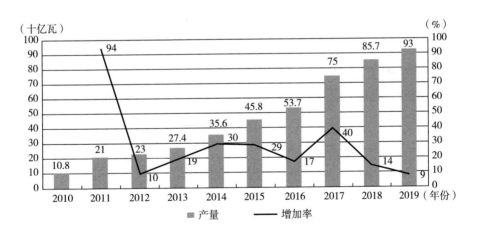

图 7.6　2010~2019 年我国光伏组件产量及年增长率情况

注：图中数据来自中国光伏行业协会、中国电子信息产业发展研究院《2018 中国光伏产业发展路线图》，2019 年数据为预测数据。

累计装机并网容量预计到 2019 年底将突破 2100 亿瓦，仍处于世界第一。2010~2019 年我国光伏新增并网装机容量如图 7.7 所示。

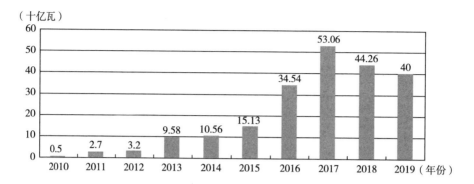

图 7.7　2010~2019 年我国光伏新增并网装机容量

注：图中全国光伏新增并网装机容量来自中国光伏行业协会、中国电子信息产业发展研究院《中国光伏产业年度报告》，2019 年数据为预测数据。

（3）我国光伏产业目前存在的问题。

1）对国外原材料依赖度高。

基于全产业链而言，我国光伏产业主要在电池、硅料铸锭切片、组件、系统配套等产业链中间段相对集中，价值较低，硅材料特别是高纯度硅对进口的依靠度较高，目前依然近 50% 的多晶硅需要进口，我国目前还应着力提升高纯硅冶炼技术研发水平，推进我国从光伏业的制造大国跃升成为光伏业制造强国。

2）产业关键技术、核心竞争力、产业创新能力有待提升。

我国光伏产业在新型薄膜、高倍聚光、异质结等技术方面较为落后、进展缓慢，光伏产品中高达 99% 比例仍依靠晶硅技术，产业的技术路线始终存在着高度单一的问题。可见，我国光伏产业在基础理论以及关键工艺技术研究开发等方面相对薄弱，新技术与新产品储备、创新投入力度不足，我国光伏产业部分关键技术与国际先进水平相比较尚存在一定差距。

3）产业集中度有待进一步提升。

光伏企业做优做强，提高产业集中度，可以进一步推动光伏产业加快转型升级、提高核心竞争力、推动产业持续健康发展。2018 年，国内年产量前十的多晶硅生产企业年产量均超过万吨，其产量占全国多晶硅总产量比例达 82.5%，集中度维持较高水平；2018 年，组件产量超过 20 亿瓦的企业有 11 家，其产量占总产量的 62.3%；2018 年，电池片产量超过 20 亿瓦的企业有 12 家，其产量占总产量的 53.4%。国家公布的《关于进一步优化光伏企业兼并重组市场环境的意见》

指出：要求截至 2017 年底，多晶硅前 5 家企业占全国的总产量超过 80%，电池组件前 10 家企业占全国的总产量超过 70%，要建设一批国际竞争力较强的骨干光伏发电集成开发及应用企业，要建设若干具备世界领先实力以及全球视野的光伏企业。目前的产业集中度与此还有一定差距。

4）对政策的依赖度较强。

光伏行业是我国最受政策影响的产业之一，从供给侧政策到需求侧政策的不同变换，从欧美"双反"到国家补贴，从光伏产业的扶持与规范到光伏发电补贴额度的变化，光伏产业发展受到国内外政策的影响非常显著，在光伏产量、市场装机容量、产品价格、技术进步等方面体现得尤为充分。欧美"双反"、"金太阳"工程、"531"等政策每次出台，都直接影响到光伏装机需求、产业链价格、光伏产业发展甚至是生存。根据预测，随着我国电力改革不断深入，弃光限电问题逐步改善，光伏发电环境不断优化，到"十四五"期间我国光伏产业将不依赖补贴，摆脱总量控制束缚，产业发展稳定持续上升。

三、我国光伏产业创新生态系统结构与协同演化机制

基于生态系统视角，采用本书对高新技术产业创新生态系统组成与结构、群落内部竞合演化、群落间合作演化、群落与环境适宜度研究结果，对我国光伏产业创新生态系统运行与协同演化机制进行研究，分析我国光伏产业创新生态系统内部组成，研究我国光伏产业创新生态系统群落内部、群落与群落、群落与环境的协同演化关系，以优化我国光伏产业创新生态系统运行、增强系统内部协同能力以及系统整体创新能力。

（一）组成及结构分析

我国光伏产业创新生态系统可以分解为非生物成分即创新环境，生物成分即创新种群。其中，依据创新种群的不同功能，可划分为研究群落、开发群落、应用群落[157]，每个群落中包含相应的创新种群，创新种群中又包含大量功能类似的创新个体。我国光伏产业创新生态系统生物成分中还包括政府种群、中介组织种群、行业协会种群、金融机构种群等其他协助创新种群。创新环境主要包括创

新政策、创新资源、创新文化、市场环境等。

1. 产业创新群落及协助创新种群

产业创新群落主要包括研究、开发和应用三大创新群落。

（1）研究群落。

研究群落主要包括高校种群、科研机构种群以及研发型企业种群，由于我国光伏产业单纯的研发型企业不多，所以以高校种群和科研机构种群为主。

高校种群：高校种群主要承担光伏产业相关基础技术的研究工作，同时还承担光伏产业人才培养工作。1985 年，浙江大学建立了国家重点实验室——高纯硅及硅烷国家重点实验室，现为硅材料国家重点实验室。华北电力大学建立了生物质发电成套设备国家工程实验室、新能源电力系统国家重点实验室、新型薄膜太阳电池北京市重点实验室、能源安全与清洁利用北京市重点实验室。我国高校涉及光伏产业专利申请数量排名前 10 的高校名单如表 7.1 所示。

表 7.1　我国光伏产业专利申请数排名前 10 高校

序号	学校名称	专利申请数
1	浙江大学	249
2	华北电力大学	242
3	河海大学	208
4	东南大学	185
5	清华大学	165
6	昆明理工大学	158
7	天津大学	154
8	华南理工大学	151
9	华中科技大学	137
10	南开大学	132

注：数据来源于国家知识产权局专利检索与分析数据库（时间截止到 2019 年 8 月 1 日）。

在人才培养方面，我国于 2011 年开设首批与光伏产业紧密相关的新能源科学与工程、新能源材料与器件两个本科专业，当年教育部备案或审批同意设置 19 所高校开设新能源科学与工程本科专业、6 所高校开设新能源材料与器件本科专业。目前，新能源科学与工程、新能源材料与器件本科专业已开设 162 个。在专科层面上，2018 年，全国共有 56 所专科院校的光伏发电技术与应用专业进行招生。

科研机构种群：我国光伏科研院所的研究方向涵盖了光伏技术各主要环节，包括晶硅材料、晶硅电池、薄膜电池、光伏系统设备、光伏组件、光伏检测等。国家电网公司依托中国电力科学研究院及各省电力公司、电力科学研究院，主要研究光伏发电、电站、组网等产业相关问题。中国电子科技集团公司第十八研究所是国内电池行业集研究、检测和鉴定于一身的权威机构，我国科研院所涉及光伏产业专利申请数排名前 10 的名单如表 7.2 所示。

表 7.2 我国光伏产业专利申请数排名前 10 科研院所

序号	科研机构名称	专利申请数
1	国家电网公司	701
2	中国电子科技集团公司第十八研究所	186
3	中国大唐集团科学技术研究院有限公司	128
4	中国科学院苏州纳米技术与纳米仿生研究所	117
5	上海空间电源研究所	113
6	中国科学院半导体研究所	113
7	中国科学院微电子研究所	83
8	中国华能集团清洁能源技术研究院有限公司	77
9	中国科学院电工研究所	73
10	上海太阳能工程技术研究中心有限公司	69

注：数据来源于国家知识产权局专利检索与分析数据库（时间截止到 2019 年 8 月 1 日）。

研发类组织种群：主要包括专门从事基础研究、应用研究类的企业，以及企业内部拥有专门从事基础研究及应用研究的组织。在光伏产业，以企业内部拥有专门从事基础研究及应用研究的组织为主，例如天合光能的光伏科学与技术国家重点实验室、江苏中能硅业与中国矿业大学联合成立的江苏省多晶硅材料工程技术研究中心、晶澳太阳能控股有限公司与中科院上海技术物理研究所联合建立的光伏创新研究中心、英利集团的光伏材料与技术国家重点实验室等均属于研发类组织种群成员。

（2）开发群落。

开发群落推动产品和服务的生产与交付，主要包括光伏生产、制造企业。针对开发群落，依据产业链结构对其进一步分解，具体包括了硅原料、硅片、电池片以及光伏组件等企业种群。部分企业在光伏产业各个环节实力均占据产业前列，可以认为在开发群落中属于多个种群。

多晶硅企业种群：我国多晶硅行业目前已经具备多晶硅生产技术，目前以改良西门子法为主，硅烷流化床法产业化进程在加快，国产多晶硅质量已完全可以满足国内多晶硅片生产需求，国产多晶硅价格和产量不断攀升，2017 年江苏中能以 7.5 万吨的多晶硅产能位居全球首位。我国主要多晶硅生产企业及产能如表7.3 所示。

表7.3　我国主要多晶硅生产企业及产能（2017 年）

序号	企业名称	所在地	产能（吨）
1	江苏中能	江苏	75000
2	新特能源	新疆	30000
3	四川永祥	四川	20000
4	天宏瑞克	陕西	19000
5	洛阳中硅	河南	18000
6	亚洲硅业	青海	18000
7	新疆大全	新疆	18000
8	东方希望	新疆	15000
9	赛维 LDK	江西	10000
10	江苏康博	江苏	10000

注：数据来源于中国光伏行业协会、中国电子信息产业发展研究院《中国光伏产业年度报告》，统计时间为 2018 年。

硅片企业种群：硅片产品类型主要包括多晶硅片和单晶硅片，目前多晶硅片仍为主流。2016 年，全球多晶硅片产量为 570 亿瓦，单晶硅片产量为 178 亿瓦。全球生产规模最大的前 10 家硅片企业 2016 年总产能达到 582 亿瓦，占全球全年总产能的 58.2%，且这 10 家企业均为中国企业，最大的保利协鑫总产能达到 20GW，约占全球全年硅片总产能的 20%。我国主要硅片生产企业及产能如表7.4 所示。

表7.4　我国主要硅片生产企业及产能（2016 年）

序号	企业名称	所在地	产能（兆瓦）
1	保利协鑫	江苏	20000

序号	企业名称	所在地	产能（兆瓦）
2	隆基乐叶	陕西	7500
3	晶科能源	江西	5000
4	晶澳太阳能	河北	4500
5	英利集团	河北	4300
6	赛维 LDK	江西	3800
7	浙江昱辉	浙江	3800
8	中环光伏	内蒙古	3300
9	台湾绿能	台湾	3000
10	旭阳雷迪	江西	3000

注：数据来源于中国光伏行业协会、中国电子信息产业发展研究院《中国光伏产业年度报告》，统计时间为 2017 年。

　　晶硅电池片企业种群：2016 年，全球电池片产能约为 950 亿瓦，中国大陆以510 亿瓦的产量位居全球第一，全球占比达到 68%，全球生产规模最大的前 10家电池片企业里中国企业占 9 家。最大的天合光能 2016 年产能达到 5000 兆瓦，产量为 4700 兆瓦；晶澳太阳能 2016 年产能为 5500 兆瓦，产量为 4600 兆瓦。我国主要电池片生产企业及产能如表 7.5 所示。

表 7.5　我国主要电池片生产企业及产能（2016 年）

序号	企业名称	所在地	产能（兆瓦）
1	天合光能	江苏	5000
2	晶澳太阳能	河北	5500
3	晶科能源	江西	3500
4	茂迪	台湾	3200
5	英利集团	河北	3200
6	顺风光电	江苏	3000
7	通威集团	四川	2200
8	阿特斯阳光电力集团	江苏	2100
9	新日光集团	台湾	2000
10	海润光伏	江苏	1750

注：数据来源于中国光伏行业协会、中国电子信息产业发展研究院《中国光伏产业年度报告》，统计时间为 2017 年。

薄膜电池企业种群：薄膜太阳能电池是在柔性聚合物、玻璃等基板上沉积不高于 20 微米厚度的一层薄膜，同时基于薄膜制作 PIN 结或者 PN 结等所制成的一种太阳能电池。具体包括铜铟镓硒（CIGS）、硅基薄膜、砷化镓（GaAs）、碲化镉（CdTe）、钙钛矿电池及有机薄膜电池等。与晶硅太阳能电池相比，薄膜太阳能电池材料消耗少、制备能耗低、电池和组件生产在一个车间内完成，有广阔的应用前景，但目前组件的量产转换效率还有待提升。

2016 年全球薄膜太阳能电池产能约为 95 亿兆，我国薄膜太阳能电池企业较少，主要有汉能控股集团、中国建筑材料有限公司、杭州龙焱、湖南共创、尚越光电、惟华光能等企业，其中汉能的薄膜电池产量约占我国 90% 以上。

光伏组件生产企业种群：2016 年，我国光伏组件生产企业有 224 家，总产能约为 840 亿瓦，前 10 家组件企业产量 310 亿兆，占全国总产量的 57.7%，有 8 家跻身全球前 10，其中晶澳太阳能跃居全球组件产能和产量首位。我国主要光伏组件生产企业及产能如表 7.6 所示。

表 7.6　我国主要光伏组件生产企业及产能（2016 年）

序号	企业名称	所在地	产能（兆瓦）
1	晶澳太阳能	河北	5300
2	晶科能源	江西	5000
3	天合光能	江苏	5000
4	协鑫集成	江苏	5000
5	阿特斯阳光电力集团	江苏	4200
6	英利集团	河北	4200
7	隆基乐叶	陕西	4000
8	东方日升	浙江	2200
9	顺风光电	江苏	2000
10	常州亿晶	江苏	2000

注：数据来源于中国光伏行业协会、中国电子信息产业发展研究院《中国光伏产业年度报告》，统计时间为 2017 年。

光伏设备生产企业种群：光伏设备指光伏制造企业用于原料、电池及电池组件、零部件等生产，并在反复使用中基本保持原有实物形态和功能的机器设备。光伏设备主要包括多晶硅原料制备设备、硅棒/硅锭制造设备、硅片制造设备、电池片制造设备、晶体硅电池组件制造设备、薄膜组件制造设备等类别。我国主要光伏设备生产企业如表7.7所示。

表7.7　我国主要光伏设备生产企业

序号	企业名称	主要产品
1	晶盛机电	单晶炉、多晶铸锭炉、单晶硅棒切磨符合加工一体机、截断机
2	无锡奥特维	全自动串焊机
3	京运通	单晶炉、铸锭炉、多晶硅还原炉、硅心炉
4	精功科技	铸锭炉、剖锭炉、多线切割机
5	先导智能	自动串焊机、上下料机
6	天龙光电	单晶炉、多晶铸锭炉、切方滚磨机、多线切割机

注：来源于中国光伏行业协会、中国电子信息产业发展研究院《中国光伏产业年度报告》。

光伏辅料及系统部件生产企业种群：光伏辅料及系统部件主要包括浆料（铝浆、正面银浆、背面银浆）、光伏背板、光伏封装胶膜、光伏玻璃、光伏铝边框和支架、逆变器等。

浆料企业主要有：广州儒兴、南通天盛、国瓷泓源、肇庆东阳铝业、银河星源、浙江光达、无锡帝科、苏州晶银、匡宇科技等。

光伏背板企业主要有：东材科技、杜邦鸿基、佛山多能、南洋科技、康得新、杭州福膜、苏州赛伍能等。

光伏封装胶膜企业主要有：斯威克光伏、海优威、爱康科技、鹿山新材等。

光伏玻璃企业主要有：信义玻璃、福莱特玻璃、彩虹集团、南玻集团、中航三鑫（蚌埠）、中建材等。

光伏铝边框和支架企业主要有：江苏爱康、东华铝材、礼德铝业、鼎丰铝业、江苏鼎飞、江苏广跃、浙江德高等。

逆变器企业主要有：阳光电源、华为、特变电工、正泰集团、上能电气、科士达、科华恒盛等。

（3）应用群落。

在创新生态系统中，应用群落负责把技术进步散布全世界。光伏产品以居民分布式光伏发电和集中式光伏发电站两种需求为主，2016年底我国光伏发电累计容量7742万千瓦，具体包括累计分布式光伏1032万千瓦，累计光伏电站6710

万千瓦。我国光伏产业创新生态系统的应用群落主要包括居民种群和光伏发电站种群。

（4）协助创新种群。

光伏产业创新生态系统生物成分中的协助创新种群主要包括政府、中介组织及行业协会、金融机构等主体。

政府：我国光伏产业创新生态系统中政府种群在规划、引导、规范、扶持等方面对光伏技术创新和产业发展产生巨大的影响力，主要涉及中央政府及地方政府。中央政府层面，国家发改委、工业和信息化部、能源局、科技部、财政部等相关部门制定光伏产业发展标准、政策等，以此起到建立体系标准、改进政策支持与市场机制、引导技术进步方向、助力产业结构调整与转型升级、创新机制体制、提升产业发展效益与质量、约束产业发展秩序等作用，以不同方式支持和影响着光伏产业的技术创新和产业发展。地方政府层面，地方政府结合本地发展规划及产业发展情况，通过强化财税政策扶持、改进电价及补贴政策、加强补贴资金以及土地建设管理、改进土地以及金融支持政策等举措，推进本地光伏产业创新和可持续发展。

中介组织、行业协会：中介组织及行业协会作为企业之间联系的纽带、技术和信息扩散的重要渠道，对产业的创新发展发挥着独特作用。影响我国光伏产业创新发展的中介组织及行业协会主要包括与太阳能、光伏、可再生能源等相关的学会、促进会、创新联盟等机构。他们是创新主体之间的沟通媒介，作为产业创新体系中不可或缺的重要环节之一，中介组织及行业协会起到催化和加速创新技术商品化的作用，具体包括：

中国可再生能源学会光伏专业委员会（CPVS，简称"光伏专委会"）。其主要职能包括：举办国内外学术交流及科技成果展览与展示；开展技术及产业培训；开展前沿基础与产业技术研究及咨询服务；统计和发布技术和产业发展资讯；开展光伏国际科学技术交流和合作；参与国际光伏政策和法规、战略和规划、标准和规范的建设和制定等。由光伏专委会发起的"中国光伏学术年会"是以学术交流为主的国内光伏行业权威会议，迄今已有三十余年历史，已成为中国光伏领域最具影响力和权威性的年度行业盛会以及科学技术风向标。

中国光伏行业协会（CPIA）。会员单位主要由从事光伏产品、设备、相关辅配料（件）及光伏产品应用的研究、开发、制造、教学、检测、认证、标准化、服务的企、事业单位、社会组织及个人自愿组成，是全国性、行业性、非营利性社会组织。协会功能主要包括：信息咨询工作；参与制定光伏行业的行业、国家或国际标准；促进光伏行业内部及与其他行业在技术、经济、管理、知识产权等方面的合作；协调会员单位之间的关系；完善行约行规制定；抵制行业不当竞争；强化保护知识产权；保障会员单位权益；推动市场机制的建立和完善；营造良好的行业环境和舆论氛围；广泛开展产业、技术、市场交流和学术交流活动；受政府委托承办或根据市场和行业发展需要，组织举办本行业国内外产业、技术及市场发展研讨会和产品展览会；为企业开拓国内外两个市场服务；推进国际合作交流；与国际、国内相关企业及行业组织增强沟通与合作；维护中国光伏行业利益、形象，积极应对国际纠纷；等等。

欧中太阳能促进会。该促进会是由欧洲光伏行业代表性人士、企业和团体等共同组成的对华经贸组织。注册于德国汉堡，常设北京、汉堡、罗马三个办事机构。促进会以"创建中国太阳能知名品牌、促进中国光伏产业发展"为宗旨。通过品牌注册、咨询服务、质量认证、市场调研、展览与考察等交流活动，积极促进欧中太阳能光伏领域的全面合作。

此外，还有中国可再生能源学会光伏专业委员会、中国循环经济协会可再生能源专委会、全联新能源商会等行业组织，以及地方光伏行业协会及地方性行业组织。

在产业联盟、创新联盟方面，中国光伏产业联盟成立于2010年，2014年改为中国光伏行业协会。中国光伏发电产业领域的首个战略联盟——光伏发电产业技术创新战略联盟的成立主要是为了建立产学研战略，推动光伏产业标准和政策的建立，加强各成员单位以及国际交流，培养光伏产业的尖端人才。除此之外，创新联盟还包括中国智能光伏产业技术创新战略联盟、中国光伏应用创新联盟等。

金融机构：作为资本密集型产业，我国光伏产业的发展离不开资本的支持。随着光伏产业的发展，对资本的需求量不断增大。在发展初期，对资金的需要主要用于企业购买技术和设备，用以从事光伏产品的生产、经营和销售。发展后期，企业并购重组、光伏技术与商业模式创新、光伏电站建设等同样需要资本的支持。光伏电站投资大，资金回收期长，光伏资产并购需要大规模融资，光伏技术和商业模式的不断创新也离不开金融的支持。

目前我国的金融体系以银行为主，以股票市场和债券市场为辅，金融机构种群主要包括银行、证券公司、保险公司、信托投资公司、基金管理公司、风险投资公司。从我国部分光伏企业的发展过程看，风险投资在光伏企业的创业阶段发挥了关键作用。

2. 产业创新环境

产业创新环境主要包括政策、资源、文化及市场等要素。

（1）创新政策。

光伏产业创新环境中，制度对产业发展的影响最大。健全的法规政策体系，可以充分发挥法律法规、政策对光伏发电的保障和促进作用。主要包括规划与产业指导政策、市场激励政策、电价和补贴政策、标准化体系和检测认证体系、财税政策、金融政策、土地政策等。

此外，产业创新政策还包括市场监管和行业规范，以及知识产权的保护政策。目前，我国已出台、实行了光伏制造行业规范条件，这在一定程度上倒逼了落后产能退出行业市场，进一步约束了行业市场秩序，提高、规范了光伏行业的发展效益及水平。我国已严格执行了逆变器、电池组件、控制设备等关键产品及技术环节的检测认证政策，产品只有通过了检测认证方可批准进入市场。通过加强市场监管和明确行业规范，促进光伏产业开展技术创新，淘汰落后产能。

在知识产权保护方面，我国政府一向高度重视知识产权保护。由于国外光伏产业特别是光伏电池发电知识产权在光电领域的专利技术壁垒相当坚固，2013年，《国务院关于促进光伏产业健康发展的若干意见》明确提出应当针对我国的自主知识产权体系标准，提高国际推广力度，并且应当更加深入、积极、广泛地参与制定光伏产业的国际标准。2018年，光伏产业入选《知识产权重点支持产业目录（2018年本）》，支持国内光伏产业寻找新的技术、工艺，加强建设我国自主知识产权专利池以防范国外企业在光伏产业领域内继续垄断。

（2）创新资源。

具体指资金、软硬件、人力资源等方面的产业创新资源。在光伏产业人才培养方面，早期的光伏产业人才主要来自从半导体行业转型的人员，国内高校物理、材料等相近专业转型从事光伏产业相关工作，高端人才则主要来自海归光伏人才与专家。近年来，我国光伏产业高速发展，人才需求不断增大，以满足光伏产业人才需要为主要目标所设立的本科专业新能源科学与工程、新能源材料与器件专业总数达到162个，全国共有56所专科院校的光伏发电技术与应用专业进行招生。一定程度上缓解了国内光伏产业人才的急迫需求，但高端人才的缺失问题依然严重，人才总量不足，企业之间相互"挖角"的现象并不鲜见。

光伏产业在硬件资源方面最重要的资源是土地资源。为此，目前国内各个省份均给予了不同层面的扶持。对于光伏发电项目的土地资源使用，计划指标划分、土地建设规划等方面均给予了一定程度的政策倾斜。例如，未利用土地如果用于光伏发电项目建设，依法办理用地审批手续后，可采取划拨方式供地；在未涉及转用情况时，建设光伏发电项目所使用土地不占该地区的年度土地计划。

资金资源方面，国内光伏产业特别是光伏发电站建设方面，由于建设时间长，收回成本周期长，前期投入资金巨大，在资金资源方面需求非常强烈。国家对此给予了充分的支持举措。例如，经过评估，金融机构可为有效益、有市场、有信誉、有订单、有发展潜力、有先进技术、有自主知识产权的光伏制造厂商给予信贷金融服务，助力光伏制造企业做强、做优。此外，金融机构可遵照信贷准入可达标风险可控、商业可持续等标准，对光伏制造厂商境外投资、技术创新、兼并重组等优质生产经营活动，给予更为灵活的金融服务支持。

（3）创新文化。

随着 2010 年中国光伏产业联盟成立，2014 年改为中国光伏行业协会，后续又陆续成立了光伏发电产业技术创新战略联盟、中国智能光伏产业技术创新战略联盟、中国光伏应用创新联盟等，我国光伏产业开始逐步建设创新文化。创新联盟广泛开展产业、技术、市场交流和学术交流活动，组织举办本行业国内外产业、技术及市场发展研讨会和产品展览会，推进国际合作交流，与其他行业组织加强沟通与合作，提升光伏产业信息交流与沟通效率，为光伏产业内部创新提供了良好的文化氛围。

（4）市场环境。

近年来，我国光伏产业已经由一度仅依靠出口国际市场变化为如今的国内与国际市场相对均衡并重，我国光伏产品在 2010 年的国际市场出口值占光伏产业主营业务收入 80% 以上，随着欧美对我国光伏产品实施"双反"调查，提高关税，以及我国国内促进光伏发电政策的实施，到 2017 年我国光伏产品出口值占光伏产业主营业务收入比例已降至 30% 以下。2018 年"531"政策明确指出暂不新增普通光伏电站，只新增 1000 万千瓦水平的分布式光伏电站建设，进一步下调光伏标杆上网电价，降低补贴强度。受"531"政策影响，国内市场需求已开始趋于稳定，国内光伏产业开始瞄准印度、澳大利亚等新兴国际市场。

综上，产业创新环境、创新群落及协助创新种群共同构成了我国光伏产业创新生态系统，如图 7.8 所示。

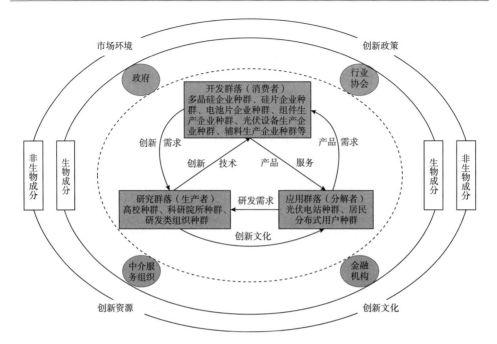

图 7.8 我国光伏产业创新生态系统组成及结构

（二）竞争与合作演化研究

1. 我国光伏产业内部创新主体竞争演化研究

我国光伏产业发展初期，整体规模大但核心技术不强，处于"轻技术创新，重规模扩张"的低端化发展态势，虽然晶硅电池、多晶硅、光伏组件、电池片等技术领域目前已位居全球领先地位，然而我国的光伏技术研发仅依靠为数不多的产业龙头企业，其他的光伏制造企业，尤其中小型企业仍存在严重的"技术跟随"情况，创新及研究开发能力、意识不足，同质竞争突出，"高端产业、低端制造"成为国内光伏产业发展的真实写照[224]。这就决定了我国光伏产业群落内部特别是以生产制造为主的开发群落内部的高竞争性，因此我国光伏产业内部企业面临高淘汰率[225]。

（1）产业创新生态系统群落内部企业的技术创新能力决定了企业的可持续发展能力。

企业技术创新能力主要体现在专利授权量和专利转化率，以开发群落为例，

光伏生产制造企业产品的光电效率最能体现企业技术水准和专利转化情况。对于
光伏企业来说，如果技术水准无法提升，将被政府强制淘汰。我国目前已出台三
次《光伏制造行业规范条件》（2013 年版，2015 年版，2018 年版），逐步提高了
对光伏制造企业及项目产品所要求的必须满足条件，无法达到条件的企业，由于
产品质量差、技术落后，必然遭到淘汰。我国光伏制造行业规范条件（节选）
如表 7.8 所示。

表 7.8　我国光伏制造企业及项目产品要求（节选）　　　　单位：%

产品类别	光电转换率要求		
	2013 年版	2015 年版	2018 年版
多晶硅电池	16	17	18
单晶硅电池	17	18.5	19.5
多晶硅电池组件	14.5	15.6	16
单晶硅电池组件	15.5	16	16.8
硅基薄膜电池组件	8	8	8
铜铟镓硒（CIGS）薄膜电池组件	10	11	13
碲化镉（CdTe）薄膜电池组件	11	11	12

注：数据来源于《光伏制造行业规范条件》。

从市场需求来说，根据《2018 中国光伏产业发展路线图》，2018 年我国规模
化生产的多晶黑硅电池的平均转换效率达到 19.2%，2020 年有望达到 19.7%；
使用 PERC（Passivated Emitter and Rear Cell）电池技术的单晶硅电池效率提升至
21.8%，2020 年有望达到 22.4%；2018 年国内 CdTe 组件量产平均效率约为
14%，2020 年有望达到 16%；2018 年量产的玻璃基 CIGS 组件平均转换效率提升
到 16%，预计到 2020 年，CIGS 小电池片的实验室效率有望达到 24%；2018 年柔
性 CIGS 组件量产平均转换效率为 16.5%，2020 年组件全面积量产平均效率有望
达到 18%。

技术创新水平决定了光伏产品的成本以及价格。根据光伏产业链结构及生产
环节，光伏组件的成本被分成硅料成本、电池片非硅成本、硅片非硅成本以及组
件非硅成本四部分。单晶 PERC 组件成本在 2018 年底大致为 1.45 元/瓦左右，
相对比之下，黑硅多晶 PERC 组件、黑硅多晶组件其成本更低 5~6 分/瓦左右。
随着产业技术持续进步，将进一步降低光伏组件成本，到 2020 年我国光伏组件

成本预计达到大致 1.25 元/瓦，2018～2025 年组件成本变化趋势如图 7.9 所示。优秀企业成本或更低，生产成本高的企业将快速被市场淘汰。

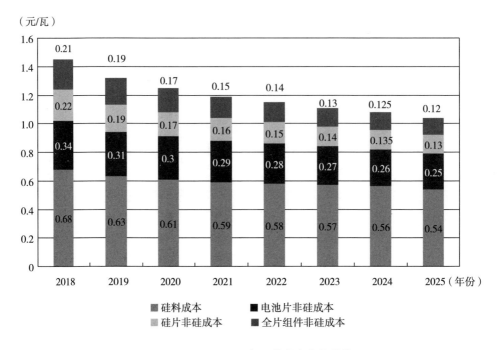

图 7.9　2018～2025 年组件成本变化趋势

注：数据来源于中国光伏行业协会、中国电子信息产业发展研究院《中国光伏产业发展路线图 2018》。

（2）市场环境对于光伏种群的发展和续存具有至关重要的影响。

市场容量是光伏产业发展及持续创新的核心因素，市场容量主要包括国内市场和国外市场两部分容量。

2012 年之前对于我国光伏产业来说，产品主要面向国外市场，但随着 2011 年美国和欧洲针对中国光伏企业提出了"反倾销反补贴"调查，2012 年开始征收高额关税，国内光伏企业出现了经营困境，产品价格和企业的毛利率出现了大幅的下滑。2013 年初，全球第一大光伏电池生产商，占全球光伏电池市场份额 12.85% 的无锡尚德被依法裁定破产重组。

从 2009 年开始，我国开始逐步扩大国内光伏市场的需求，从"金太阳示范工程"实施开始，推动了国内光伏发电的产业化和规模化发展，国内光伏新增装机容量开始逐步增加，国内市场逐渐好转，带动光伏产业慢慢走出困境。

（3）种群竞争的结果，会使无法提高迁移扩散能力或竞争能力的种群，选择与迁移扩散能力高或竞争能力高的种群进行合作及合并。

目前我国光伏产业链上各个环节的领跑企业基本是靠兼并重组而成长起来的企业。2017 年，多晶硅生产方面，江苏中能以 7.5 万吨的产能位居全球首位；硅片生产方面，保利协鑫总产能达到 200 亿瓦，约占全球全年硅片总产能的 20%。晶硅电池片天合光能产量为 4700 兆瓦位居全球首位；光伏组件生产方面，晶澳太阳能跃居全球组件产能和产量首位。

为了进一步提升我国光伏产业的集中度，《国务院关于促进光伏产业健康发展的若干意见》明确提出利用"市场倒逼"机制，鼓励企业兼并重组；大力支持具有国际竞争力的光伏制造企业发展；支持光伏产业中的落后产能企业与技术先进企业重组或合作，以减少综合能耗，提升自主技术研发能力。对比国家对我国光伏产业的集中度要求，目前的产业集中度与此还有一定差距，竞争能力无法持续提升的光伏企业在"市场倒逼"机制下，会倾向于选择与其他企业合作或合并。

2. 我国光伏产业共性技术研发合作演化研究

根据工业和信息化部 2015 年公布的《产业关键共性技术发展指南》，光伏产业共有 4 项关键共性技术，包括：高纯多晶硅生产技术；薄膜电池生产技术；22% 以上的高效电池生产技术以及光伏生产专用设备技术。

我国光伏产业共性技术合作在个体层面以企业推动与高校及科研院所合作开发为主；在群体层面，主要以创新联盟的形式开展共性技术研发；资金方面，以企业提供研发资金为主，政府层面以专项资金的形式推进共性技术的攻关。

（1）企业推动与高校、研究院合作共性技术开发。

我国光伏产业创新目前还以企业推动为主，企业通过与高校、科研院所联合成立实验室或研究中心，或建立全面战略合作关系，共同开展技术研发，推动共性技术的创新与开发。

联合成立实验室、研究中心：天合光能成立光伏科学与技术国家重点实验室，与新加坡太阳能研究所、澳大利亚国立大学开展合作，天合光能小面积 IBC 电池光电转换效率高达 24.4%，创造了当时 IBC 晶硅太阳电池的崭新世界纪录。在此基础上，由天合光能光伏科学与技术国家重点实验室自主研发的大面积 6 英寸全背电极太阳电池（IBC）转换效率达到 24.13%，中试平均转换效率达到

23.5%。天合光能光伏科学与技术国家重点实验室是中国首批以企业为依托单位的国家重点实验室，已发展成为世界级的技术创新平台。

江苏中能硅业与中国矿业大学成立江苏省多晶硅材料工程技术研究中心，集成创新了 GCL 多晶硅生产法，形成了"中能特色"鲜明、独特、绿色的多晶硅生产，推动中能硅业该项制造技术的产品质量、成本以及能耗均具备了全球精尖水准。

晶澳太阳能控股有限公司联合中科院上海技术物理研究所，合作打造了"光伏创新研究中心"。该中心长期从事新型光伏材料与器件研究等产业基础研究，长期研发太阳能电池制作等各项产业关键技术，以期达到降低制造成本、提升太阳能电池效率的产业共性目标。

江西赛维 LDK 太阳能高科技有限公司联合上海交通大学共同建设了 LDK 太阳能联合实验室；联合南昌大学共同建设了 LDK 太阳能研究中心，打造国家级的太阳能实验室，为企业提供设备、工艺、技术支持。

建立全面战略合作关系：英利集团的"光伏材料与技术国家重点实验室"与华北电力大学"新能源电力系统国家重点实验室"两大国家级平台开展战略合作，围绕硅材料制备及特性研究、高性能太阳电池及组件研究、光伏发电系统的基础及应用研究、大容量储能系统研究等方面，开展前沿共性技术研究并取得重要成果。

苏州阿特斯阳光电力集团与苏州大学联合共建"苏州大学—阿特斯光伏研究院"；隆基乐叶光伏科技有限公司与浙江大学硅材料国家重点实验室开展战略合作；无锡尚德与天津大学、江南大学建立全面科研合作关系，在光伏领域新产品、新工艺、新材料、新装备的研究与开发领域展开技术合作，共享资源并开展技术攻关，共同参与相关科研项目，共享科研成果。

（2）组建产业技术创新联盟，共同完成关键共性技术研发。

在产业创新生态系统群体层面，高校、科研院所与行业内主导企业组建相关共性技术的产业技术创新联盟，共同完成光伏产业某类共性技术的研发。目前我国光伏产业技术创新联盟主要有中国光伏产业联盟（现为中国光伏行业协会）、中国智能光伏产业技术创新战略联盟、光伏发电产业技术创新战略联盟、太阳能光热产业技术创新战略联盟等。

中国智能光伏产业技术创新战略联盟 2015 年成立，由上海正硅新能源、协鑫集成、顺风光电、中民投、中国光伏测试网、TUV 莱茵、苏州中来、绿能宝等

10 多家企业联合发起,联合行业内几十家领先企业和机构,构建智能光伏技术质量标准体系,开发智能光伏电站的示范应用,推进传统光伏电站的智能化升级和智能运维,推进中国光伏智能化发展,提升中国智能制造水平。

光伏发电产业技术创新战略联盟作为我国光伏产业对接产业链上下游、资源共享、促进沟通与合作的重要协同创新平台之一,其发起单位为国家电力投资集团,以该集团的能源大数据中心以及国家级太阳能光伏发电基地作为技术支持。该联盟主攻产业链上关键性、共性以及前沿性的技术难题,主旨在于提高光伏发电效率,推动实现光伏发电平价上网。

太阳能光热产业技术创新战略联盟的组成单位包括光伏产业企业、高校、科研院所等百余家组织,覆盖太阳能热发电全产业链关键环节,致力于提升产业技术创新能力。"十二五"期间,联盟完成"太阳能储热技术研究与示范""太阳能高品质吸收膜与平板集热器关键技术研发"两项国家科技支撑计划项目的研究工作,在太阳能热发电关键共性技术研究方面取得了较好成效。

其他的产业技术创新联盟还包括中国光伏应用创新联盟、中国电谷光伏应用产业创新联盟、中国分布式能源创新应用联盟等,它们分别针对光伏产业的不同领域展开技术创新与开发。

(3) 政府投入专项资金,鼓励共性技术研发。

在共性技术研发方面,我国政府一方面通过建立国家重点实验室、工程技术中心等,鼓励创新主体开展原始创新;另一方面,针对关键共性技术设立国家重点专项研究项目,定向鼓励共性技术研发。

浙江大学的硅材料国家重点实验室是最具代表性的、面向我国光伏产业的重点实验室。以浙江大学半导体材料研究所为基础,硅材料国家重点实验室由原国家计委在 1985 年批准建设,原名为高纯硅及硅烷国家重点实验室。从 20 世纪 50 年代开始,浙江大学在硅烷法制备多晶硅提纯技术、掺氮直拉硅单晶生长技术基础研究等领域取得了系列重大成果。近年来,实验室在以硅为核心的半导体材料领域,包括半导体硅材料、半导体薄膜材料、复合半导体材料以及微纳结构与材料物理等研究方向取得了具有国际先进水平的成果。2017 年,实验室主任杨德仁教授当选中国科学院院士,成为我国第一个光伏领域的院士。

针对关键共性技术,实施重大科技攻关专项,定向开展光伏产业共性技术研发。国家重点研发计划中设立"可再生能源与氢能技术"重点专项,2018 年太阳能领域资助的共性关键技术研发专项包括钙钛矿/晶硅两端叠层太阳电池的设计、制备和机理研究（基础研究类）、柔性衬底铜铟镓硒薄膜电池组件制备、关键装备及成套工艺技术研发（共性关键技术类）、高效 P 型多晶硅电池产业化关键技术（共性关键技术类）、可控衰减的 N 型多晶硅电池产业化关键技术（共性关键技术类）、双面发电晶硅电池产业化关键技术（共性关键技术类）、晶硅光伏组件回收处理成套技术和装备（共性关键技术类）、新型光伏中压发电单元模块化技术及装备（共性关键技术类）、分布式光伏系统智慧运维技术（共性关键技术类）、典型气候条件下光伏系统实证研究和测试关键技术（共性关键技术类）、超临界 CO_2 太阳能热发电关键基础问题研究（基础研究类），国家划拨经费超过 1 亿元。2019 年太阳能领域资助的共性关键技术研发专项包括高效稳定大面积钙钛矿太阳电池关键技术及成套技术研发（共性关键技术类）新结构太阳电池研究及测试平台、新型太阳电池关键技术研发（共性关键技术类），国家划拨经费预计超过 7000 万元。

国家重点研发计划"可再生能源与氢能技术"重点专项要求研发单位必须联合领域内的优质研发力量，重点关注基础研究、典型应用以及产业关键性共性技术之间的对接与统筹，整合优势团队和人才，集中攻关，力求攻克产业内各项研发任务。

2018 年的国家重点研发计划重点专项"可控衰减的 N 型多晶硅电池产业化关键技术"和"晶硅光伏组件回收处理成套技术和装备"由晶科能源集团牵头承担，中科院电工所、英利集团、合复新材料、河海大学、中国环境科学研究院等 10 多家企业、高校、研究院所参与。"高效同质结 N 型单晶硅双面发电太阳能电池产业化关键技术研究与产线示范"项目由英利牵头承担，上海交通大学、河北大学等高等院校，中科院半导体研究所、微电子研究所等科研院所以及多家光伏行业龙头企业共同承担。

（4）光伏产业共性技术合作研发不断提升我国光伏产业核心竞争力。

通过光伏全产业链的不断努力，光伏产业共性技术不断获得突破，我国光伏产业在硅提纯、电池片、光伏组件封装等环节已达到世界领先水平，促进我国太阳能电池转换效率不断提升，多晶硅及电池组件生产成本持续下降，光伏产业整体核心竞争力持续增强。

以晶硅电池片为例，晶体硅太阳电池技术向着高效率和薄片化发展，未来 10~20 年内仍将是市场主流。2018 年，我国规模化生产的多晶黑硅电池的平均转换效率达到 19.2%，使用 PERC 电池技术，即钝化发射极和背面电池技术的单晶和多晶硅电池效率提升至21.8%和20.3%，生产设备从过去的全部引进到现在70%的国产化率。我国晶硅电池技术已从追赶发展到世界领先。我国晶体硅太阳电池光电转换率发展如图7.10所示。

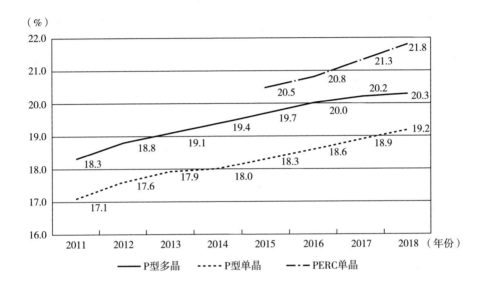

图 7.10 2011～2018 年我国晶体硅太阳电池光电转换率发展

注：数据来源于中国光伏行业协会、中国电子信息产业发展研究院《中国光伏产业发展路线图2018》。

（三）群落与环境适宜度研究

根据第五章我国光伏产业创新生态系统群落与产业创新环境适宜度研究结果，我国光伏产业创新生态位适宜度整体处于上升趋势，但近年略有下降，国内光伏新增装机数和光伏产品出口额两个指标成为我国光伏产业创新生态位适宜度的主要制约因子。

2009～2018 年，我国光伏产业创新生态位适宜度平均值为 0.5677，整体适宜度一般，最高为 0.79，最低为 0.45，从我国光伏产业创新生态位适宜度发展趋势（见图 7.11）来看，我国光伏产业创新生态位适宜度从 2013 年开始持续攀升，到 2017 年达到最高，2018 年由于我国可再生能源投资额度下降、"531"政策实施、国内光伏新增装机量增长受限等，我国光伏产业创新生态位适宜度受到一定影响，下降到 0.75，但总体上我国光伏产业创新生态位适宜度处于上升趋势。

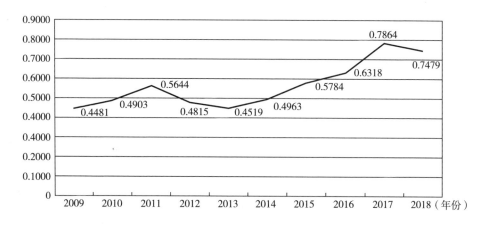

图 7.11　2009～2018 年我国光伏产业创新生态位适宜度发展趋势

2009～2015 年我国国内光伏新增装机数即国内市场需求生态因子创新生态位适宜度在当年所有指标的创新生态位适宜度中一直最低，2016～2018 年光伏产品出口额对应的创新生态位适宜度一直最低。2016 年以前国内对光伏产业的市场需求一直不高，随着国家对国内光伏发电的补贴激励政策，国内光伏新增装机容量从 2015 年的 15.13GW 快速上涨到 2016 年的 34.54GW，我国光伏产业终于摆脱了以往严重依赖出口的局面，国内光伏新增装机数不再成为产业创新生态位适宜度上最薄弱的环节。但出口额仍没有恢复到 2010～2011 年的额度水平，国际市场从 2016 年开始成为我国光伏产业创新生态位适宜度的限制因素。然而，从趋势看，我国光伏产品出口额也在逐步上升，将带动我国光伏产业创新生态位适宜度不断提升。

同时，根据我国光伏产业创新生态位适宜度与光伏产业创新产出的相关及回归分析结果，我国光伏产业创新生态位适宜度与产业创新产出高度正相关，说明我国光伏产业创新生态位适宜度正向促进光伏产业创新产出，产业创新生态位适宜度越高，产业创新环境越好，越会促进产业创新生态系统内部创新资源的配置，帮助创新主体更好地开展创新活动，提高产业创新产出，推进产业创新。

四、我国光伏产业创新生态系统创新效率及 影响因素研究

采用第六章中构建的高新技术产业创新生态系统创新效率评价体系、方法及数据，对我国光伏产业创新生态系统创新效率进行评价，结合光伏产业创新生态系统结构，从产业创新群落、产业创新环境等方面研究我国光伏产业创新生态系统创新效率的关键影响因素。

（一）创新效率评价

1. 我国光伏产业创新生态系统创新效率计算

根据第六章构建的我国高新技术产业创新生态系统创新效率评价体系，利用 DEA 超效率计算方法，对高新技术产业创新效率进行计算，从计算结果中把光伏产业的数据单独提取出来，如表 7.9 所示。

表 7.9 我国光伏产业创新效率

年份	生态同化效率	生态生产效率	生态利用效率	狭义创新效率 （直接投入产出效率）	生态创新效率 （直接投入产出效率）
2009	2.534	1.126	0.352	1.208	1.285
2010	1.259	0.776	0.204	1.271	0.831
2011	1.568	0.450	0.254	0.634	1.034
2012	3.136	0.516	0.303	0.615	1.052
2013	2.398	0.974	0.334	0.908	1.216
2014	2.397	0.984	0.347	1.269	1.065
2015	2.714	1.014	0.393	1.207	1.233
2016	2.402	0.987	0.431	1.222	1.035
2017	2.503	1.431	—	1.409	—
均值	2.323	0.918	0.327	1.083	1.094

（1）我国光伏产业狭义创新效率水平相对较高。

从表 7.10 中可以看出，我国光伏产业狭义创新效率（基于直接投入产出效

率）产业均值为 1.083，远高于高新技术产业创新效率平均值 0.749，除 2011 年和 2012 年外，我国光伏产业的狭义创新效率均高于高新技术产业年度均值。

表 7.10 我国光伏产业与高新技术产业狭义创新效率对比（2009~2017 年）

	2009 年	2010 年	2011 年	2012 年	2013 年	2014 年	2015 年	2016 年	2017 年	总年度均值
光伏产业年度均值	1.208	1.271	0.634	0.615	0.908	1.269	1.207	1.222	1.409	1.083
高新技术产业年度均值	0.713	0.868	0.726	0.738	0.718	0.732	0.780	0.750	0.716	0.749

注：狭义创新效率（基于直接投入产出效率）计算模型中投入指标为：R&D 投入经费支出、R&D 人员折合全时当量，产出指标为：新产品销售收入、产业利润总额。

（2）我国光伏产业生态创新效率略高于高新技术产业平均水平。

从表 7.11 中可以看出，我国光伏产业生态创新效率（基于直接投入产出效率）平均值为 1.094，略高于高新技术产业整体平均值 0.899，这说明我国光伏产业下一年度从前一年度摄取创新能量的摄取效率较高，即本期转化为下一周期创新能量的转化率较高。

表 7.11 我国高新技术产业生态创新效率（2009~2016 年）

	2009 年	2010 年	2011 年	2012 年	2013 年	2014 年	2015 年	2016 年	总年度均值
光伏产业年度均值	1.285	0.831	1.034	1.052	1.216	1.065	1.233	1.035	1.094
高新技术产业年度均值	0.872	0.805	0.927	0.848	0.914	0.937	0.940	0.946	0.899

注：生态创新效率（基于直接投入产出效率）计算模型中投入指标为：t 年 R&D 投入经费支出、同年 R&D 人员折合全时当量，产出指标为：t+1 年 R&D 投入经费支出、t+1 年 R&D 人员折合全时当量。

（3）我国光伏产业生态同化效率较高，生态生产效率及利用效率较低。

2009~2017 年我国光伏产业生态同化效率均值为 2.323，普遍远高于同期高新技术其他产业的生态同化效率，说明我国光伏产业在研究阶段创新资源利用率较高，较少的投入即能获得较高的产出；而在生态生产效率及生态利用效率两方面，光伏产业则比高新技术其他产业整体水平低不少，特别是生态利用效率方面，光伏产业的生态利用效率均值仅为 0.327，普遍低于同期高新技术其他产业的生态利用效率，说明我国光伏产业本期的收入用以投入下一周期研究活动的比例严重不足。

2. 我国光伏产业创新效率 Malmquist 指数计算

Malmquist 指数变动值即为全要素生产率（Total Factor Productivity，TFP）变动值，表示决策单元在 t 至 t+1 期生产率的变化程度。运用 DEAP2.1 软件对我国 2009~2017 年光伏产业的 Malmquist 生产率指数进行计算，得出我国高光伏产业创新效率的动态变化情况，计算所选取的指标同本书第六章第四节，不再赘述。我国光伏产业创新效率 Malmquist 指数计算结果如表 7.12 所示。

表 7.12　我国光伏产业全要素生产率变动及其分解

年份	Effch	Techch	Pech	Sech	Tfpch
2009~2010	1	0.891	1	1	0.891
2010~2011	0.634	1.296	1	0.634	0.822
2011~2012	0.97	0.978	1	0.97	0.949
2012~2013	1.475	0.97	1	1.475	1.431
2013~2014	1.101	1.122	1	1.101	1.235
2014~2015	1	0.96	1	1	0.96
2015~2016	1	1.039	1	1	1.039
2016~2017	1	1.188	1	1	1.188
均值	1.023	1.056	1	1.023	1.064

注：Effch 为技术效率变动，Techch 为技术进步变动，Pech 为纯技术效率变动，Sech 为规模效率变动，Tfpch 为全要素生产率变动。

2009~2017 年我国光伏产业全要素生产率（TFP）整体呈现增长态势，整体平均增幅为 6.4%。其中，2009~2010 年、2010~2011 年、2011~2012 年、2014~2015 年 TFP 变动值小于 1，呈现负增长，其余年份的 TFP 变动值均大于 1，呈现正增长。2016~2017 年的 TFP 增长最快，增长率达 18.8%；2010~2011 年的 TFP 负增长最高，达 17.8%。TFP 变化率的分解指标中，技术进步增长幅度（5.6%）大于技术效率增长幅度（2.3%），规模效率呈现年均正增长，而纯技术效率没有变动，说明我国光伏产业技术效率的增长主要依靠规模效率的提升。

对比我国光伏产业与高新技术产业整体 TFP 变动均值（见表 7.13），我国光伏产业全要素生产率增长幅度达 6.4%，远高于高新技术产业平均增幅 0.7%，在技术效率变动、技术进步变动、规模效率变动 3 个分解指标的均值大于高新技术产业均值，只有纯技术效率变动均值略低于高新技术产业均值。我国光伏产业技术效率整体呈现良好的增长态势，但规模效率体现比较明显，纯技术效率变动尚有待提升。

表 7.13 我国光伏产业与高新技术产业全要素生产率变动及其分解均值对比

产业	Effch 均值	Techch 均值	Pech 均值	Sech 均值	Tfpch 均值
光伏产业	1.023	1.056	1	1.023	1.064
高新技术产业	1.002	1.005	1.001	1.001	1.007

注：Effch 为技术效率变动，Techch 为技术进步变动，Pech 为纯技术效率变动，Sech 为规模效率变动，Tfpch 为全要素生产率变动。

（二）创新效率影响因素研究

1. 光伏产业创新生态系统创新效率影响因素变量选取

基于产业创新生态系统结构，结合我国光伏产业实际情况，并广泛征询涉及多晶硅、硅片、电池片、光伏组件等研发、制造企业的技术、管理骨干人员以及科研组织、高校内从事光伏产业相关研究专家、学者的意见与建议，本研究所采用的光伏产业创新生态系统创新效率影响因素变量来源于以下层面。

（1）研究群落。

高新技术产业对研究群落的研发投入直接对创新效率产生影响，由于高校及科研院所投入光伏产业的研发投入无法获取，因此主要选取光伏产业研发类企业的有关数据进行分析。选取光伏产业研究资金投入水平、产业研究人员投入水平两个指标来分析研究群落对创新效率的影响。产业研究资金投入水平用光伏产业规模以上企业 R&D 经费内部支出与主营业务收入比来计算，产业研究人员投入水平用光伏产业规模以上企业研究人员全时当量占 R&D 人员全时当量比来计算。

（2）开发、应用群落。

开发群落将研究群落传递来的能量主要是专利信息，外加自身购买技术及技术改造等相关费用，转化为新产品。应用群落通过销售新产品获得新产品销售收入，将其中一部分经费再次投入下一周期的研究活动中。产业内部技术购买程度、新产品开发投入水平是影响产业创新效率的两个重要因素。技术购买程度用光伏产业规模以上企业购买国内技术经费支出与 R&D 经费内部支出之比来计算，新产品开发投入水平用主营业务收入转化为下一期研发投入的水平来衡量，用光伏产业规模以上企业新产品开发经费支出与主营业务收入之比来计算。

（3）创新环境。

创新群落与创新环境之间存在适应关系，创新环境不仅为创新群落提供创新资源，还在创新政策、创新文化、市场等方面影响系统创新效率。根据第五章光伏产业创新生态系统创新群落与创新环境适应度计算结果，本书直接采用光伏产业的创新生态位适宜度来衡量产业整体外部环境。

在征询光伏研发、制造企业的骨干人员、行业专家意见与建议过程中，多位骨干及专家指出企业、高校与科研机构之间的创新合作氛围对产业整体的创新效率具有影响作用。因此，本书增加了"创新群落间关系"变量作为市场环境层面的影响因素。产业创新群落间以创新合作为主，群落间的不同创新主体基于合作关系，共生互惠，力求攻克产业内部各项研发问题，提升创新效率。

高新技术产业内部的企业通常以项目合作的形式与高校、科研机构开展合作创新，企业支付给高校、科研机构相关研发经费，高校、科研机构与企业联合开展技术研发与创新合作。创新群落间关系变量采用光伏产业规模以上企业的R&D经费外部支出中对境内研究机构支出及境内高校支出的比例来计算。

因变量创新效率采用我国光伏产业的生态创新效率（基于直接投入产出效率）。综上，光伏产业创新生态系统创新效率影响因素变量及含义如表7.14所示。

表7.14　光伏产业创新生态系统创新效率影响因素变量及含义

变量性质	生态系统结构分解	变量名称	变量含义
自变量	研究群落	产业研究资金投入水平	①光伏产业规模以上企业 R&D 经费内部支出/主营业务收入
		产业研究人员投入水平	②光伏产业规模以上企业研究人员全时当量/R&D 人员全时当量
	开发、应用群落	技术购买程度	③光伏产业规模以上企业购买技术经费支出/R&D 经费内部支出
		新产品开发投入水平	④光伏产业规模以上企业新产品开发经费支出/主营业务收入
	创新环境	创新群落间关系	⑤光伏产业规模以上企业 R&D 经费外部支出中对境内高校、科研机构支出占比
		产业整体外部环境	⑥光伏产业创新生态位适宜度

变量性质	生态系统结构分解	变量名称	变量含义
因变量	创新效率	生态创新效率	下一周期（n+1）产业创新生态系统的创新投入（I_{n+1}）／上一周期（n）产业创新生态系统的创新投入（I_n）

注：变量数据来源自《中国科技统计年鉴》、《中国工业经济统计年鉴》、《中国高技术产业统计年鉴》、EPS 数据库。

2. 数据采集与回归分析计算结果

根据光伏产业创新生态系统创新效率影响因素变量及含义，从《中国科技统计年鉴》、《中国工业经济统计年鉴》、《中国高技术产业统计年鉴》和 EPS 数据库中采集相关数据，数据采集方式与第六章相同，获取我国光伏产业规模以上工业企业主营业务收入、购买技术经费支出、R&D 经费内部支出、研究人员全时当量、R&D 人员全时当量、新产品开发经费支出、R&D 经费外部支出、对境内高校 R&D 经费支出、对境内科研机构 R&D 经费支出等数据，计算得到我国光伏产业创新生态系统创新效率影响因素变量数据集。光伏产业生态创新效率的数据来源于本书第六章计算结果，2017 年的缺失数据，用所有年度平均值代替。汇总得到我国光伏产业创新生态系统创新效率影响因素数据集，如表 7.15 所示。

表 7.15 我国光伏产业创新生态系统创新效率影响因素数据集（2009~2017 年）

年份	产业研发资金投入水平	产业研究人员投入水平	技术购买程度	新产品开发投入水平	创新群落间关系	产业整体外部环境	生态创新效率
2009	0.0061	0.3944	0.0247	0.0070	0.5733	0.4481	1.285
2010	0.0076	0.3278	0.0173	0.0094	0.4723	0.4903	0.831
2011	0.0071	0.3187	0.0236	0.0084	0.4979	0.5644	1.034
2012	0.0077	0.3002	0.0196	0.0091	0.5338	0.4815	1.052
2013	0.0087	0.2738	0.0130	0.0109	0.5628	0.4519	1.216
2014	0.0117	0.2671	0.0213	0.0139	0.5956	0.4963	1.065
2015	0.0151	0.3183	0.0121	0.0162	0.5249	0.5784	1.233
2016	0.0179	0.3173	0.0117	0.0204	0.4887	0.6318	1.035
2017	0.0192	0.3055	0.0080	0.0232	0.4359	0.7864	1.094

根据表 7.15 数据，将 2009~2017 年光伏产业生态创新效率及影响因素自变量相关数据输入 SPSS19.0 进行回归分析，分析结果如表 7.16 所示。

表 7.16 我国光伏产业生态创新效率影响因素回归分析结果

	非标准化系数		标准系数	t	Sig.
	B	标准误差			
常量	−2.710	0.398	—	−6.813	0.021
产业研究资金投入水平	15.526	23.520	0.566	0.660	0.577
产业研究人员投入水平	1.968	0.418	0.528	4.712	0.042
技术购买程度	−33.552	4.779	−1.444	−7.021	0.020
新产品开发投入水平	−59.603	23.289	−2.482	−2.559	0.125
创新群落间关系	5.442	0.531	2.059	10.255	0.009
产业整体外部环境	2.790	0.417	2.220	6.697	0.022

注：因变量：生态创新效率。

3. 计算结果分析

由我国光伏产业创新效率影响因素回归分析结果可知，产业研究人员投入水平（$P = 0.042 < 0.1$）、创新群落间关系（$P = 0.009 < 0.1$）、产业整体外部环境（$P = 0.022 < 0.1$）3 个自变量在 10% 显著水平对因变量具有显著影响作用，标准化回归系数 Beta 为正值，与因变量生态创新效率呈正相关关系；技术购买程度与生态创新效率呈负相关关系（标准化回归系数 Beta 为负值，$P = 0.020 < 0.1$），产业研发资金投入水平、新产品开发投入水平两个自变量对因变量产业生态创新效率的显著性影响作用没有得到实证研究的支持。经实证研究，可以得到如下研究结论：

（1）产业研究人员投入水平、创新群落间关系、产业整体外部环境对光伏产业生态创新效率有促进作用。

企业从事研究的科研人员越多，表明企业在创新人力资源投入方面越重视。实证研究结果表明，自变量光伏产业研究人员的投入水平与因变量产业生态创新效率正相关，说明企业加大对基础研究、应用研究的人力资源投入，可以显著提高产业创新生态系统的创新效率。

经检验，创新群落间关系与光伏产业生态创新效率正相关。创新群落间关系越好，说明产业内部企业投入大学、科研院所或相关研发组织的经费越多，企业与相关研发组织之间的技术交流、研发合作越紧密，产业的生态创新效率越高。

经检验，产业整体外部环境与光伏产业生态创新效率正相关。产业整体外部环境包括产业政策、资源、市场、文化等，创新外部环境越好，产业创新生态位适宜度越高，越有利于产业创新生态系统的协同创新行为及创新资源配置，有助于提高产业生态创新效率。

（2）技术购买程度对光伏产业生态创新效率有抑制作用。

检验结果表明，技术购买程度与光伏产业生态创新效率负相关，技术购买程度越高，光伏产业的生态创新效率越低。产业内部用于购买技术支出越高，有可能导致产业的技术进步与发展过多地依赖于外部技术购买，而降低了产业内部开展研发的迫切程度以及积极性，相应的资金投入、资源配置水平减弱，因而导致产业生态创新效率降低。

五、我国光伏产业创新管理建议

基于生态视角研究我国光伏产业创新系统，分析我国光伏产业创新生态系统组成结构，梳理我国光伏产业创新生态系统群落层面竞争与合作演化机理，研究我国光伏产业创新生态系统群落与创新环境的适宜度，对我国光伏产业创新生态系统的创新效率进行评价，结合上述研究，提出我国光伏产业创新管理建议，为优化我国光伏产业创新生态系统、改善我国光伏产业创新环境、激发产业整体创新活力、提高光伏产业创新效率提供支撑。

（一）优化系统运行，构建可持续发展的光伏产业创新生态系统

通过产业创新生态系统内部各创新种群间以及各创新群落与外部环境间相互协同、合作、共生、演化、适应，共同提高创新要素的配置效率，实现创新环境的优化，推动创新生态系统运行，促进产业的可持续性发展。

（1）加强顶层设计，做好产业规划，引导建设稳健、持续健康运行的光伏产业创新生态系统。

新能源产业是国家重点推进的战略性新兴产业之一，而光伏产业是我国新能

源产业下已取得国际领先优势、具备国际竞争力的一个产业，产业整体发展速度较快。这得益于我国政府在光伏产业发展中相对完善的顶层设计、产业规划。作为战略性新兴产业之一，应明确光伏产业在新能源领域的重要地位，完善光伏发电、风电、水电等新兴能源的结构布局，引导光伏技术的未来发展方向，系统推进智能光伏产业发展行动计划，实现产业政策引导和市场需求驱动双推动，提升我国光伏产业的自主创新能力和国际竞争力。

在光伏产业市场调节机制尚不尽完善时，须借助政府强大的国家行政力量，坚持市场基础性作用与政府引导推动相结合，以企业为主体，推进产学研结合，引导企业、高校、科研院所、金融机构、中介、行业协会等创新种群有效聚集起来，协调各创新种群间的竞争与合作关系，为产业内部各创新主体搭建知识转移及共享平台，营造创新与学习文化，打造优良的产业创新环境，促进产业创新成果产出，推动建立稳健、持续运转的我国光伏产业创新生态系统。

政府以所掌握资源对光伏产业发展的支持和引导，可以有效加快光伏产业创新生态系统的演化过程。须进一步建立相对完善的政策支持体系，为光伏产业创新种群的协同创新搭建资源共享平台并建立有效的资金投入机制，加大基础设施建设，提高产业创新生态系统的创新适宜度，强化产业创新人才培养及知识产权保护以实现产业创新发展，引导创新主体进一步提升创新投入及创新强度，为光伏产业创新生态系统高效、可持续发展提供支持和引导。

（2）明确产业创新主体的定位与功能，优化产业创新生态系统结构。

在社会化分工日益精细的背景下，光伏产业内部各创新种群必须摒弃大而全的发展理念，在规模扩大的同时，更应注重自身定位与主攻方向，成为产业内部某一技术领域的"独角兽"。例如，浙江大学硅材料国家重点实验室在以硅为核心的半导体材料领域、在硅烷法制备多晶硅提纯技术、掺氮直拉硅单晶生长技术基础研究等方面都取得了系列具有国际先进水平的重大成果。

光伏产业创新生态系统内部的高校、科研院所、企业、中介等创新种群，必须明确自身在产业创新链中的定位，形成自身在产业链环节中的显著优势，并将产业链各个环节的分散优势联动、整合形成整个产业链的核心优势。从本书第四章的研究结论中可知，对于产业共性技术研发群体而言，并非创新主体总数越多越好，在一定收益成本比条件下，群体规模越大，则企图"搭便车"的主体越多。在产业创新生态系统发展初期，应广泛吸收创新主体，吸引创新资源投入。度过系统发展初期后，应当引导产业内部创新种群清晰定位，明确政府、市场、企业在构建产业创新生态系统方面的权利、责任和利益边界。高校、科研院所种群应注重原始创新并深化协同创新；企业种群则应结合自身在产业链中的定位，有所偏重地在光伏产业链的硅提纯、高效单晶多晶硅电池片、薄膜电池技术、分布式光伏系统智慧运维等领域，增强内生创新动力。优势企业应引领产业创新生态系统健康、可持续发展，中介机构种群应积极融入产业创新体系中，各创新主体应形成产业链上的统筹协调、分工协作关系，应合理布局光伏整体产业链上各个环节，高效、合理配置产业创新生态系统内部组成要素，实现我国光伏产业创新生态系统可持续运转。

（3）完善我国光伏产业创新生态系统治理体系，激发创新生态系统活力。

良好的制度体系依赖于政府对于创新治理战略性和前瞻性的指导，它可以消除创新过程中的各类体制机制障碍，更好地释放创新潜能，实现创新与产业发展的有机结合。光伏产业内部治理结构可以演变为高校、科研院所、企业、中介机构等不同创新主体跨部门及领域所形成的多层级、网络状的协同治理结构。对于产业创新生态系统而言，尤其关注系统与外部环境之间的联系与作用，应根据国家战略、产业发展需求，建立科学的光伏产业创新生态系统治理体系，选择多主体治理模式以确保合作方利益，充分发挥各类创新主体功能，提升创新生态系统整体活力，保障多元治理主体间互通效益，推动产业创新生态系统有效运行。

在光伏产业创新生态系统治理体系的基础上，应优化政府对于产业创新的治理方式，推进建设协同配合的制度体系；应构建创新管理系统公共服务平台，完善产业产品标准、检测等公共服务平台建设。例如，河北省率先建立了科技创新厅校工作会商机制，尝试建立"厅院、厅企"工作会商机制，强化创新主体间的互动合作。

（二）引导建立有序的竞争机制，推进产业技术进步及共生合作创新体系

（1）打造技术标杆企业，推进企业形成核心技术优势。

对于光伏产业创新生态系统而言，专利转化率更能决定产业内部种群的发展与衰落。企业只有拥有更多可以真正转化为产品的专利技术，才能形成技术优势，推进整个企业种群发展壮大。

1）加快实施光伏产业技术创新领导者计划。

继续推行光伏发电"领跑者"计划，择优选取某项光伏产业共性技术领域的最领先、最具优势企业，该企业独立或者与其他投资企业相互联合，承担光伏

发电示范基地等示范工程项目的投资建设。对于产业技术创新领导企业，应从研发投入、资金、人才及市场等方面进行重点扶持，打造产业内部技术创新领先示范企业，帮助标杆企业形成核心技术优势，增强种群整体的核心竞争力。

2）利用补贴机制，鼓励光伏企业提高技术水平，增强竞争能力。

结合我国光伏产业发展现状，基于创新及技术水平的差异，采取不同的补贴力度，重点补贴和支持产业前瞻技术以及"卡脖子"关键瓶颈技术。利用分层次的补贴机制，引导我国光伏产业链布局更加优化、合理。对市场竞争力及自主研发能力强、技术水平高的优质骨干光伏制造企业，给予充分支持；对于能耗高、效益低的弱势光伏企业，予以退出市场的"倒逼"或淘汰。在普通电站竞标中也应鼓励先进技术应用，为各类技术提供公平竞争平台。

3）加快推进企业兼并重组，切实推行光伏制造行业规范，强制淘汰产能落后、竞争力不强的企业。

利用"市场倒逼"机制，鼓励企业兼并重组。大力建设、着力支持一批以低能耗、高效益、技术水平高、自主研发能力强、具备国际领先实力与市场竞争力为目标的光伏制造企业。基于金融机构支持及产业政策引导，应加快推进光伏产业兼并重组，促进优势企业兼并小企业，扩大生产规模；应通过资本运作等手段，盘活优质资产；应推进上下游产业链延伸并购；应帮助企业实现全球范围内的并购，在获取先进技术的同时也可实现生产布局的全球化。个别地方政府为保证本土企业的市场地位，推行地方性限制政策，在电站补贴上设置层层限制，阻碍外地企业参与市场竞争，应全力消除地方保护主义，避免地方保护对行业发展的不良影响。对于光伏制造行业规范条件，必须持续改进完善，且切实予以覆盖实施，以此起到倒逼落后产能退离市场竞争、维护良好市场秩序的作用。

4）加大对产业创新生态系统的创新资源投入。

创新资源的增加可以推动产业内部所有种群的发展壮大。政府应充分发挥财政支持对市场技术和资本的带动作用，帮助产业内部创新种群多渠道获得投融资，应加强对高校、科研院所与光伏企业合作项目的持续支持力度，继续实施国家重点研发计划"可再生能源与氢能技术"重点专项，由企业牵头申请国家科研项目，加大对光伏产业关键技术科研项目的投入力度。通过税收优惠激励企业投入研发，帮助企业组建研发中心、重点实验室等研究平台。

（2）建立创新技术联盟，推进共性技术研发，促进形成产业标准。

光伏产业发展的战略目标在于通过产业技术的持续进步，降低成本，推动产业结构优化与转型升级。《太阳能发展"十三五"规划》提出技术进步目标：先进晶体硅光伏电池产业化转换效率达到23%以上，光伏电价到2020年与2015年相比较降低一半以上，真正实现用电侧的平价上网，这一降幅重点依靠技术进步和产业升级。

工业和信息化部发布的《2017年产业关键共性技术发展指南》中指出，光伏产业共性关键技术主要包括高纯多晶硅生产技术、光伏电池生产技术、光伏生产专用设备。为保证共性技术的研发，需要引导创新资源向光伏产业链集聚，以企业为主体，联合高校及科研机构，围绕产业链建设实验室、工程中心、技术中心等科技研发机构，在产业链层面形成多主体共性研发局面；应围绕产业链建立光伏产业创新联盟，以某一类共性技术为联盟主要攻关对象，以产业创新联盟为纽带，整合各类创新主体，联合各类研发机构、研发平台，共同推进急需关键技术和共性技术的研发。目前，我国光伏产业技术创新联盟主要有中国光伏产业联盟（现为中国光伏行业协会）、太阳能光热产业技术创新战略联盟、光伏发电产业技术创新战略联盟、中国智能光伏产业技术创新战略联盟等，还需在具体的共性技术创新方面形成产业创新联盟，协同推进某一共性技术的研发。

我国光伏产业应积极主导、参与国际产业标准体系的制定与建立。众所周知，掌握了产业标准的主动权，便取得了重要的产业竞争优势。目前我国光伏产业在国际光伏产业标准中的话语权还不够，截至2016年底，国际电工委员会太阳能光伏能源系统标准化技术委员会（IEC/TC82）正式发布的现行标准供给共76项，中国光伏行业协会标准委员会秘书处电子标准院联合常州天合、无锡尚德、中建材检验认证集团有限公司等企业成功立项了5项国际标准；国际半导体设备与材料协会（SEMI）在光伏领域共发布标准75项，SEMI中国光伏标准化技术委员会发布19项国际产业标准，这与我国作为光伏大国的地位极为不匹配。只有不断推出创新产品，推动创新技术领先于其他国家，才有可能制定、推行产业标准，推动自身标准成为产业标准。同时，随着新产品、新技术的不断涌现，存在标准制定空间，急需我国企业快速跟进，开展标准研制、申报工作，掌握标准才能把握市场。在光伏制造设备、光伏材料、光伏电池、组件及部件制造、测试方法等领域的系列标准，有待我国光伏产业创新系统协同研制，发挥系统优势，推动我国自主知识产权技术成为国际标准，逐步增强我国在光伏领域的国际标准话语权。

（三）建立良好的创新生态环境，提升光伏产业创新效率

产业创新生态位适宜度主要由政策、资源、市场及文化等生态因子组成。创新生态环境良好，产业创新生态位适宜度高，可以有效推动光伏产业优化资源配置，提高创新产出，提升光伏产业创新效率。

（1）优化创新政策体系。

政府对光伏产业在规划、指导、支持、规范等方面的政策对于产业发展具有重要的引领和扶持作用。我国对光伏产业创新的政策主要包括产业规划政策、产业补贴政策、产业规范政策等。应注重政策要素的优化组合，注重完善、优化光伏产业的创新政策体系。

1）结合电力体制改革调整和创新光伏发电电价政策。

结合电力体制改革要求以及光伏发电发展形势，光伏发电电价政策需要实施调整和创新。根据市场及光伏发电成本，力争把光伏发电标杆电价逐渐降低。尽管电价补贴一直以来为光伏产业发展和创新提供了最有力的支撑，但光伏发电特别是分布式光伏发电的走向必然是平价上网，真正发挥光伏发电自身的清洁、高效优势。国家将定向补贴更集中、更利于带动技术进步的光伏电站发电，逐步推进光伏电站的定额补贴政策，实现光伏电价与煤电电价脱钩，即将现行的煤电标杆电价+差额补贴政策调整为煤电标杆电价/市场电价+溢价定额补贴；继续实施并规范光伏电站的竞标电价，把竞争性配置里的电价比重给予一定程度的提升，基于优化产业布局、促进产业发展、采取合适的发展节奏等角度，招标定价与现有的固定电价政策、未来逐步转型的定额补贴政策、考虑绿色证书交易后的多种经济激励政策同期实施。

2）严格推行光伏制造行业规范条件。

2013 年、2015 年、2018 年国家不断更新《光伏制造行业规范条件》，对光伏制造业的准入门槛以及相关产品的技术条件标准严格规范并不断提高要求，未来在国家光伏产业发展战略基础上，应继续提升光伏制造行业规范条件，加强光伏行业管理，引导产业加快转型升级和结构调整，淘汰落后产能，倒逼产业提升创新能力。

3）进一步完善金融政策，导向性地运用财税政策。

应进一步完善金融政策，对光伏企业建立信用评价制度；为推动产业内部兼并重组，应为光伏企业拓宽融资渠道，建立多元化的资本市场；应导向性地实施

光伏财税政策，结合光伏产业发展趋势，以光伏制造行业规范为底线，以持续稳定为原则，对大型并网光伏电站给予一定的财税优惠，以补贴光伏终端市场作为起点，从需求端鼓励光伏企业不断提高技术水平，基于光伏产业总体发展趋势，因地制宜、因时制宜地调整相关金融政策。

（2）加大创新资源投入。

1）加大光伏产业研发持续投入。

光伏产业创新需要大量的研发资金投入，科研设备、厂房、实验室、高端仪器等需要大量的资金作为支撑。一方面，政府在企业技术研发阶段以科研专项形式给予直接的资金投入或以税收优惠的形式给予间接的研发投入；另一方面，应鼓励大型的光伏企业自身加大在自主创新与技术研发方面的投入，鼓励企业提高科研投入占销售收入比重，强化企业研发中心建设，设置面向企业技术难题的研发项目。在产业链层面上，应以共性技术攻关、重点产品开发为主线，涵盖技术研究到产品开发及产品产业化整个过程，对产业创新链条上的各个创新环节及不同的创新主体，形成全产业链的项目研发资金支撑链条，真正做到产业创新投入的持续性、连贯性。应激励政府之外的其他投资来源参与到光伏产业的创新活动中来，积极调动社会风险投资对于光伏产业创新的积极性，建设面向光伏产业创新的金融服务平台，为光伏产业研发提供持续的研发投入支持。

2）加强光伏专业人才培养体系建设。

作为战略性新兴产业，我国光伏产业发展历程较短，产业高端人才空缺严重。目前国内在本专科阶段开设光伏产业相关专业的时间较短，例如新能源科学与技术、新能源材料与器件、光伏发电技术与应用等专业的开设时间尚不到10年，光伏产业人才培养规模远不能适应产业发展需求。应致力于构建光伏产业学士、硕士、博士相对完善的人才培养学位体系，保证光伏产业所需工程人才培养的连续性。应继续鼓励本专科高校增加开设光伏产业相关专业，扩大光伏产业专业相关专业的招生规模。人才培养过程中，应加强基础理论与技术研究，联合大型光伏企业共建实验室、实习基地、实训基地，培养不同层次的光伏产业人才。应致力于推动高校专业集群与区域光伏产业协同，高校内部学科专业集成以支撑光伏产业技术创新聚集，协同培养出直接面向光伏产业发展所需的人才。需加强产业高端人才的培养，加大科研人员对外交流与学习，加强我国光伏产业专业人才与发达国家科研机构、高校、企业科研人员的访学、交流活动，提升我国光伏产业高端人才的前瞻性与科研水平。

3）完善光伏发电项目土地使用政策。

光伏发电特别是光伏电站需要大量的土地，土地资源是光伏产业发展所需资源中的重要部分，而当前光伏项目建设用地的属性界定政策相对缺乏。光伏用地项目土地审批涉及国土、水利、环保及林业等众多部门业务流程，不同部门的政策规定尚不完全统一。因此，应尽快出台光伏项目土地使用政策，统一建设用地征收税额标准，建立不同层级、不同类别土地管理部门协调机制，提高光伏发电项目的建设效率。

（3）紧随市场转变趋势，积极扩大国内需求，开拓新兴市场。

市场是产业发展和创新的原动力，目前欧美等地区对光伏政策支撑力度呈下降态势，对国内产品依然采取较高的关税。国际传统欧美市场受限，而国内市场增长迅速，印度、南美、中东等市场成为新的增长点。全球全年光伏新增装机量仍保持增长势头，在光伏发电成本不断逼近平价上网的带动下，国内光伏市场增长平稳，同时印度、南美、中东等新兴市场规模扩张迅速，印度已经加入中国、美国等第一梯队。据彭博新能源财经预测，南美地区2017~2020年光伏新增并网量约为34亿瓦，其中13亿瓦来自智利，12亿瓦来自阿根廷。

目前，光伏应用市场的主要增长点已转移至国内及印度、南美、中东等新兴市场，要求光伏产业必须及时跟随市场转变，在国内政策带动下扩大国内市场需求，并且主动争取和拓展国内外的新兴市场需求。此外，须大力扩展我国光伏产品的使用范畴，持续推行光伏领跑者计划、光伏扶贫项目以及分布式发电等发展专项，改变我国光伏应用主要集中在大型地面电站的尴尬处境，应注重鼓励分布式光伏系统的应用，充分发挥市场在光伏电站项目建设中的决定性作用，完善光伏应用项目审批制度，完善光伏发电补贴额度与光伏装机容量联动的调节机制，推动国内光伏需求市场的扩大。此外，在"一带一路"建设指引下，应紧紧把握光伏产业海外拓展的巨大机遇，大力挖掘和争取中西亚、非洲、南美等新兴市场份额，增强国际合作，扩大国际产能，进一步增强我国光伏产业在国际市场的领先地位与竞争优势。

（4）优化创新文化环境。

创新文化环境是产业竞争力的一个重要组成部分，应加强高新技术产业创新战略联盟建设，打造沟通、交流、互动的创新平台，积极开展创新专题论坛、产业技术合作交流、创新主体交流等活动，营造良好的创新文化氛围。

1）加强光伏产业内部合作与交流。

加强产业内部信息沟通及知识共享平台建设，给产业链上各创新主体的沟通、交流、信息共享提供畅通渠道，为产业市场动态、行业实时信息的发布、共享提供实时服务平台。在产业技术创新联盟平台建设方面，应进一步完善产业创新生态系统内部各创新主体间的联动互助以及技术合作交流，加强产学研之间、学科之间、领域之间的交流和互动，建立交流更加畅通、互动更加开放、学术思想交叉碰撞的创新文化环境。

2）完善光伏产业技术创新服务体系。

面向产业发展需求，应致力于产业公共服务平台的建设与完善，所建立的产业公共服务平台可以提供产业链上各个环节的检测检验服务。应进一步提高全产业链各环节计量校准、测试分析等智能设备仪器的制造与研发水平，发挥平台作用，为行业发展提供数据支撑。此外，应加强检验检测技术标准的制定、推广以及实施，引导、提倡有条件及实力的行业组织牵头或积极参与到产业国际或国家标准、联盟或行业标准的订立中。

应致力于完善产业创新服务体系，打造光伏技术创新服务平台，构建科技金融服务体系，为光伏产业发展提供良好的创新服务环境。以科技创新服务平台为基础，开展技术服务、技术咨询、技术培训和技术转让，提供光伏产业的技术情报信息、大型高端仪器设备使用技术培训、光伏产业的市场分析、技术培训等创新服务。实现平台内部信息、资源、技术等资源共享，提升光伏产业整体的创新服务水平，为提高光伏产业创新效率提供支持。

3）加强行业管理，倡导公平公正的竞争环境。

严格执行产品标准，在产业内部建立公平公正的环境。必须解除地方保护主义行为，对扰乱国家统一市场的行为、制度给予坚决的抵制、消除，对各级地方政府给予光伏产业的不当补贴坚决给予纠偏，对各级地方政府通过行使行政权力干预、限制竞争的违规行为坚决肃清。

各级政府应致力于营造、维护公平竞争的光伏产业市场环境，积极摸索公平竞争审查机制的推行，努力协调各光伏厂商间以及产业链上下游之间的矛盾、摩擦及利益冲突，坚决杜绝产业强势企业基于垄断地位而干扰正常市场竞争的不良行为。应致力于产业内部知识产权保护机制的完善与执行，探索实施因严重侵权行为而承担刑事责任的法律约束制度，使侵权者不敢以身试法；调整损害赔偿标准，探索实施惩罚性赔偿制度。

六、本章小结

　　本章首先以我国光伏产业为例，详细分析了光伏产业的发展背景及趋势，明确了光伏产业的组成与结构，研究了我国光伏产业创新生态系统的竞争与合作演化机制以及创新群落与环境的适宜度。其次，根据高新技术产业创新效率评价体系，对我国光伏产业创新生态系统创新效率进行评价，结果表明我国光伏产业狭义及生态创新效率均高于我国高新技术产业平均水平，其生态同化效率较高，但是生态生产效率及利用效率较低。再次，通过回归分析，识别了影响我国光伏产业创新效率提升的关键因素。最后，从优化系统运行机制、引导建立有序竞争机制、建立良好创新生态环境等方面，提出了我国光伏产业创新管理的对策及建议。

参考文献

［1］陈劲．迎接高附加值产业的新时代［J］．清华管理评论，2018（3）：1．

［2］陈劲，尹西明．范式跃迁视角下第四代管理学的兴起、特征与使命［J］．管理学报，2019，16（1）：1-8．

［3］陈衍泰，夏敏，李欠强，等．创新生态系统研究：定性评价、中国情境与理论方向［J］．研究与发展管理，2018，30（4）：37-53．

［4］陈衍泰．创新管理：从创新网络、创新系统到创新生态系统的演化［J］．研究与发展管理，2018，30（4）：1．

［5］曾国屏，苟尤钊，刘磊．从"创新系统"到"创新生态系统"［J］．科学学研究，2013，31（1）：4-12．

［6］李万，常静，王敏杰，等．创新3.0与创新生态系统［J］．科学学研究，2014，32（12）：1761-1770．

［7］葛霆，周华东．国际创新理论的七大进展［J］．中国科学院院刊，2007（6）：441-447．

［8］Moore J F. Predators and Prey：A New Ecology of Competition［J］．Harvard Business Review，1993，71（3）：75-86．

［9］Iansiti M，Levien R. Strategy as Ecology［J］．Harvard Business Review，2004，82（3）：68-78，126．

［10］Adner R，Kapoor R. Value Creation in Innovation Ecosystems：How the Structure of Technological Interdependence Affects Firm Performance in New Technology Generations［J］．Strategic Management Journal，2010，31（3）：306-333．

［11］Adner R. Match Your Innovation Strategy to Your Innovation Ecosystem

〔J〕. Harvard Bussiness Review, 2006, 84（4）：98-107.

〔12〕Thompson V, Decker B, Hardash A C, et al. NASA（In）Novation Eco-system：Taking Technology Innovation from Buzz to Reality〔C〕. Aerospace Conference, IEEE, New York, 2012.

〔13〕黄鲁成. 区域技术创新系统研究：生态学的思考〔J〕. 科学学研究, 2003（2）：215-219.

〔14〕黄鲁成, 米兰, 吴菲菲. 国外产业创新生态系统研究现状与趋势分析〔J〕. 科研管理, 2019, 40（5）：1-12.

〔15〕张运生. 高科技企业创新生态系统边界与结构解析〔J〕. 软科学, 2008（11）：95-97.

〔16〕张利飞, 吕晓思, 张运生. 创新生态系统技术依存结构对企业集成创新竞争优势的影响研究〔J〕. 管理学报, 2014, 11（2）：229-237.

〔17〕吴金希. 创新生态体系的内涵、特征及其政策含义〔J〕. 科学学研究, 2014, 32（1）：44-51.

〔18〕陈健, 高太山, 柳卸林, 等. 创新生态系统：概念、理论基础与治理〔J〕. 科技进步与对策, 2016, 33（17）：153-160.

〔19〕栾永玉. 高科技企业跨国创新生态系统：结构、形成、特征〔J〕. 财经理论与实践, 2007（5）：113-116.

〔20〕PCAST. Sustaining the Nation's Innovation Ecosystems, Information Technology Manufacturing and Competitiveness〔R〕. Washington, 2004.

〔21〕PCAST. Sustaining the Nation's Innovation Ecosystem：Maintaining the Strength of Our Science&Engineering Capabilities〔R〕. Washington, 2004.

〔22〕Council I S. Science and Technology Policy Inducing Technological Innovation〔R〕. Tokyo, 2005.

〔23〕Committee on Comparative Innovation Policy, National Research Council. 21century Innovation System for Japan and the United States：Lessons from a Decade of Change〔R〕. Washington, D. C. National Academies Press, 2009.

〔24〕梅亮, 陈劲, 刘洋. 创新生态系统：源起、知识演进和理论框架〔J〕. 科学学研究, 2014, 32（12）：1771-1780.

〔25〕胡斌, 李旭芳. 复杂多变环境下企业生态系统的动态演化及运作研究〔M〕. 上海：同济大学出版社, 2013.

[26] 黄海霞, 陈劲. 创新生态系统的协同创新网络模式 [J]. 技术经济, 2016, 35 (8): 31-37.

[27] 欧忠辉, 朱祖平, 夏敏, 等. 创新生态系统共生演化模型及仿真研究 [J]. 科研管理, 2017, 38 (12): 49-57.

[28] 张仁开. 上海创新生态系统演化研究 [D]. 华东师范大学博士学位论文, 2016.

[29] Rohrbeck R, Hölzle K, Gemünden H G. Opening up for Competitive Advantage: How Deutsche Telekom Creates an Open Innovation Ecosystem [J]. R&D Management, 2010, 39 (4): 420-430.

[30] Shapiro C, Varian H R. Information Rules: A Strategic Guide to the Network Economy [M]. Harvard Business School Press, 1998.

[31] Tiwana A, Konsynski B, Bush A A. Research Commentary: Platform Evolution: Coevolution of Platform Architecture, Governance, and Environmental Dynamics [J]. Information Systems Research, 2010, 21 (4): 675-687.

[32] Moore J F. Business Ecosystems and the View from the Firm [J]. The Antitrust Bulletin, 2006, 51 (1): 31-75.

[33] Clarysse B, Wright M, Bruneel J, et al. Creating Value in Ecosystems: Crossing the Chasm between Knowledge and Business Ecosystems [J]. Research Policy, 2014, 43 (7): 1164-1176.

[34] Dyer J H, Singh H. The Relational View: Cooperative Strategy and Sources of Interorganizational Competitive Advantage [J]. Academy of Management Review, 1998, 23 (4): 660-679.

[35] Moore J F. The Death of Competition: Leadership & Strategy in the Age of Business Ecosystems [M]. New York: HarperBusiness, 1996.

[36] Fukuda K, Watanabe C. Japanese and US perspectives on the National Innovation Ecosystem [J]. Technology in Society, 2008, 30 (1): 49-63.

[37] Makinen S J, Kanniainen J, Peltola I. Investigating Adoption of Free Beta Applications in a Platform-Based Business Ecosystem [J]. Journal of Product Innovation Management, 2013, 31 (3): 451-465.

[38] 黄鲁成. 区域技术创新生态系统的稳定机制 [J]. 研究与发展管理, 2003 (4): 48-52.

［39］黄鲁成．论区域技术创新生态系统的生存机制［J］．科学管理研究，2003（2）：47-51.

［40］贺团涛，曾德明．知识创新生态系统的理论框架与运行机制研究［J］．情报杂志，2008（6）：23-25.

［41］刘志峰．区域创新生态系统的结构模式与功能机制研究［J］．科技管理研究，2010，30（21）：9-13.

［42］赵伟峰．我国装备制造业协同创新生态系统运行研究［D］．哈尔滨工程大学博士学位论文，2017.

［43］张利飞．高科技企业创新生态系统运行机制研究［J］．中国科技论坛，2009（4）：57-61.

［44］朱学彦．创新生态系统：动因、内涵与演化机制［C］．第十届中国科技政策与管理学术年会，长春，2014.

［45］罗国锋，林笑宜．创新生态系统的演化及其动力机制［J］．学术交流，2015（8）：119-124.

［46］Bendis R. Science & Innovation-Based Trends in the U. S［C］. 36th Annual AAAS Forum on Science and Technology Policy，Washington，2011.

［47］Still K，Huhtamäki J，Russell M G，et al. Insights for Orchestrating Innovation Ecosystems：The Case of EIT ICT Labs and Data-driven Network Visualisations［J］. International Journal of Technology Management，2014，66（2/3）：243-265.

［48］Adner R，Kapoor R. Innovation Ecosystems and the Pace of Substitution：Re-Examining Technology S-curves［J］. Strategic Management Journal，2016，4（37）：625-648.

［49］Mei L，Zhang T，Chen J，et al. Exploring the Effects of Inter-firm Linkages on SMEs' open Innovation from an Ecosystem Perspective：An Empirical Study of Chinese Manufacturing SMEs［J］. Technological Forecasting and Social Change，2019，144（7）：118-128.

［50］吴绍波．战略性新兴产业创新生态系统协同创新的治理机制研究［J］．中国科技论坛，2013（10）：5-9.

［51］李煜华，武晓锋，胡瑶瑛．共生视角下战略性新兴产业创新生态系统协同创新策略分析［J］．科技进步与对策，2014，31（2）：47-50.

［52］王霞，李雪，郭兵．基于 SD 模型的文化产业创新生态系统优化研

究——以上海市为例［J］．科技进步与对策，2014，31（24）：64-70.

［53］李金玉，阮平南．核心企业在战略网络演化中的作用研究［J］．科技进步与对策，2010，27（12）：86-89.

［54］李金玉，阮平南．核心企业在战略网络演化中的影响［J］．北京工业大学学报（社会科学版），2010，10（2）：29-33.

［55］王子龙，谭清美，许箫迪．产业系统演化模型及实证研究［J］．统计研究，2007（2）：47-54.

［56］孙冰，徐晓菲，姚洪涛．基于 MLP 框架的创新生态系统演化研究［J］．科学学研究，2016，34（8）：1244-1254.

［57］Chen C，SanJuan F I，Hou J. The Structure and Dynamics of Cocitation Clusters：A Multiple-Perspective Cocitation Analysis［J］．Journal of the American Society for Information Science and Technology，2010（7）：1386-1409.

［58］宋之杰，于华，徐晓华，等．国内外创新生态系统研究进展［J］．燕山大学学报（哲学社会科学版），2015，16（3）：118-127.

［59］赵放，曾国屏．多重视角下的创新生态系统［J］．科学学研究，2014，32（12）：1781-1788.

［60］赵树宽，郝陶群，李金津．基于 Logistic 模型的企业生态系统演化分析［J］．工业技术经济，2008（10）：70-72.

［61］陈瑜，谢富纪．基于 Lotka-Voterra 模型的光伏产业生态创新系统演化路径的仿生学研究［J］．研究与发展管理，2012，24（3）：74-84.

［62］欧阳桃花，胡京波，李洋，等．DFH 小卫星复杂产品创新生态系统的动态演化研究：战略逻辑和组织合作适配性视角［J］．管理学报，2015，12（4）：546-557.

［63］胡京波，欧阳桃花，曾德麟，等．创新生态系统的核心企业创新悖论管理案例研究：双元能力视角［J］．管理评论，2018，30（8）：291-305.

［64］周宁，韩小汀，欧阳桃花，等．从敏捷性视角谈知识生态系统的构建——以北航案例中心为例［J］．管理案例研究与评论，2015，8（2）：173-188.

［65］胡京波，欧阳桃花，谭振亚，等．以 SF 民机转包生产商为核心企业的复杂产品创新生态系统演化研究［J］．管理学报，2014，11（8）：1116-1125.

［66］王宏起，汪英华，武建龙，等．新能源汽车创新生态系统演进机理——基于比亚迪新能源汽车的案例研究［J］．中国软科学，2016（4）：81-94.

［67］刘友金，易秋平，贺灵．产学研协同创新对地区创新绩效的影响——以长江经济带11省市为例［J］．经济地理，2017，37（9）：1-10.

［68］易秋平，刘友金，贺灵．产学研协同创新效率的时空演变及提升对策——基于空间杜宾模型的研究［J］．湖湘论坛，2017，30（5）：91-101.

［69］曾祥炎，刘友金，凌志鹏．剩余分配契约与集群企业产学研协同创新效率［J］．系统工程，2016，34（6）：78-83.

［70］易秋平，刘友金，向国成．基于超边际分析的产品模块化及其集群内生演进机理研究［J］．湖南科技大学学报（社会科学版），2016，19（1）：109-115.

［71］池仁勇．企业技术创新效率及其影响因素研究［J］．数量经济技术经济研究，2003（6）：105-108.

［72］单红梅．企业技术创新绩效的综合模糊评价及其应用［J］．科研管理，2002（6）：120-124.

［73］高建，汪剑飞，魏平．企业技术创新绩效指标：现状、问题和新概念模型［J］．科研管理，2004（S1）：14-22.

［74］池仁勇，唐根年．基于投入与绩效评价的区域技术创新效率研究［J］．科研管理，2004（4）：23-27.

［75］虞晓芬，李正卫，池仁勇，等．我国区域技术创新效率：现状与原因［J］．科学学研究，2005（2）：258-264.

［76］李婧，谭清美，白俊红．中国区域创新效率及其影响因素［J］．中国人口·资源与环境，2009，19（6）：142-147.

［77］白俊红，江可申，李婧．中国区域创新系统创新效率综合评价及分析［J］．管理评论，2009，21（9）：3-9.

［78］颜莉．我国区域创新效率评价指标体系实证研究［J］．管理世界，2012（5）：174-175.

［79］官建成，陈凯华．我国高技术产业技术创新效率的测度［J］．数量经济技术经济研究，2009，26（10）：19-33.

［80］郑坚，丁云龙．高技术产业技术创新效率评价指标体系的构建［J］．哈尔滨工业大学学报（社会科学版），2007（6）：105-108.

［81］韩晶．中国高技术产业创新效率研究——基于SFA方法的实证分析［J］．科学学研究，2010，28（3）：467-472.

［82］李洁琳．钢铁企业生态创新绩效评价研究［D］．长沙理工大学硕士

学位论文，2015.

[83] 陶长琪，王志平. 随机前沿方法的研究进展与展望 [J]. 数量经济技术经济研究，2011，28（11）：148-161.

[84] Meeusen W, Broeck J V D. Efficiency Estimation from Cobb-Douglas Production Functions with Composed Error [J]. International Economic Review, 1977, 18 (2)：435-444.

[85] Aigner D, Lovell C A K, Schmidt P. Formulation and Estimation of stochastic Frontier Production Function Models [J]. Journal of Econometrics, 1977, 6 (1)：21-37.

[86] Battese G E, Coelli T J. Frontier Production Functions, Technical efficiency and Panel Data：With application to paddy farmers in India [J]. Journal of Productivity Analysis, 1992, 3 (1/2)：153-169.

[87] 何枫，陈荣，何炼成. SFA 模型及其在我国技术效率测算中的应用 [J]. 系统工程理论与实践，2004（5）：46-50.

[88] 刘新梅，董康宁. 中国电信业市场结构与 X 效率的实证研究 [J]. 预测，2005（4）：74-78.

[89] 岳书敬. 基于低碳经济视角的资本配置效率研究——来自中国工业的分析与检验 [J]. 数量经济技术经济研究，2011，28（4）：110-123.

[90] 岳书敬. 中国区域研发效率差异及其影响因素——基于省级区域面板数据的经验研究 [J]. 科研管理，2008（5）：173-179.

[91] 李向东，李南，白俊红，等. 高技术产业研发创新效率分析 [J]. 中国软科学，2011（2）：52-61.

[92] 张宗益，周勇，钱灿，等. 基于 SFA 模型的我国区域技术创新效率的实证研究 [J]. 软科学，2006（2）：125-128.

[93] 邬龙，张永安. 基于 SFA 的区域战略性新兴产业创新效率分析——以北京医药和信息技术产业为例 [J]. 科学学与科学技术管理，2013，34（10）：95-102.

[94] 白俊红，江可申，李婧. 应用随机前沿模型评测中国区域研发创新效率 [J]. 管理世界，2009（10）：51-61.

[95] Charnes A, Cooper W W, Rhodes E. Measuring the Efficiency of Decision Making Units [J]. European Journal of Operational Research, 1978, 2 (4)：429-444.

［96］Charnes A，Clark C T，Cooper W W，et al. A Developmental Study of Data Envelopment Analysis in Measuring the Efficiency of Maintenance Units in the U. S. Air Forces［J］. Annals of Operations Research，1984，2（1）：95-112.

［97］Banker R D，Charnes A，Cooper W W. Some Models for Estimating Technical and Scale Inefficiencies in Data Envelopment Analysis［J］. Management Science，1984，30（9）：1078-1092.

［98］Andersen P，Petersen N C. A Procedure for Ranking Efficient Units in Data Envelopment Analysis［J］. Management Science，1993，39（10）：1261-1294.

［99］朱乔．数据包络分析（DEA）方法综述与展望［J］．系统工程理论方法应用，1994（4）：1-9.

［100］吴杰，石琴．基于 DEA 方法的多指标评价［J］．系统工程与电子技术，2006（10）：1541-1543.

［101］张亚明，陈宝珍，张成．中国省际环境效率评价及其影响因素实证研究［J］．生态经济，2017，33（1）：33-37.

［102］李鸿禧，迟国泰．基于 DEA-t 检验的以企业为主体的科技创新效率评价［J］．中国管理科学，2016，24（11）：109-119.

［103］何丽娜．我国科技创新型中小企业融资效率研究——基于创业板上市公司的 DEA 分析［J］．金融理论与实践，2016（3）：61-65.

［104］陈宗富，马敏．基于数据包络分析方法的农业生产效率评价——来自西部欠发达地区 170 个苗族村的调查［J］．生态经济，2016，32（1）：135-138.

［105］宋砚博．基于 DEA 的地方政府管理效率评价研究［D］．东北大学硕士学位论文，2008.

［106］邱林，田景环，段春青，等．数据包络分析在城市供水效率评价中的应用［J］．人民黄河，2005（7）：33-34.

［107］全炯振．中国农业全要素生产率增长的实证分析：1978~2007 年——基于随机前沿分析（SFA）方法［J］．中国农村经济，2009（9）：36-47.

［108］刘凤朝，潘雄锋．基于 Malmquist 指数法的我国科技创新效率评价［J］．科学学研究，2007（5）：986-990.

［109］徐小钦，黄馨，梁彭勇．基于 DEA 与 Malmquist 指数法的区域科技创新效率评价——以重庆市为例［J］．数理统计与管理，2009，28（6）：974-985.

［110］王锐淇，彭良涛，蒋宁．基于 SFA 与 Malmquist 方法的区域技术创新效

率测度与影响因素分析［J］．科学学与科学技术管理，2010，31（9）：121-128．

［111］冯志军，陈伟．中国高技术产业研发创新效率研究——基于资源约束型两阶段 DEA 模型的新视角［J］．系统工程理论与实践，2014，34（5）：1202-1212．

［112］陈伟，沙蓉，张永超，等．我国知识密集型产业专利创新绩效评价研究——基于 DEA-Malmquist 指数方法［J］．管理评论，2013，25（8）：39-45．

［113］席增雷，袁青川，徐伟．基于 Malmquist-TFP 模型的京津冀地区科技创新经济效率评价［J］．宏观经济研究，2018（7）：132-140．

［114］刘锦志．我国高专利密集度产业技术创新效率评价及影响因素研究［D］．哈尔滨工程大学硕士学位论文，2015．

［115］郭燕青，李爽，于健．企业技术创新效率双生态模型构建［J］．科技进步与对策，2017，34（18）：74-79．

［116］李爽，郭燕青．新能源汽车企业创新生态效率测度——基于 2012～2015 年面板数据的实证分析［J］．软科学，2017，31（4）：23-26．

［117］刘志春，陈向东．科技园区创新生态系统与创新效率关系研究［J］．科研管理，2015，36（2）：26-31．

［118］余凌，杨悦儿．产业技术创新生态系统研究［J］．科学管理研究，2012，30（5）：48-51．

［119］张治河，胡树华，金鑫，等．产业创新系统模型的构建与分析［J］．科研管理，2006（2）：36-39．

［120］Malerba F. Sectoral Systems of Innovation：A Framework for Linking Innovation to the Knowledge Base，Structure and Dynamics of Sectors［J］．Economics of Innovation and New Technology，2005，14（1）：63-82．

［121］李庆东．产业创新系统协同演化理论与绩效评价方法研究［D］．吉林大学博士学位论文，2008．

［122］张凤．国家创新系统的起源与演化［J］．科学新闻，2001（15）：6-7．

［123］张凤．国家创新系统与我国第二次现代化［J］．世界科技研究与发展，1999（6）：77-79．

［124］Gawer A. Bridging Differing Perspectives on Technological Platforms：Toward an Integrative Framework［J］．Research Policy，2014，43（7）：1239-1249．

［125］何向武，周文泳，尤建新．产业创新生态系统的内涵、结构与功能

［J］．科技与经济，2015，28（4）：31-35.

［126］林婷婷．产业技术创新生态系统研究［D］．哈尔滨工程大学博士学位论文，2012.

［127］张利飞．创新生态系统技术种群非对称耦合机制研究［J］．科学学研究，2015，33（7）：1100-1108.

［128］张利飞．高科技产业创新生态系统耦合理论综评［J］．研究与发展管理，2009，21（3）：70-75.

［129］Martin F. Innovation in the New ICT Ecosystem［J］．Communications & Strategies，2008，68（4）：89-109.

［130］王娜，王毅．产业创新生态系统组成要素及内部一致模型研究［J］．中国科技论坛，2013（5）：24-29.

［131］郑家霖．我国增材制造产业创新生态系统构建研究［D］．福州大学硕士学位论文，2016.

［132］吴绍波，刘敦虎，彭双．战略性新兴产业创新生态系统技术标准形成模式研究［J］．科技进步与对策，2014，31（18）：68-72.

［133］吴绍波．战略性新兴产业创新生态系统协同创新的知识投入激励研究［J］．科学学与科学技术管理，2013，34（9）：71-76.

［134］吴绍波，顾新．战略性新兴产业创新生态系统协同创新的治理模式选择研究［J］．研究与发展管理，2014，26（1）：13-21.

［135］吴宸雨．中国风电产业技术创新生态系统研究［D］．华中科技大学硕士学位论文，2014.

［136］伍春来，赵剑波，王以华．产业技术创新生态体系研究评述［J］．科学学与科学技术管理，2013，34（7）：113-121.

［137］单蒙蒙，尤建新，邵鲁宁．产业创新生态系统的协同演化与优化模式：基于张江生物医药产业的案例研究［J］．上海管理科学，2017，39（3）：1-7.

［138］张笑楠．战略性新兴产业创新生态系统构建与运行机制研究［J］．技术与创新管理，2016，37（6）：595-600.

［139］Geroski P A，Mazzucato M. Modelling the Dynamics of Industry Populations［J］．International Journal of Industrial Organization，2001，19（7）：1003-1022.

［140］韩树清．航空产业创新生态系统构建及演化机理研究［D］．中国民航大学硕士学位论文，2018.

［141］周叶，黄虹斌．战略性新兴产业创新生态系统自组织演化条件及路径研究［J］．技术与创新管理，2019，40（2）：158-162.

［142］李其玮，顾新，赵长轶．产业创新生态系统知识优势的演化阶段研究［J］．财经问题研究，2018（2）：48-53.

［143］吴绍波，顾新，吴光东，等．新兴产业创新生态系统的技术学习［J］．中国科技论坛，2016（7）：30-35.

［144］张运生．高科技产业创新生态系统耦合战略研究［J］．中国软科学，2009（1）：134-143.

［145］章成帅．中国高技术产业创新效率研究：一个文献综述［J］．中国科技论坛，2016（4）：56-62.

［146］孟维站，李春艳，石晓冬．中国高技术产业创新效率分阶段分析——基于三阶段 DEA 模型［J］．宏观经济研究，2019（2）：78-91.

［147］汪锦熙，李子彪，孙可远．高新技术产业创新生态系统的创新态势测度——基于河北省 11 市的实证研究［J］．河北工业大学学报（社会科学版），2018：1-11.

［148］范德成，李盛楠．考虑空间效应的高技术产业技术创新效率研究［J］．科学学研究，2018，36（5）：901-912.

［149］李爽．基于创新生态视角的新能源汽车企业技术创新效率及影响因素研究［D］．辽宁大学博士学位论文，2017.

［150］陆国庆．战略性新兴产业创新的绩效研究——基于中小板上市公司的实证分析［J］．南京大学学报（哲学·人文科学·社会科学版），2011，48（4）：72-80.

［151］张凤，何传启．创新的内涵、外延和经济学意义［J］．世界科技研究与发展，2002（3）：55-62.

［152］冯志军．中国制造业技术创新系统的演化及评价研究［D］．哈尔滨工程大学博士学位论文，2012.

［153］张治河．面向“中国光谷”的产业创新系统研究［D］．武汉理工大学博士学位论文，2003.

［154］冯志军．产业创新系统演化的二象性分析［J］．科技管理研究，2013，33（23）：17-20.

［155］肖阿妮．产业共性技术 R&D 合作组织形式及其运行机制研究［D］．

重庆大学硕士学位论文，2011.

［156］刘沙．产业创新生态系统的构建及治理研究［D］．河北工业大学硕士学位论文，2015.

［157］朱迪·埃斯特琳．美国创新在衰退［M］．北京：机械工业出版社，2010.

［158］Sven Erik Jorgensen, Giuseppe Bendoricchio. 生态模型基础［M］．何文珊，陆健健，张修峰，译．第三版．北京：高等教育出版社，2008.

［159］黄鲁成．区域技术创新生态系统的特征［J］．中国科技论坛，2003（1）：23-26.

［160］赵进．产业集群生态系统的协同演化机理研究［D］．北京交通大学博士学位论文，2011.

［161］Whittaker R H, Likens G E. Primary Production：The Biosphere and Man［J］．Human Ecology，1973，1（4）：357-369.

［162］Odum E P. Fundamentals of Ecology［M］．Philadelphia：Saunders Company，1971.

［163］孙儒冰．动物生态学原理［M］．第四版．北京：北京师范大学出版社，2019.

［164］Levins R. Evolution in Changing Environments：Some Theoretical Explorations［J］．Monographs in Population Biology，1968.

［165］Hamilton W D. The Genetical Evolution of Social Behaviour. II［J］．Journal of Theoretical Biology，1964，7（1）：17-52.

［166］Trivers R L. The Evolution of Reciprocal Altruism［J］．Quarterly Review of Biology，1971，46（1）：35-57.

［167］Alexander R D. Biology of Moral Systems［J］．University of Toronto Law Journal，1987，39（3）：318.

［168］Nowak M A, Sigmund K. Evolution of Indirect Reciprocity by Image Scoring［J］．Nature，1998，393（6685）：573-577.

［169］Levins R. Some Demographic and Genetic Consequences of Environmental Heterogeneity for Biological Control［J］．Bulletin of Entomological Research，1969，15（3）：237-240.

［170］周文泳，何向武．基于 Lotka-Volterra 模型的技术引进生态关系与演

化趋势——以我国高技术产业为例［J］. 科技进步与对策，2018（1）：1-6.

［171］Tilman D. Competition and Biodiversity in Spatially Structured Habitats ［J］. Ecology，1994，75（1）：2-16.

［172］Tilman D. The Ecological Consequences of Changes in Biodiversity：A Search for General Principles ［J］. Ecology，1999，80（5）：1455-1474.

［173］Tilman D. Biodiversity：Population Versus Ecosystem Stability ［J］. Ecology，1996，77（2）：350-363.

［174］徐彩琳，李自珍，张景光，等. 斑块生境下逃亡共存模型及其计算机模拟试验研究［J］. 中国沙漠，2001（3）：82-84.

［175］李自珍，惠苍，徐中民. 集合种群模拟模型及其在竞争共存机制与物种多样性研究中的应用［J］. 西北植物学报，2003（2）：195-199.

［176］梁仁君，林振山，陈玲玲. 不同迁移能力和竞争能力的集合种群竞争模式及其模拟［J］. 西北植物学报，2005（12）：2457-2464.

［177］李子彪. 创新极及多创新极共生演化模型研究［D］. 河北工业大学博士学位论文，2007.

［178］马名杰. 我国共性技术政策的现状及改革方向［J］. 中国经贸导刊，2005（22）：25-27.

［179］徐冠华. 普及共性技术是实施科教兴国的一项战略措施［J］. 协商论坛，1999（6）：17-19.

［180］付敬. 企业共性技术创新、吸收能力及其对创新绩效的影响研究［D］. 华南理工大学博士学位论文，2013.

［181］李纪珍. 产业共性技术：概念、分类与制度供给［J］. 中国科技论坛，2006（3）：45-47.

［182］李纪珍. 产业共性技术供给体系［M］. 北京：中国金融出版社，2004.

［183］丁明磊，陈宝明. 基于产业技术联盟建设国家制造业创新中心［J］. 中国工业评论，2015（9）：36-43.

［184］陈宝明. 产业技术联盟：性质、作用与政府支持［J］. 中国科技论坛，2007（7）：34-37.

［185］杨阳，荣智海，李翔. 复杂网络演化博弈理论研究综述［J］. 复杂系统与复杂性科学，2008，5（4）：47-55.

［186］ Hofbauer J, Sigmund K. Evolutionary Games and Population Dynamics ［M］. Cambridge：Cambridge University Press, 1998.

［187］ Hauert C, Doebeli M. Spatial Structureoften Inhibits the Evolution of Cooperation in the Snowdrift Game ［J］. Nature, 2004, 428（6983）：643-646.

［188］ Zhong L X, Zheng D F, Zheng B, et al. Networking Effects on Cooperation in Evolutionary Snowdrift Game ［J］. Europhysics Letters, 2006, 76（4）：724-730.

［189］ Hauert C, Michor F, Nowak M A, et al. Synergy and Discounting of Cooperation in Social Dilemmas. ［J］. Journal of Theoretical Biology, 2006, 239（2）：195-202.

［190］ Hutchinson G E. Concluding Remarks ［J］. Cold Spring Harbor Symposium in Quantitative Biology, 1957, 22（1507）：415-457.

［191］ 刘钒, 张君宇. 区域创新生态系统生态适宜度评价研究综述 ［J］. 社会科学动态, 2018（10）：46-49.

［192］ 李自珍, 韩晓卓, 李文龙. 具有生态位构建作用的种群进化动力学模型及其应用研究 ［J］. 应用数学和力学, 2006（3）：293-299.

［193］ 许箫迪. 高技术产业生态位测度与评价研究 ［D］. 南京航空航天大学博士学位论文, 2007.

［194］ 李自珍, 赵松岭, 张鹏云. 生态位适宜度理论及其在作物生长系统中的应用 ［J］. 兰州大学学报, 1993（4）：219-224.

［195］ 覃荔荔, 王道平, 周超. 综合生态位适宜度在区域创新系统可持续性评价中的应用 ［J］. 系统工程理论与实践, 2011, 31（5）：927-935.

［196］ 孙丽文, 李跃. 京津冀区域创新生态系统生态位适宜度评价 ［J］. 科技进步与对策, 2017, 34（4）：47-53.

［197］ 郭燕青, 姚远, 徐菁鸿. 基于生态位适宜度的创新生态系统评价模型 ［J］. 统计与决策, 2015（15）：13-16.

［198］ 刘洪久, 胡彦蓉, 马卫民. 区域创新生态系统适宜度与经济发展的关系研究 ［J］. 中国管理科学, 2013, 21（S2）：764-770.

［199］ 雷雨嫣, 陈关聚, 刘启雷. 高技术产业创新生态系统的创新生态位适宜度及演化 ［J］. 系统工程, 2018, 36（2）：103-111.

［200］ 胡鞍钢. 中国高技术产业迈入"黄金时代" ［N］. 经济日报, 2017-03-30.

［201］国家统计局.2018 年国民经济和社会发展统计公报［R］.北京：国家统计局，2018.

［202］中国科学技术发展战略研究院.中国区域科技创新评价报告 2016-2017［R］.北京：中国科学技术发展战略研究院，2016.

［203］Han C，Thomas S R，Mu Y，et al. Evaluating R&D Investment Efficiency in China's High-tech Industry［J］. Journal of High Technology Management Research，2017，28（1）：93-109.

［204］刘炳胜，王敏，李灵，等.中国建筑产业链两阶段综合效率、纯技术效率、规模效率及其影响因素［J］.运筹与管理，2019，28（2）：174-183.

［205］王伟光，张钟元，侯军利.创新价值链及其结构：一个理论框架［J］.科技进步与对策，2019，36（1）：36-43.

［206］吕彬，杨建新.生态效率方法研究进展与应用［J］.生态学报，2006（11）：3898-3906.

［207］倪颖，文传浩.生态效率测度方法及应用研究综述［J］.贵州商学院学报，2019，32（1）：73-78.

［208］Li H，Zhang J，Wang C，et al. An Evaluation of the Impact of Environmental Regulation on the Efficiency of Technology Innovation Using the Combined DEA model：A Case Study of Xi'an，China［J］. Sustainable Cities and Society，2018，42（10）：355-369.

［209］Mavi R K，Saen R F，Goh M. Joint Analysis of Eco-efficiency and Eco-innovation with Common Weights in Two-stage Network DEA：A Big Data Approach［J］. Technological Forecasting & Social Change，2018，144（7）：553-562.

［210］吴士健，张翼彤，周忠宝.创新生态系统视阈下高技术企业创新效率测度与耦合协调分析［J］.广东财经大学学报，2018，33（3）：65-77.

［211］肖仁桥，钱丽，陈忠卫.中国高技术产业创新效率及其影响因素研究［J］.管理科学，2012，25（5）：85-98.

［212］方毅，林秀梅.中国高技术产业研发的动态效率研究［J］.数理统计与管理，2012，31（5）：761-770.

［213］刘春姣.基于 Malmquist 模型的战略性新兴产业创新效率实证分析［J］.统计与决策，2019（13）：147-149.

［214］Andersen P，Petersen N C. A Procedure for Ranking Efficient Units in Data Envelopment Analysis ［J］. Management Science, 1993, 39 (10): 1261-1264.

［215］Caves D W, Christensen L R, Diewert W E. The Economic Theory of Index Numbers and the Measurement of Input, Output, and Productivity ［J］. Econometrica, 1982, 50 (6): 1393-1414.

［216］Caves D W, Christensen L R, Diewert W E. Multilateral Comparisons of Output, Input, and Productivity Using Superlative Index Numbers ［J］. Economic Journal, 1982, 92 (365): 73-86.

［217］Farrell M J. The Measurement of Productive Efficiency ［J］. Journal of the Royal Statistical Society, 1957, 120 (3): 253-290.

［218］Fare R, Grosskopf S, Lindgren B, et al. Productivity Changes in Swedish Pharamacies 1980-1989: A Non-parametric Malmquist Approach ［J］. Journal of Productivity Analysis, 1992, 3 (1/2): 85-101.

［219］Fare R, Grosskopf S, Norris M, et al. Productivity Growth, Technical Progress, and Efficiency Change in Industrialized Countries ［J］. The American Economic Review, 1994, 84 (1): 66-83.

［220］Ray S C, Desli E. Productivity Growth, Technical Progress, and Efficiency Change in Industrialised Countries: Commen ［J］. The American Economic Review, 1997, 87 (5): 1033-1039.

［221］中国光伏行业协会, 中国电子信息产业发展研究院. 中国光伏产业发展路线图 (2018 版) ［R］. 北京: 中国光伏行业协会, 2018.

［222］华鹏伟, 陈子坤. 从周期到成长的尽情演绎——光伏产业复盘报告 ［R］. 广州: 广发证券研究中心 2018.

［223］何文韬, 肖兴志. 进入波动、产业震荡与企业生存——中国光伏产业动态演进研究 ［J］. 管理世界, 2018, 34 (1): 114-126.

［224］奚琳琳. 中国光伏产业产能过剩问题研究 ［D］. 南京财经大学硕士学位论文, 2015.

［225］郭本海, 李军强, 张笑腾. 多主体参与下中国光伏产业低端技术锁定突破问题研究 ［J］. 北京理工大学学报 (社会科学版), 2017, 19 (4): 18-27.